위기의 역사

위기의 역사

외환위기부터 인플레이션의 부활까지 경제위기의 생성과 소멸

오건영 지음 | 안병현 그림

HISTORY OF THE CRISIS

P page2

거대한 단절 속에서 발견하는
새로운 흐름

부족한 지식과 글솜씨이지만 많은 분들의 격려 덕분에 다섯 번째 단독 저서를 집필할 수 있었습니다. 책을 내는 횟수가 거듭될수록 기존의 책들과 다른 모습을 보여드리기 위해 어떤 색다른 내용을 담아낼 수 있을지 고심합니다. 그리고 이 책을 읽는 독자분들에게 도움이 될 수 있는, 경제에 관한 생생한 주제를 찾아야 한다는 부담 역시 크게 느끼죠.

그럴 때마다 지인들, 그리고 투자자분들과 만나서 대화를 나눌 때 가장 많이 받는 질문이 무엇이었는지를 떠올려보곤 했습니다. 가장 많이 받았던 질문은 다음의 두 가지였습니다.

"환율이 이렇게 오르는데, 우리나라에 다시 한번 IMF 같은 외환위기가 오는 것 아닐까요?"

"금리가 올라서 금융시장이 불안하다는데 금융위기가 다시 발생하는 것 아닐까요?"

2022년 미국의 금리 인상이 시작된 이후, 그리고 40년 만에 가장 강한 인플레이션이 찾아온 이후 상당 기간 볼 수 없었던 현상이 금융시장에 나타났죠. 달러·원 환율이 금융위기 이후 가장 높은 수준으로 뛰어올랐고요, 다시는 볼 수 없을 것이라 생각했던 5%대 정기예금 금리를 만날 수 있었습니다. 러시아-우크라이나 전쟁으로 인해 국제유가가 2008년 이후 가장 높은 수준으로 뛰어올랐고, 영국 국채 시장이 무너질 수 있다는 공포감에 영국 파운드화는 1980년대 이후 가장 낮은 수준으로 하락했죠. 이런 급격한 변화는 지금의 금융시장에 불안감을 가져다주었고, 자연스럽게 투자자분들은 극단적인 위험을 염두에 둡니다. 앞서 말씀드린 질문들이 쏟아지는 이유도 어찌 보면 당연한 것이죠.

이에 저는 제가 대학생일 때 겪었던 한국의 IMF 외환위기와 닷컴버블 붕괴, 그리고 금융시장에 몸을 담고 얼마 지나지 않아 만났던 글로벌 금융위기, 마지막으로 가장 최근에 겪은 코로나19 사태 및 인플레이션 불안 등을 다룬 '(경제)위기의 역사'를 써보고자 했습니다.

막연한 불안을 잠재워 줄 이야기

이 책을 집필하기 시작하면서 두 가지 걱정이 앞섰습니다. 하나는 저처럼 부족한 사람이 '경제위기의 역사'를 다룰 정도의 깜냥이 되는가였고, 다른 하나는 『위기의 역사』라는 책이 그렇지 않아도 불안감을 느끼는 독자 분들께 그 제목만으로 위기를 예고하는 듯한 느낌을 줄 수 있다는 점이었습니다.

그럼에도 불구하고 과거의 불안했던 시기에 대해 조금 더 깊이 있는 지식을 갖게 된다면, 앞으로 찾아올 수 있는 불안한 시기에도 막연히 두려워하거나 공포감에 휩쓸리는 상황을 피할 수 있지 않을까요? 각각의 불안했던 시기의 원인이 무엇이었는지, 그리고 어떻게 전개되어 갔으며, 어떻게 해결되었는지, 그리고 어떤 충격을 남겼는지에 대해 공부하는 것이 지금의 시대를 살아가는 우리에게 무언가 교훈을 남겨주지 않을까요? 과거의 모습이 어떠했는지를 통해 지금을 성찰했을 때 보다 객관적인 시각으로 지금을 바라볼 수 있지 않을까요? 이런 생각에 미흡한 실력이나마 각각의 위기에 대한 자료들을 찾았고, 기억을 더듬었으며 이를 제 부족한 지식과 연결하여 책으로 엮었습니다. 그리고 투자를 위한 조언보다는 과거의 위기를 돌아보는 교양서의 형식에 초점을 맞추었습니다.

1장부터 6장까지는 대한민국 국민에게 있어서 가장 비극적인 역사로 남아 있는 '1997년 IMF 외환위기에 대해서 다루었습니다. 국가 경제가 흔들리면서 서민들의 삶까지 비극으로 몰아넣었던 충격이었던 만큼 실제 언론 기사 등을 활용하여 생생하게 담고자 노력했습니다. 7~9장까지는 인터넷 혁명이 몰고 온 닷컴 버블의 생성과 붕괴를 적어보았습니다. 닷컴 버블 당시를 경제위기라고 부르지는 않지만 당시 자산시장에서 매우 높은 충격이 발생했었죠. 그리고 그 충격을 완화하기 위한 부양책이 이후의 글로벌 금융위기를 불렀다는 점을 적고 있습니다.

10~14장까지는 글로벌 금융 위기를 담았습니다. 1929년 대공황 이후 최악으로 알려진 위기이며 전 세계의 저성장을 몰고 온 악재였죠. 15~17장까지는 코로나19 사태 및 이후 나타난 '40년 만의 인플

레이션 충격', 그리고 우리가 경계해야 할 최악의 인플레이션 시기였던 1970년대 석유파동 당시의 내용을 적어보았습니다. 에필로그 역할을 하는 18장에서는 가장 최근에 나타난 실리콘밸리 은행의 파산을 빗대어 이 책에서 다루고 있는 위기들의 공통점이 무엇인지를 고민해 보았습니다. 이런 과거 위기에 대한 이야기들을 통해 막연한 위기에 대한 공포와 아무런 문제가 없을 것이라는 극단적 낙관에서 벗어나 조금은 더 객관적으로 지금의 경제 상황을 보실 수 있기를 기대해 봅니다.

누구라도 읽고 이해할 수 있는 경제사

책을 쓸 때마다 제가 가장 중요하게 여기는 철학이 있습니다. 바로 '읽을 수 있는 책을 쓰자'입니다. 경제 초보자라도 관심을 갖고 읽으려고 한다면 쉽게 따라올 수 있는 책을 쓰고 싶었습니다. 그렇기 때문에 최대한 평이하게, 그리고 재미없는 역사이지만 최대한 흥미롭게 읽히도록 해야 했죠. 저도 어렴풋이 알고 있던 것이 많았기에 다양한 참고자료들을 찾아봐야 했습니다. 이런 생각으로 이번 책에서는 집필 및 기획 단계부터 다음의 몇 가지에 중점을 두었습니다.

첫째, 시간의 흐름대로 역사적 사건을 나열하는 연대기적 접근은 피하고자 했습니다. 그보다는 각각의 사건들이 어떤 얼개로 연결되어 있는지를 흥미롭게 보여드리고자 노력했는데요, 영화에서 많이 보던 구성을 상당 수준 참고했습니다. 도입부에 영문을 알 수 없는 사건이 벌어지고, 이후에 이게 무슨 일이지 싶을 때 '30년 전, 서울' 이런 식으로 과거부터 스토리를 빌드업(Build-up) 하는 영화를 종종 만날 수 있죠. 저 역시 이런 구성을 따르면 보다 흥미로울 것 같다는 생각을 했기에 다음의 과정으로 스토리를 풀어나갔습니다.

하나의 위기를 다루는 과정에서 우선적으로 그 위기가 낳은 상흔을 살펴보았습니다. 그리고 그런 깊은 후유증을 만들어낸 경제위기가 어떻게 발생하게 되었는지에 대한 배경을 다루었고, 이후 그 원인을 밝히는 방향으로 전개했습니다. 그리고 위기의 극복 과정이 어떻게 다음의 위기를 잉태하게 되었는지를 적었습니다. 나름 최선을 다해 고민해 본 구성인데요, 독자 여러분들께서 이 책을 읽으시는데 작게나마 도움이 되셨으면 하는 바람입니다.

둘째, 이 책에서 다루고 있는 네 가지 위기 국면들이 어떻게 서로 연결되는지를 밝히고 있습니다. 경제위기는 긴 경제의 흐름에 있어서 거대한 단절점이라고 할 수 있죠. 그렇지만 역사의 흐름 속에는 단절만 존재하지 않습니다. 거대한 단절 속에서 새로운 연속적인 흐름이 만들어지고, 새로운 국면이 펼쳐질 수 있습니다. 각각의 위기가 어떻게 서로에게 영향을 주면서 맞물려 있는지를 보실 수 있을 겁니다. 예를 들어 닷컴 버블의 붕괴 이후 나타난 미국의 초저금리와 부동산 경기 부양이 글로벌 금융위기를 잉태했다는 이야기 등 하나의 위기에서 다음의 위기로 이어지는 연결 고리를 적어두었습니다.

참고로 금융 경제를 공부할 때 '단절'과 '연속'이라는 단어를 감안해서 살펴보시는 것이 좋습니다. 평온한 경제의 흐름인 '연속'을 읽다 보면 지루하게 느껴질 수 있죠. 반면 '단절'의 포인트를 짚어내면 그 단절을 중심으로 이전과 이후가 바뀌는 모습에 흥미를 느낄 수 있습니다. 일반 역사를 공부할 때도 전쟁과 같은 중요한 역사적 사건을 공부하다가 역사 전체에 흥미를 느끼곤 하죠. 저는 금융 경제에서 중요한 '단절'은 경제위기라고 봅니다. 위기에 대해 공부하면서 전체적인 금융 경제 공부에 대한 흥미를 끌어올릴 수 있기를 기대해 봅니다.

셋째, 에세이 형식을 도입했습니다. 네 가지 위기 국면에 대해서 에필로그를 포함, 총 18개의 에세이로 다루고 있습니다. 쉼표 없이 긴 역사를 처음부터 끝까지 읽어가는 것보다는 18개의 에세이로 구성하여 중간 중간 쉬어갈 수 있도록 구성했습니다.

넷째, 각 위기 상황에서 그 당시를 살던 저의 철없던 생각이나 감정들을 만화 형식으로 엮어 각 에세이의 첫 페이지에 배치했습니다. 각 에세이 첫 페이지에 나오는 만화를 통해 해당 에세이에서 다루려는 내용에 대해 전반적인 감을 잡으실 수 있을 것으로 기대합니다. 그리고 해당 편의 에세이를 읽고 난 후에는 그 만화를 다시 보면서 자연스럽게 복습을 할 수 있도록 구성했습니다. 그리고 그 당시 지극히 평범한 경제 구성원이었던 제가 어떤 생각을 하고 있었는지를 버무리면서 지루함을 덜어드리고자 했습니다.

다섯째, 경제 기사 인용을 크게 늘렸습니다. 과거 상황을 설명할 때 당시 분위기를 생생하게, 그리고 대중적으로 어렵지 않게 전달하려면 위기 당시의 경제 신문 기사가 최적이기 때문이죠. 당시 기사들을 통해 그 생생한 흐름을 느끼실 수 있을 겁니다. 영어 공부할 때 단순히 단어나 표현을 암기하는 것보다는 미드에 등장하는 재미있는 상황 속 주인공들의 대사로 공부하는 것이 보다 도움이 되곤 하죠. 경제 기사를 읽는 공부를 할 때에도 단순히 경제 기사를 단편적으로 읽는 것보다는 위기라는 거대한 역사의 맥락 속에서 실제로 등장했던 기사를 읽으면서 접근한다면 보다 효과적일 것이라 생각했습니다. 참고로 이 책에서는 200개가 훌쩍 넘는 경제 기사들을 인용하고 있는데요, 효과적인 읽기 공부에 매우 좋은 교재가 될 수 있으리라 생각합니다.

당부와 감사를 전합니다

도움이 되는 책을 쓰고자 많은 고민을 했고, 그런 고민을 구성 단계부터 담았지만 항상 쓰고 나면 부족해 보이는 것은 어쩔 수 없는 것 같습니다. 다음으로는 이 책을 읽으실 때의 주의 사항을 몇 가지 말씀드리겠습니다.

우선 이 책에서는 각 위기마다 여러 가지 원인을 적고 있습니다. 그렇지만 그 몇 가지 원인만으로, 그리고 이 책에 적혀 있는 내용만으로 해당 위기 전체를 설명할 수는 없습니다. 사회과학은 자연과학과 달리 하나의 현상에 대한 명확한 원인이 존재하지 않습니다. 다만 여러 가지 원인들이 중첩되면서 하나의 현상이 만들어지곤 합니다. 예를 들어 1997년 동아시아 외환위기나 2008년 미국 금융위기의 원인에 대해서는 여전히 다양한 주장이 존재합니다. 다만 대중적으로 쉽게 접근하는 책인 만큼 여러가지 다층적인, 그리고 중첩적으로 쌓여 있는 경제 현상의 원인들을 복잡하게 풀어나가는 것을 최대한 피했습니다. 저의 부족한 지식과 불찰로 인해 놓친 부분들도 상당히 많을 것이라 생각합니다. 큰 틀에서 위기의 역사를 쉽게 접한다는 관점으로 흥미롭게, 그리고 너그러이 읽어주셨으면 합니다.

끝으로 이 책을 쓰는 데 많은 도움을 주신 고마운 분들께 깊은 감사의 말씀 전합니다. 우선 제가 몸 담고 있는 소중한 직장인 신한은행의 선후배님들, 네이버 카페 및 페북에서 항상 응원 메시지를 보내주시는 분들께 깊은 감사드립니다. 그리고 이 책을 만드는 과정에서 부족한 저에게 아낌없는 조언을 해주신 많은 분들께도 고개 숙여 감사 인사를 전합니다.

저를 낳아 주시고 길러 주신 어머니와 든든한 형, 장인 장모님, 그리고 수개월 동안 휴일마다 책을 쓰느라 가정을 전혀 돌보지 못한 남편에게 따뜻한 격려를 해준 와이프와 아이들에게 고마운 마음을 전합니다. 그리고 살아계실 때 제대로 모시지 못했던 저 같은 불효자를 하늘에서도 지켜주고 계시는 아버지께도 사랑한다는 말씀을 드리고 싶습니다.

이 모든 분들께 많은 은혜를 받고 사는 듯합니다. 그 은혜에 보답하는 길은 더 많이 공부하고 노력해서 작게나마 도움이 될 수 있는 말씀을 전해 드리는 것이라 생각하면서 앞으로도 배전의 노력을 기울이겠습니다. 감사합니다.

오건영

| 차례 |

제3장 금융위기

제4장 코로나19 위기, 그리고 40년 만의 인플레이션

HISTORY

— OF THE —

제1장

외환
위기

CRISIS

01

한국 경제의 큰 단절점,
IMF 외환위기

철없던 대학생에게 IMF란?

속보입니다. 정부가 IMF에 구제금융을 정식 요청했습니다.

무슨 일이지?

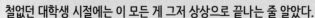

철없던 대학생 시절에는 이 모든 게 그저 상상으로 끝나는 줄 알았다.

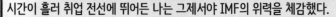

시간이 흘러 취업 전선에 뛰어든 나는 그제서야 IMF의 위력을 체감했다.

바늘구멍

취업의 문은 바늘 구멍보다 좁구나···!

최악의 취업난

우리나라가 장기 저성장의 늪에 빠진 건 그때부터였을 수도······

기업의 설비 투자 축소

일자리 축소

실업 대란

경제 위기

지금도 이렇게 힘든데, 외환위기 당시 우리나라 국민들은 얼마나 고통스러웠을까?

어느 날, 초등학생인 아들이 저에게 물었습니다.

"우리나라 경제가 가장 안 좋았던 때는 언제예요?"

단순한 질문인데 바로 답하기 참 어렵더군요. 역사적으로 보자면 해방 이후 그야말로 먹고사는 것 자체가 어려웠다는 이야기부터 시작하는 게 맞을 것 같다가도, 제가 겪어 온 시기 중에 가장 어려웠던 때를 말해 주는 게 더 나을 것 같다는 생각이 들었습니다. 그래서 이렇게 답을 했죠. "1997년 외환위기 때란다"라고요. 그러고 나니 그게 뭐냐는 질문이 따라붙었습니다. 살짝 당황했지만 말을 바꾸어 답해보았습니다. "IMF 때를 말하는 거야." 그러니 조금 알아듣더군요.

1997년은 '외환위기'라는 표현보다 'IMF 위기', 혹은 'IMF 사태' 등으로 더 많이 불립니다. 여러모로 우리나라 사람들에게 정말 큰 상흔을 남겼고, 트라우마로까지 남은 시기이죠.

이 괴로운 이야기를 어떻게 하면 덜 괴롭게, 그러면서도 쉽게 풀어볼까 고민하다가 제가 97학번이라는 데 착안을 했습니다. 당시 대학교 1학년생으로서 제가 느낀 사회적 분위기와 겪게 된 상황들에 대한 이야기부터 시작해 볼까 합니다.

대한민국 경제사상 최악의 사건

/

1997년 3월, 대학교에 입학할 때만 해도 '재미있겠다!'라는 기대
가 컸습니다. 그런데 생각보다 쉽지 않더라고요. 정해진 규칙 속에서
살면서 정해진 과목을 공부하면 충분했던 고등학교 때와는 달리 제
가 찾아서 수업을 듣고, 하고 싶은 일을 만들어 내고, 스스로 발전해
야 하는 대학 생활은 오히려 막막하게 느껴졌습니다. 무언가에 열중
하다가도 이게 맞는 것인지에 대한 확신이 없으니 중심을 제대로 잡
지 못하고 이리저리 흔들렸죠. 그렇게 정신없이 대학 첫해를 보내던
1997년 11월 말경, 이런 소식을 들었습니다.

> • 정부, IMF 구제금융 2백 억 달러 공식 요청
>
> 《연합뉴스》, 1997. 11. 22

당시에는 IMF 구제금융이라는 것이 무엇인지 잘 몰라서 주변 선
배들에게 물어봤습니다. 답이 아주 간단했죠. "우리나라가 망했다"라
고요⋯⋯. (지금 돌아보면 그 선배들도 잘 몰랐던 것 같습니다.) 당시에 보스니
아 헤르체고비나, 알바니아 등의 국가에서 내전이 이어지면서 생활
이 정말 어려워진 나라들의 모습을 종종 뉴스를 통해 접하곤 했는데,

우리나라도 그렇게 되는 것인가 해서 상당히 두려웠습니다. 물론 제 두려움과는 달리 일상생활에서 그다지 큰 변화가 생기진 않았습니다. 학생인 만큼 큰 지출을 할 일도 없었고, 부모님도 아껴 쓰자는 말씀을 종종 하셨을 뿐 제가 실제로 두려움을 느낄 만한 메시지는 전혀 주지 않으셨습니다. 실제로는 힘든 일이 많았지만 자녀들에게는 말하지 않고 견디셨던 겁니다.

가끔 TV에서 "우리 국민 모두 힘을 합쳐 6·25 전쟁 이후 가장 큰 위기인 지금의 환란을 극복해야 한다"는 캠페인을 볼 때에나 '우리나라가 위기인가 봐⋯⋯'라는 생각을 했습니다. 그렇지만 대학생의 삶 속에 그런 위기가 깊숙이 들어오지는 않았던 것 같습니다.

철없는 저야 제대로 느끼지 못했지만 국가 전체적으로 IMF 외환위기는 그야말로 재앙이었죠. 나이가 들어서 그때의 언론 보도 등을

외환은행 본점에서 외화통장을 개설하는 사람들

출처: 경향신문(1997. 12. 9)

다시 읽어보면 얼마나 처참했는지가 확연히 느껴집니다. 당시 은행, 증권사, 종금사 등을 중심으로 금융기관들이 상당수 도산했고, 메이저 건설사를 비롯하여 삼보, 기아, 한보 등 당시 수많은 대기업과 중견기업들도 파산의 늪에서 벗어날 수 없었습니다. 대기업과 중견기업이 흔들렸을 정도니 중소기업이나 자영업체가 겪은 고통은 엄청났을 겁니다.

일자리가 사라지면서 실업자가 크게 늘었고, 그분들이 부양하던 가정이 경제적인 어려움에 부닥치면서 사회 전반의 불안으로 확산될 수 있다는 경고가 끊임없이 흘러나왔습니다. 그리고 이런 절망적인 상황이 상당 기간 이어질 것이라는 전망도 많았습니다. 당장의 삶도 어려운데 향후에도 밝은 미래를 기대하기 어렵다는 비관적인 생각들이 당시 우리나라 국민들의 삶에 보다 큰 고통으로 작용하지 않았을까 싶습니다.

제 어렴풋한 기억에는 외환위기가 발생하고 1~2년 정도 지난 이후에는 그런 절망감이 약간이나마 줄어들었던 것 같습니다. 1999~2000년에 들면서 주식 투자를 해봐야겠다고 이야기하는 친구들도 많이 보였고(뒤에 언급할 닷컴 버블 시기입니다), 새천년 밀레니엄에는 새로운 세상이 열릴 것이라는 설렘을 말하는 사람들이 조금씩 늘어나기 시작했죠. 그리고 그즈음에 이런 소식들이 들려왔습니다. 당시 기사 제목만 잠깐 보고 가시죠.

1999년과 2000년에 들어서면서 위와 같은 뉴스와 함께 한국이 전 세계 그 어느 국가보다 모범적으로, 그리고 빠르게 IMF 위기를 극복했다는 이야기가 들려왔습니다. 당시 저는 '이제 모든 문제가 다 해결되는 건가……' 하고 편하게 생각했는데요, 이는 실물경제를 직접 접할 기회가 없었던 저의 큰 오산이었죠. 외환위기의 극복을 'IMF에서 빌려 온 달러 빚을 모두 갚는 것'으로 정의한다면 당시 제 생각이 맞을 겁니다. 그러나 '외환위기 이전의 건강한 우리나라 경제의 모습으로 되돌아가는 것'을 뜻한다면 아마 이 책을 읽고 있는 지금도 완벽하게 극복했다고 이야기하기 어렵겠죠.

보다 직관적으로 설명하기 위해 이런 예를 들어보겠습니다. 홍길동이 큰 병에 걸렸습니다. 워낙 큰 병이기에 병원에 오랜 기간 입원했고 힘든 치료 과정을 겪었습니다. 그리고 약 3년 후에 완치 판정을 받고 퇴원하게 된 거죠. 병이 완치된 것은 맞지만 퇴원 이후 홍길동의 체력이 병을 앓기 이전과 같을까요? 아마도 상당히 허약해져 있을 겁니다. 병 자체가 치료되었는지를 완치의 기준으로 삼는다면 '외환위기의 극복'이라고 표현하는 것이 맞겠죠. 하지만 병에 걸리기 이전의 모습으로 되돌아간다는 관점에서 본다면 우리는 여전히 외환위기의 후유증 속에서, 그 상흔 속에서 살고 있다고 볼 수 있겠습니다.

이렇듯 외환위기는 저뿐 아니라 우리나라 사람들의 삶에 정말 큰 영향을 미친 한국 경제사의 거대한 충격이자 단절이었습니다. 『위기의 역사』 첫 주제로 외환위기를 선택한 이유가 여기에 있습니다. 지금부터 외환위기라는 대한민국 역사상 가장 큰 비극이 어떻게 우리나라 경제에 중장기적으로 깊은 상흔을 남겼는지에 대해 살펴보겠습니다.

달러가 없어, 긴급 구제금융 신청

/

외환위기는 우리나라가 대표적인 외환이자 국제통화인 달러를 찍을 수 없다는 데서 기인했습니다.

신흥국의 경우 선진국과는 달리 충분한 자본도, 설비도 존재하지 않습니다. 토지와 노동력 정도는 존재하겠지만, 자체적으로 부(넉넉한 재산)가 형성되어 있지 않으니 내수 소비로 강한 성장을 이어가는 데에 한계가 있습니다. 그렇게 되면 대외 수요가 필요하죠. 즉, 다른 나라 사람들에게 물건을 팔아야 합니다.

다른 나라에 물건을 파는 것이 수출인데요, 문제는 수출을 위해서는 무언가 경쟁력 있는 제품을 만들어 내야 한다는 겁니다. 공업 제품을 만들기 위해서는 기계 설비가 필수일 테고요. 그런데 첨단 기계 설비는 신흥국에서 자체적으로 생산하니 어려우니, 선진국에서 구입해야 합니다. 그렇다면 신흥국이 이 기계를 자기 나라 돈으로 구매할 수 있을까요?

신흥국이 자체적으로 돈을 찍는 것은 가능할지 몰라도 그 돈으로 외국에서 공장 기계 등을 사올 수는 없을 겁니다. 들어본 적도 없는 국가의 화폐를 받고서 기계 설비를 내주려는 기계 판매업자는 없을 테니까요. 그러면 답은 간단합니다. 국제통화를 구해야 합니다. 다른 나라에서 돈을 빌려야 하는 것이죠. 이를 외국에 채무를 진 것이라 해서 '외채(外債)'라고 부릅니다.

외국에서 달러를 빌려 온 다음에 그 달러로 기계 설비를 구입합니다. 그리고 그 기계를 십분 활용해서 제품을 제작한 후 외국에 수출하면서 돈을 벌어들이는 프로세스, 이게 신흥국이 수출을 통해 성장하는 과정이라고 할 수 있습니다.

외국에서 돈을 빌려 온 만큼 국내에 달러 빚이 쌓여 있습니다. 그런데 어느 날 돈을 빌려준 외국의 은행과 투자자들이 '이제 그만 돈을 좀 갚아야 할 것 같다'라고 말하는 겁니다. 여기서의 '돈'은 당연히 '달러'죠. 문제는 빌려 온 달러는 기계 사들이는 데 다 썼고, 수출을 통해 번 달러로 빌린 달러를 갚아야 하는데 수출이 잘되지 않는 겁니다. 그럼 달러 빚을 갚을 수가 없겠죠. 빌려 온 달러를 갚지 못하는 상황이 되면 이른바 '외채로 인한 국가 파산'을 경험하게 됩니다.

이때 국가가 그냥 파산 신청을 할 수도 있지만, 어딘가에서 긴급하게 달러를 빌려서 급한 불을 끈 다음에 천천히 대출을 갚아 나가는 방법도 있습니다. 그 '어딘가'가 바로 국제통화기금(IMF, International Monetary Fund)입니다.

외환위기 이전에 우리나라는 외국에서 상당히 많은 돈을 빌렸습니다. 외채가 크게 증가했던 겁니다. 부채가 많더라도 수출이 잘되어 돈을 잘 벌면 문제가 없는데, 그 역시 만만치 않았던 것이죠. 수출이 안되니 달러로 돈을 빌려준 외국 은행들이 보기에 한국 경제가 상당히 불안해 보입니다. 그러면 달러 빚을 연장해 주지 않고 당장 갚으라고 하겠죠. 이렇게 달러가 부족했던 시기에 어쩔 수 없이 IMF에 긴급 구제금융을 신청한 것이 대한민국의 '외환위기'였습니다.

국가 부도를 막아주는 IMF

여기에서 IMF의 성격에 대해서 잠시 생각해 볼 필요가 있습니다. 당시에 저는 IMF가 뭔지 도통 이해가 되지 않았습니다. '국가가 달러를 갚을 돈이 없어서 망하면 이를 처리해 주는 곳' 정도라고 생각했으니까요.

IMF는 특정 국가가 다른 누군가에게 갚을 돈, 즉 달러가 부족할 때 달러화를 급전으로 빌려주는 곳입니다. 채권자들에게 당장 갚아야 할 달러가 없는 상황이 되면 국가 파산으로 몰리게 되는데, IMF에게 급전으로 달러를 빌려서 갚는 거죠. 일단 이렇게 급한 불을 끄고 난 다음에 빌려 온 돈을 서서히 갚아 나가는 겁니다. 이렇게 IMF에서 급전을 빌려 오는 것을 'IMF 구제금융'이라고 합니다.

IMF는 경제적으로 어려운 국가에 돈을 빌려준 만큼, 그 돈을 안 전하게 돌려받기 위해 이제부터는 자신들의 방식을 따르라고 으름 장을 놓습니다. 당시 IMF가 우리나라에 달러를 빌려주는 대신 제시 했던 고금리 처방은 우리나라 기업과 가계에 상당한 충격을 주었고, IMF 위기에 대한 국민적인 트라우마를 만들어 내게 되었죠.

하지만 앞서 인용한 기사의 제목들처럼 한국은 이제껏 외환 부족 으로 IMF의 구제금융을 받은 다른 국가들보다 훨씬 빠른 속도로 빌 린 돈을 상환했습니다. 상환이 끝난 2001년 8월, IMF로부터 완전 졸 업을 선언할 수 있었던 거죠.

IMF가 남긴 상흔: 설비투자 위축, 취업난 심화
/

결국 IMF 외환위기는 국내 기업들이 빚을 많이 내서 투자했다가 크게 흔들렸던, 이른바 기업의 부채 위기로 정리할 수 있을 겁니다. 당시 달러 부채를 많이 갖고 있던 기업들은 파산 위험에서 결코 자유 로울 수 없었죠.

저도 한보, 삼미, 대농, 진로, 기아와 같은 기업들이 줄줄이 무너지 고 있다는 뉴스를 본 기억이 납니다. 부채가 많았던 기업들은 대기업이라고 해도 외환위기의 파고를 피할 수 없었고, 부채를 최소화한 기업들만 간신히 살아남을 수 있었죠. 위기의 시기에도 빚이 많지 않으면 생존할 수 있음을 보여준 대표적인 사례로 기억될 겁니다.

지금까지 기업들이 과도한 부채를 짊어지고 투자했다가 크게 낭패를 본 것이 1997년의 외환위기였다는 이야기를 했습니다. 그렇다면 살아남은 기업들은 외환위기 이전처럼 빚을 내서 과감한 투자를 할 수 있을까요? 쉽지 않을 겁니다.

특히 제조업 관련 기업들은 사업의 확장 단계에서 추가로 공장 설비를 늘리는 등의 설비투자를 단행해야 합니다. 그런데 대규모 설비투자를 하려면 돈이 필요하죠. 워낙 큰돈인 만큼 기업이 보유하고 있는 현금으로 전부 지불할 수 없으니 은행에서 시설 자금 대출을 받게 되겠죠. 그런데 기업들이 외환위기 이후 빚을 내는 데 소극적으로 바뀌다 보니 설비투자를 쉽게 늘리지 못하는 겁니다. 설비투자를 늘리지 않으면 공장을 짓지 못할 것이고, 공장 등 신규 설비가 들어오지 않으면 신규 고용이 창출되지 않겠죠. 그러면 당연히 실업자가 늘어나게 되고 일자리를 구하기 어려워집니다.

고등학교에 다닐 때였습니다. 사회 선생님께서 선진국이라고 꼭 좋은 건 아니라는 이야기를 하셨던 게 기억납니다. 왜냐하면 선진국이라고 하는 유럽이나 일본에서도 사람들이 일자리를 구하기가 어려워 고생하고 있기 때문이라는 거였죠. 그렇지만 우리나라가 그 정도는 아니라고 이야기해 주셨습니다. 적어도 외환위기 이전까지는 맞는 말이었죠.

외환위기 이후, 1999~2000년 미국의 닷컴 버블과 함께 국내에도 벤처기업 붐이 불면서 잠시 실업 대란이 완화되는 듯했습니다. 하지만 닷컴 버블 및 벤처기업 붐이 급격히 무너져 내리면서 기업의 설비투자가 급감했고 다시금 실업 대란이 시작되었죠.

저는 2001년 3월에 학부를 졸업하고 바로 군대를 갔기 때문에 졸업 직전에 취업 준비에 열중하는 일은 없었습니다. 하루하루 바쁘게 군 생활을 하던 2001년 말 정도에 휴가를 나와서 학부 때 친구를 만났는데요, 과거와는 비교도 할 수 없을 정도로 취업이 힘들다는 이야기를 들었던 기억이 생생합니다. 당시 느낌은 '전역까지 아직 시간이 남아 있으니까 크게 실감 나지는 않는다' 정도였는데, 전역의 순간이 다가올수록 정말 긴장감이 커지더군요. 취업 과정에서 정말로 취업 문이 좁다는 점, 그리고 일찍부터 취업 준비를 철저히 하는 친구들이 크게 늘어났다는 점 등을 체감할 수 있었습니다. 그리고 이런 추세는 지금까지 이어지고 있죠.

지금은 올드하게 들릴 수 있지만 당시에는 너무나 두렵게 느껴졌던 단어들이 이때 생겨납니다. 바로 이태백(20대 태반이 백수), 삼팔선(38세까지 회사다니면 선방), 사오정(45세가 정년), 오륙도(56세까지 일하면 도둑)라는 단어였습니다. 기억하는 분들이 계실 듯하네요. 여기서 잠시 설비투자 위축에 관한 기사를 보고 가시죠.

1997년 외환위기 이후 3~4년이 지난 2000년과 2001년, 그리고 2003년에 이르기까지 쉽사리 설비투자가 증가하지 않는 모습을 볼 수 있습니다. 이에 대한 진단이 2003년 6월 산업은행이 작성한 보고서에 나오는데 조금 길지만 관련 기사를 인용해 봅니다.

외환위기를 전후해 국내 제조업의 설비투자 양상이 뚜렷하게 대비되고 있다. 연평균 최고 30퍼센트가 넘는 증가율로 활황세를 탄던 제조업 설비투자는 외환위기를 거치면서 기업 투자 심리 위축으로 침체의 늪에서 벗어나지 못하고 있다.

29일 산업은행이 작성한 「최근 설비투자 동향」 보고서에 따르면 1993년부터 2002년까지 10년간 매년 자체 조사한 제조업 설비투자 추이를 분석한 결과 IMF 이전 5년간(1993~1997년)의 평균 증가율은 16.4퍼센트를 기록한 반면, IMF 이후 5년간(1998~2002년)은 -5.1퍼센트의 감소율을 보였다.

1993년 전년 대비 1.3퍼센트의 감소율을 보였던 제조업 설비투자는 1994년과 1995년 각각 36.7퍼센트와 37.9퍼센트의 폭발적 증가율을 기록한 이후 1996년 15.7퍼센트를 거쳐 1997년에는 -6.9퍼센트로 내리막을 걷기 시작했다. IMF 사태가 본격화된 1998년 -37.2퍼센트로 급감했던 설비투자는 1999년 2.4퍼센트를 거쳐 2000년 26.8퍼센트로 잠시 치솟았으나 2001년 -13.2퍼센

   기사의 첫 문단은 외환위기 전과 후, 국내 기업들의 설비투자가 뚜렷이 달라졌음을 언급하고 있죠. 두 번째와 세 번째 문단에서는 구체적인 수치가 등장합니다. 1993년부터 2002년까지의 설비투자 추이를 보면 1997~1998년 외환위기 시기를 중심으로 그 이전에는 높은 설비투자 증가를, 그 이후에는 크게 감소하고 있음을 말해 주죠. 마지막 문단에서는 2002년 설비투자액이 1996년의 68퍼센트 수준, 즉 3분의 2 수준에 불과하다는 점을 보여주고 있습니다.

   콕 집어 2003년 기사를 인용한 이유가 있습니다. 제가 취업을 준비하던 시기가 바로 2003년 6월이었기 때문입니다. 설비투자의 위축은 일자리의 감소를 의미하지요. 2003년 당시 당연히 취업 대란이 있었습니다. 물론 그로부터 20년이 지난 지금의 청년 분들이 느끼시는 취업의 난이도와 비교해 보면 그래도 '2003년 즈음이 양호했다'는 생각은 들지만, 그 당시 취업 준비생이었던 저에게는 참 힘든 시기였습니다. 대학교 1학년생 때 먼 메아리처럼 들려왔던 외환위기가 2003년 취업을 준비하던 저에게 현실적인 고난으로 다가온 것이죠. 잠시 2003년 말 실업 대란 관련 기사를 하나 더 읽고 가시죠.

20년간 지속된 금리 하락세

/

외환위기를 전후해서 설비투자가 급감하고, 일자리가 크게 줄며 실업 대란이 현실화되었다는 이야기를 해보았습니다. 외환위기의 영향은 여기서 그치지 않고, 금리에도 큰 영향을 주게 됩니다.

금리는 '돈의 값'이라 정의할 수 있습니다. 돈의 가격인 만큼 돈에 대한 수요와 공급에 의해 결정이 되겠죠. 외환위기 이후 경기 둔화 우려가 워낙에 컸기에 우리나라의 기준금리를 결정하는 중앙은행인 한국은행은 통화 정책을 느슨하게 유지하면서 많은 유동성을 공급하고자 노력했죠. 다음 쪽 〈그래프 1〉에서 보시는 것처럼 당시 발빠른 한국은행의 금리 인하 노력을 우리는 자금 공급의 증가로 해석할 수 있습니다.

그렇다면 반대편, 돈의 수요는 어떨까요? 돈의 수요라는 이야기가 조금 어색하게 들리실 수 있습니다. 돈의 수요가 있다는 것은 돈을 쓰고자 하는 사람이 있음을 의미하고, 이는 대출을 받으려는 경제 주체가 얼마나 되는지와 밀접한 연관이 있습니다. 너도나도 돈을 빌리고자 한다면, 즉 대출 수요가 많다면 돈을 빌려주는 입장에서는 가장 높은 금리를 부르는 사람에게 돈을 빌려줘야 하지 않을까요? 네, '대출을 받고자 하는 경제 주체가 많아졌다'는 것은 '돈의 수요가 늘었다'는 뜻이므로 돈의 가격인 '금리가 상승'하게 됩니다.

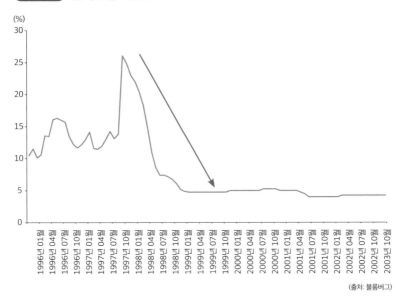

그래프 1 **한국은행 기준금리 인하 추이(1996~2003년)**

(출처: 블룸버그)

1997년 외환위기 이후 국내 자본 유출 우려가 상당 수준 완화되자 한국은행은 빠르게 유동성을 공급하면서 기준금리를 낮추고자 노력했습니다. 자주색 화살표는 1998년 5월 이후 진행된 한국은행의 유동성 공급과 그로 인한 기준금리 하향 조정을 나타내고 있죠. 외환위기 직후 시작된 금리 하락은 저금리 시대의 개막을 알리는 신호탄이 되었습니다.

이런 상황에서 주목할 것은 가계보다는 기업입니다. 아무래도 가계(가정 또는 개인)는 대출을 받을 때 수천만 원 수준으로 대출을 받지요. 정말 큰 금액으로 대출을 받는 주체는 기업일 것이고, 기업이 돈을 빌리는 가장 큰 이유는 설비투자를 확대할 때라고 할 수 있습니다. 그런데 앞서 설명한 것처럼 설비투자가 늘지 않는다면, 돈의 수요가 줄어들게 되었다고 해석할 수 있겠죠.

그래프 2　**2000년 8월 이후 한국의 국채금리 추이**

이제 자금의 공급과 수요를 합쳐 보겠습니다. 외환위기 이후의 경기 둔화를 방어하고자 완화적 통화 정책으로 돈의 공급을 늘렸는데, 설비투자가 줄어들면서 돈의 수요는 크게 위축되었죠. 돈의 공급은 넘치는데 수요가 부족한 상황으로 돈의 가격인 금리는 하락하게 되겠죠. 〈그래프 2〉는 2000년 8월 이후부터 2021년 8월까지 한국의

10년 국채금리 추이를 보여주고 있습니다. 최근 크게 오른 것을 제외하면 일방적으로 하락하는 모습이죠. 외환위기가 낳은 상흔, 그 다른 하나가 바로 저금리라고 할 수 있습니다.

그래프를 통해 금리가 꾸준히 하락하는 추세임을 알 수 있습니다. 이 그래프를 보고 '금리가 낮아지는구나'라고 생각하고 끝내시면 안 됩니다. 금리가 '계속해서' 낮아지고 있다는 점이 가장 중요합니다.

사람은 누구나 관성적으로 생각하는 경향이 있습니다. 지금까지 이어져 온 흐름이 계속해서 이어질 것이라고 기대하는 거죠. 그런데 저금리가 20년 동안 이어졌습니다. 어느 누가 내일 금리가 크게 뛰어오를 것이라고 예상할 수 있을까요? 대부분 현재의 금리 하향 흐름, 혹은 저금리 기조가 지속적으로 이어질 것이라 기대할 겁니다. 우리나라의 외환위기 이후 단순히 저금리가 나타난 것뿐 아니라 경제 주체들의 마음 속에 '저금리가 장기화될 것'이라는 합리적 기대가 쌓여갔던 것입니다. 그런 상황을 지나 2021년 하반기부터 금리가 급등했습니다. 그러니 이 금리 변화가 사람들에게 더욱 큰 부담으로 느껴진 겁니다.

가계 부채의 급증과 부동산 가격의 상승

외환위기의 영향을 하나만 더 체크하고 가죠. 외환위기 이전에 은행은 주로 기업에 대출을 해주었는데, 외환위기 이후 기업들의 대출 수요가 크게 줄어들었습니다. 기업들이 대출을 받지 않는 상황에서 은행이 성장을 이어가려면 기업 외의 다른 수요처를 찾아야 할 겁니다. 고등학교 교과서를 보면 경제 활동의 3주체라는 이야기가 있죠. '가계, 기업, 정부'가 그 세 가지 주체입니다. 원래는 기업이 대출을 받아 투자를 하는 투자의 주체인데요, 외환위기 이후 기업이 대출을 받지 않죠. 이후 시중은행에서 대출을 받는 주체는 기업에서 가계 쪽으로 옮겨가게 됩니다. 네, 가계 부채가 본격적으로 늘어나게 된 겁니다.

가계 부채의 증가는 가계가 돈을 빌려서 물건을 살 수 있게 해주면서, 가계 소비력을 늘려주는 데 도움을 줄 수 있습니다. 그러나 가계가 꼭 생활비만을 목적으로 돈을 빌리지는 않죠. 개인들이 큰돈을 빌려야 할 때가 언제일까요? 내 집 마련을 할 때에는 억 단위 대출을 받기도 합니다. 은행들은 가계에 돈을 빌려주고, 가계는 은행에서 돈을 빌려서 생활비 및 주택 구입 자금으로 쓰게 됩니다.

기업 대출을 통해 설비투자가 늘어나게 되면 일자리가 창출되고, 일을 하고 받은 급여로 사람들이 소비를 늘리게 됩니다. 소비가 늘어난 만큼 기업들의 생산을 자극하게 되니 기업들의 설비투자가 더 늘어나게 되면서 경제가 선순환에 들어가게 되죠. 그런데 외환위기 이후 은행의 대출이 기업보다는 가계와 부동산을 향하게 됩니다. 그러면 기업으로 흘러 들어가서 고용을 창출하고 실질적인 경제의 성장을 자극할 수 있는 돈이 부동산 시장으로 유입되어 부동산 가격을 끌어올리는 결과를 낳게 됩니다. 그렇다 보니 실물경제의 성장은 정체

되어 있는데 부동산 가격만 상승하는 기현상이 나타나게 되는 것이
죠.

저는 처음 경제와 금융 투자에 대해 공부를 할 때 경기가 좋아야
부동산 가격이 오른다는 생각을 갖고 있었습니다. 그런데 외환위기
이후에 성장은 정체되어 있는 상태에서 부동산 가격만 계속해서 상
승하는 상황이 이어졌습니다. 다음 그래프를 통해 그런 경향을 보다
뚜렷하게 확인할 수 있습니다.

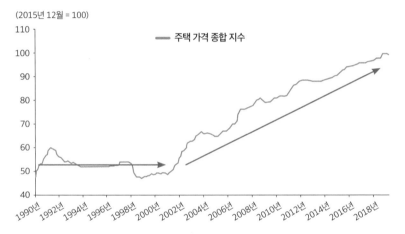

그래프 3 **1990~2000년대 주택 가격 종합 지수 추이**

그래프를 보시면 우리나라의 성장이 강했고 기업의 설비투자가
활발히 일어났던 외환위기 이전 시기에는 부동산 가격이 힘을 쓰지
못합니다. 그런데 2000년대 이후 외환위기를 겪고 성장이 정체된 상
황에서 대출을 비롯한 자금이 부동산으로 쏠리면서 부동산 가격이
크게 상승하는 것을 확인하실 수 있습니다.

정리해 보겠습니다. 1997년 외환위기를 전후해서 우리나라 경제는 큰 변화를 겪었죠. 외환위기로 인해 기업의 설비투자가 큰 폭으로 축소되었고, 이는 실업 대란과 함께 장기 저성장 기조를 낳았습니다. 저성장을 메우기 위한 유동성 공급이 있었지만, 주요 자금의 수요처라고 할 수 있는 기업의 투자 대출 수요가 줄어들면서 금리 역시 하락세를 나타내게 되었죠. 기업으로 흘러가지 못한 자금이 가계와 부동산으로 쏠리면서 가계 부채의 급증과 부동산 가격의 상승을 야기했습니다. 기업의 만성적인 투자 부진, 일자리 부족, 가계 부채 증가, 그리고 부동산 버블 우려에 이르기까지⋯⋯. 지금 겪고 있는 우리 경제의 문제점들은 외환위기를 기점으로 시작된 것입니다.

외환위기는 그걸 겪어내는 시기에 받는 충격도 크지만 이후 남는 상흔 역시 상당합니다. 그런 충격을 우리나라는 1997년 외환위기와 2008년 금융위기, 두 차례나 겪었습니다. 그때마다 우리나라 경제의 성장 레벨이 한 단계씩 다운되는 현상이 나타났죠.

이 정도까지 말씀드리고, 다음 챕터에서는 이런 거대한 단절점을 만들어 낸 외환위기가 어떻게 생겨난 것인지에 대한 이야기로 이어가 보겠습니다.

02

우리나라의 수출 부진을 부른
고베 대지진 나비효과

1995년 4월 고베 대지진으로 정점에 치달은 엔화 강세

고베 대지진은 지진으로 인한 피해와 엔화 강세의 심화를 촉발, 버블 붕괴 이후 침체 일로에 빠져있던 일본 경제에 더욱 큰 타격을 주었다. 그러나 1995년 4월 '역플라자 합의' 이후 엔화는 급격히 약세로 전환되며 바다 건너 한국 경제에까지 영향을 미치게 되는데……

빠르게 사라져 간 '고베 대지진'의 기억

일본은 '불의 고리'라고 불릴 정도로 과거부터 자연 재해를 상당
히 많이 겪었습니다. 그중에 제가 기억하는 사건 하나가 1995년 1월
17일에 있었던 고베 대지진입니다.

　고등학교 2학년으로 올라가는 겨울방학 때였습니다. 학원에서 아
무 생각 없이 수업 듣고 식당에서 점심을 먹다가 TV에서 흘러나오
는 뉴스를 보았습니다. 도로가 엿가락처럼 휘어지고, 많은 건물들이
무너진 모습이었죠. 당시 그 뉴스를 보면서 '와…… 우리나라도 지진
나면 큰일나겠다. 진짜 일어나면 어떻게 하지'라는 생각을 했습니다.
그렇지만 역시 제가 직접 겪은 일이 아니라 그런지 기억 속에서 금방
사라졌습니다. 성인이 되어 일본을 여행할 때 고베를 잠시 방문한 적
이 있는데, 그때는 지진의 흔적을 찾아보기 어려웠습니다. '지진 메
모리얼 파크'라는 곳이 있다고 했는데, 크게 관심을 가지지 않았던
기억이 나네요. 그때는 고베 대지진이 불러온 나비 효과에 대해 전혀
몰랐기 때문입니다.

고베 대지진으로 무너진 마을

출처: 위키피디아

슈퍼 엔고 시대의 도래

당시 일본은 1990년대 초반 부동산 버블 이후 쭉 저금리를 유지해 오고 있었습니다. 일본의 금융기관들은 일본 내 저금리로 높은 수익을 기대할 수 없게 되자 조금이라도 높은 금리를 주는 외국으로 눈을 돌렸죠. 이로 인해 상당한 일본 자금이 외국으로 흘러나가고 있었습니다.

일본의 보험사들도 비슷한 상황이었습니다. 보험사는 보험 가입자들에게서 보험료를 받죠. 미리 받은 보험료를 모아두었다가, 보험금 지급에 해당되는 사고가 발생했을 때 가입자에게 보험금을 지급하게 됩니다. 그러니 보험사들은 미리 모아둔 돈을 조금이라도 더 불리기 위해서 투자에 나섭니다. 그런데 일본 내 금리가 워낙에 낮다

보니 이들도 일정 수준 외국 투자를 진행하고 있었습니다. 이런 상황에서 고베 대지진이라는 사건이 발생합니다. 상당히 많은 보험금을 지급해 줘야 하는 사태가 벌어진 거죠. 특히 손해보험사들의 경우 큰 부담을 느꼈을 겁니다.

상당한 양의 보험금을 지급해야 하는 상황, 그런데 꽤 많은 자금이 외국에 투자되어 있습니다. 그러면 이 돈을 일본으로 회수해 와야겠죠. 외국에 투자했던 자산들을 매각하고, 매각 후 받은 외국 돈을 엔화로 바꾸어야 했습니다.

'엔화로 환전한다'라는 말은 결국 달러화와 같은 외국 통화를 팔고 엔화를 매입하는 것입니다. 보험사들은 상당량의 달러를 팔고 그만큼 엔화를 사들이게 됩니다. 그렇게 사들인 엔화를 일본으로 회수했죠. 이렇게 달러를 팔고 엔화를 사들이는 과정에서 엔화는 초강세를 보이게 됩니다.

고베 대지진 이전부터 엔화는 강세를 이어오고 있었습니다. 이미 달러·엔 환율은 10년 가까운 하락세를 이어오고 있었죠. 엔화 강세를 용인하는 회의가 있었던 1985년 9월의 플라자합의 당시 달러당 250엔을 기록했던 달러·엔 환율이 고베 대지진 직후인 1995년 3~4월에는 달러당 80엔 밑으로 하락했습니다. 1달러를 사기 위해 250엔이 필요했던 1985년에 비해 1995년 3월에는 1달러를 사기 위해서 불과 80엔만 있으면 충분했던 겁니다. 엔화의 초강세, 이른바 '슈퍼엔고의 시대'가 찾아왔습니다.

엔고를 꺾은 역플라자합의

언뜻 '엔화가 비싸지면 일본에 좋은 일 아닌가?'라고 생각하실 수도 있습니다. 그런데 실제로 일본에게는 정말 어려운 상황이 펼쳐지게 됩니다.

어느 국가나 수출 혹은 내수로 성장해야 합니다. 그런데 1990년대 초반 부동산 버블 붕괴와 갑자기 들이닥친 고베 대지진이라는 재해로 인해 일본의 내수 성장은 침체 일로에 있었죠. 내수가 어려우면 수출로 성장해야 하는데요, 슈퍼 엔고의 파고 앞에서 일본의 수출은 전례 없는 고전을 할 수밖에 없었습니다. 일본 경제가 이른바 퍼펙트 스톰(Perfect Storm)을 맞게 된 것이죠. 퍼펙트 스톰이란 개별적으로는 위력이 크지 않은 태풍 등이 다른 자연현상과 동시에 발생하면서 엄청난 파괴력을 보일 때를 일컫는 기상 용어입니다. 경제 분야에서는 나쁜 상황이 겹쳐서 심각한 경제위기가 생겨나는 상황을 말하죠.

일본은 이런 상황을 타개하고자 1995년 4월 대표적인 선진국 회담인 G7(Group of Seven: 세계 7대 주요 경제 선진국인 미국, 일본, 독일, 영국, 프랑스, 이탈리아, 캐나다의 대표가 참석)에 도움을 요청합니다. 요청 내용은 '내수 침체와 함께 슈퍼 엔고로 인해 급격하게 진행되는 수출 둔화를 막기 위해 엔화를 약세로 전환시킬 수 있도록 도와달라'는 거였죠. 결국 일본의 요청이 받아들여지며 각국은 엔저를 유도하기로 합의했고, 이는 1985년 엔고를 유도했던 '플라자합의'와는 반대되기에 '역플라자합의'라고 불리게 됩니다.

플라자합의는 1985년 9월에 미국, 일본, 독일, 영국, 프랑스 5개국 재무장관 회담에서 이루어진 합의입니다. 당시 엔화 환율은 달러당 250엔이었습니다. 엔화가 약세를 보이다 보니 일본의 수출에 상당히 유리한 환경이었을 겁니다. 그리고 이런 엔화 약세는 미국의 수출 제조업 성장에 치명타를 가했죠. 여기서 벗어나고자 엔화의 급격한 절상을 강요했던 것이 플라자합의였습니다. 즉, 약세를 보이던 엔화를 강세로 꺾어버린 이벤트였죠. 반대로 1995년 4월의 역플라자합의는 초강세를 보이던 엔화를 약세로 꺾어버렸습니다. 달러당 80엔을 하회하던 달러·엔 환율은 1995년 4월을 기점으로 빠른 반전에 성공하면서 1998년까지 3년 이상 꾸준한 상승세를 이어가게 됩니다.

이 대목에서 '미국이 왜 일본 엔화의 약세를 용인했을까?'라는 궁금증이 생기실 수 있습니다. 조금 어렵지만 이에 대한 설명을 담고 있는 기사를 함께 읽어보시죠.

일본의 엔貨가 5개월여 만에 달러당 97엔 선을 회복했다. (1995년 8월) 15일 뉴욕을 비롯한 세계의 주요 외환시장에서 달러는 美·日·獨 통화 당국의 협조 개입에 힘입어 강세를 보였으며 엔화는 달러당 하루 동안에 3엔 이상 떨어졌다. 이처럼 3국이 적극적으로 외환시장에 개입한 것은 국내 경기를 부양시키기 위해서는 엔화 약세와 마르크화 약세가 무엇보다 시급한 일본과 독일, 달러화 강세가 필요한 미국의 이해가 맞아 떨어졌기 때문으로 일본의 외환 전문가들은 분석하고 있다.
특히 미국의 경우 달러 강세를 통해 인플레이션 압력을 약화시킴으로써 장기금리를 인하시키고 경기가 후퇴하는 것을 막아야 한다는 생각이다. 달러 약세, 엔화 강세는 수출에는 유리하지만 수입 물가를 상승시킴으로써 인플레이션이 가중되기 때문이다. (중략)

1995년 8월 기사입니다. 이때부터 이미 엔화의 약세가 빠르게 진 행되고 있습니다. 그리고 그 원인으로 전문가들은 미국, 독일, 일본의 이해관계가 맞아 떨어졌고 이들 국가의 공조가 급격한 엔화 약세를 촉발했다는 점을 언급하고 있죠. 두 번째 문단에 미국의 입장이 나오 는데요, 1994년, 당시 미국은 강하게 올라오려고 하는 인플레이션을 제압하기 위해 빠른 금리 인상을 단행했던 바 있습니다. 3퍼센트 수 준이었던 미국 기준금리를 6퍼센트까지 빠르게 인상했었죠. 이 과정 에서 인플레이션을 제압하기는 했지만 높아진 금리로 인해 미국 경 제 성장이 둔화될 수 있다는 우려가 커지고 있었습니다.

물가를 잡는 방법은 금리를 높이는 것도 있지만, 통화가치의 강 세를 만드는 것도 해법이 될 수 있습니다. 물가가 5퍼센트 오르는데 예금금리가 6퍼센트라고 한다면, 사람들은 물건을 사는 것보다는 예금에 돈을 넣어서 높은 금리를 취하고자 하겠죠. 물건 구입으로 돈이 쏠리지 않으니 물가 상승세가 주춤해질 겁니다.

다른 맥락에서 살펴볼까요? 해당 국가의 통화가 강세를 보이게 되면 그 국가의 수입 물가가 하락하게 되죠. 앞서 인용한 기사에 나와 있는 내용으로 설명을 해보겠습니다. 달러가 약하고 엔화가 강할 때에는 1달러를 주고 70엔짜리 물건을 수입해야 하지만, 달러가 강하고 엔화가 약해지면 1달러를 주고 97엔 수준의 물건을 수입할 수 있습니다. 달러 가치가 어떻게 변하는지에 따라 미국은 일본의 더 비싼 제품을 같은 가격에 살 수 있게 되는 겁니다. 수입 물가가 내려간다고 해석할 수 있겠죠.

달러 강세와 엔화 약세로 수입 물가가 내려가게 되면 굳이 금리를 높게 유지하지 않아도 걱정거리인 인플레이션을 제압할 수 있습니다. 달러 강세가 인플레이션을 제압해 준다면 금리를 낮게 유지하면서 미국의 경기 부양에 초점을 맞출 수 있겠죠. 참고로 당시의 달러 강세는 미국 내 물가를 안정시키는 데, 그리고 낮아진 미국의 금리는 미국의 내수 성장을 촉발하는 데 큰 역할을 했습니다. 그리고 이는 미국의 닷컴 버블로 이어지게 되죠.

각국의 이해 관계가 맞아떨어지며 미국, 일본, 독일 등은 상호 간의 강한 공조하에서 엔화 약세 및 달러 강세를 만드는 데 성공했습니다. 그렇게 1995년 4월에는 엔화 강세가 대세라는 분위기였죠. 그런데 불과 4개월 만인 1995년 8월에는 달러당 100엔 수준의 약한 엔화 흐름이 이어질 것이라는 쪽으로 분위기가 크게 바뀌어 버립니다.

엔화 가치 변동이 우리나라에 미친 영향

/

한참 동안 일본 엔화에 대해 이야기해 보았습니다. 이제 이런 일련의 흐름을 1995년 우리나라 상황과 겹쳐 보도록 하겠습니다.

엔화는 1985년 플라자합의 이후부터 꾸준히 강세를 이어왔습니다. 그러다 보니 엔화 강세가 하나의 트렌드처럼 자리를 잡게 됩니다. 당연히 일본 제품은 다른 국가의 수출품보다 비쌌을 겁니다. 달러 대비 엔화 강세인 상황이니까요. 일본 수출품의 가격경쟁력이 떨어진다고 보면 되겠죠. 반면에 한국 원화는 달러화와 비슷한 움직임을 보였습니다. 달러화에 고정이 되어 있는 수준이었는데요, 원화 가치가 달러화 가치와 똑같이 움직였다고 생각하시면 이해가 빠르실 겁니다.

이렇게 원화는 달러화와 함께 움직이는데, 엔화가 달러보다 훨씬 강합니다. 자연스레 엔화는 원화 대비로도 훨씬 강한 모습을 보였고 이는 일본의 수출품 가격이 한국의 수출품 가격보다 매우 높아졌음을 의미하죠. 한국의 수출은 슈퍼 엔고로 인해 최고의 호기를 잡았던 겁니다. 관련 기사를 인용해 보겠습니다.

> 엔貨의 미국 달러에 대한 환율이 연일 최고치를 갱신하면서 국내 주요 수출 기업들이 엔貨 강세의 장기화에 대비한 대책 마련에 부심하고 있다. (중략) 전자 업체들은 반도체 등을 중심으로 對日 가격경쟁력이 강화돼 제3국 수출이 크게 늘어날 것으로 기대, 일본 내 유통망 강화와 애프터서비스망의 확충 등을 통한 엔貨 강세 활용 대책을 마련 중이다. (중략)

자동차 업계도 엔貨 강세로 외국시장에서 일본 차의 가격경쟁력이 약화돼 현재 호조를 보이고 있는 수출이 더욱 활기를 띨 것으로 예상하고 對日 수입 의존도가 높은 주요 핵심 부품의 수입선 전환 또는 국산 개발을 서두를 계획이다. 조선 업계는 지난해부터 가속화된 엔貨 강세로 올 들어 이미 수출용 선박의 수주가 활기를 띠고 있어 엔貨 강세가 지속될수록 일본과의 수주 경쟁에서 우위에 서게 될 것으로 기대하고 역시 조선 기자재의 국산 개발에 박차를 가할 방침이다.

철강 업계는 엔貨로 결제되는 對日 수출이 전체 수출의 30퍼센트 정도를 차지하고 있어 기자재 수입분을 제외하더라도 큰 폭의 엔貨 순수입을 올리고 있는 상황이다. 섬유와 석유화학 업계도 엔貨 강세로 제3국에서의 가격 경쟁력이 일본 제품에 비해 크게 향상됨에 따라 제품 품질 개선 및 고급화 등을 통해 엔貨 강세의 이점을 최대한 활용하기 위한 대책을 마련 중이다.

《연합뉴스》, 1995. 3. 7

1995년 3월 7일 보도된 기사입니다. 첫 문단을 보시면 엔화 강세가 연일 이어지는 데 집중하면서 한국 기업들이 엔화 강세라는 호기에 어떻게 대응해야 하는지를 언급하고 있습니다. 특히 엔화 강세로 한국 전자 업체들의 수출이 크게 늘어날 수 있음을 이야기하고 있죠.

두 번째 문단에서는 자동차 업계 및 조선 업계 이야기가, 세 번째 문단에서는 철강 및 석유화학 업계에 대한 이야기가 나옵니다. 모두 엔화 강세의 이점을 최대한 살리자는 취지의 내용이 이어지고 있습니다. 네, 수출 성장 드라이브가 중요한 한국에 있어 엔화 강세는 하나의 기회가 될 수 있었겠죠. 당시 분위기 파악을 위해 역플라자합의 시기였던 1995년 4월의 기사를 하나 더 보고 가시죠.

> **• 천정부지 円高 현상 배경 및 전망**
>
> 일본 엔화(貨)가 급격하게 상승하고 있는 것은 단기적인 측면에서 볼 때 미국이 달러화(貨) 방위에 적극적인 자세를 보이지 않고 있는 가운데 일본 기업들이 달러를 매각하는 반면 아시아 국가 중앙은행들이 외환준비자금을 달러에서 엔화로 바꾸고 있기 때문으로 분석된다.
>
> 물론 장기적인 측면에서는 일본의 對美 무역 흑자가 좀처럼 줄고 있지 않은 데다 국내 경기 침체로 내수가 정체 상태에 머무르고 있는 데 그 원인이 있는 것으로 전문가들은 풀이하고 있다. (중략) 무역 수지의 개선 없이는 엔고 달러 약세라는 큰 흐름이 바뀌지 않을 것으로 보여서 앞으로도 미국의 경제 상황에 큰 변화가 일어나지 않는 한 엔화 강세 현상은 상당 기간 지속될 것으로 전문가들은 보고 있다.
>
> 《연합뉴스》, 1995. 4. 8

이 기사에는 엔화가 강세를 보이는 이유와 이후 간단한 엔화 전망을 담고 있죠. 개인적으로 이 기사의 핵심은 두 번째 문단의 마지막 줄에 있다고 생각합니다. 무언가 큰 변화가 일어나지 않는 한 엔화 강세 현상은 '상당 기간' 지속될 것으로 전문가들이 보고 있다는 내용입니다. 잠시 다음 쪽의 〈그래프 4〉를 하나 보고 가시죠.

1985년부터 1999년까지 달러·엔 환율을 보여주는 그래프입니다. 1985년 9월, 앞서 설명한 플라자합의 이후 나타난 달러·엔 환율 하락세(달러 대비 엔화 강세)가 1995년 중순까지 계속해서 이어지는 것을 확인할 수 있습니다. 거의 10년 동안 엔화 강세가 계속된 것입니다. 이렇게 엔화 강세가 길게 이어지다 보면 사람들의 마음 속에 엔화 강세에 대한 관성이 생겨나게 되겠죠. 엔화 강세가 앞으로도 지속될 것이라는 기대가 생길 겁니다. 마치 주가가 10년 동안 상승하면

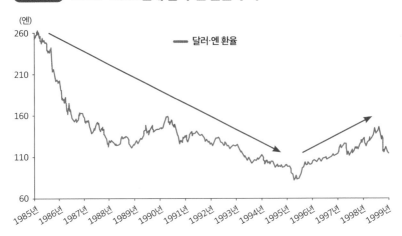

1980~1990년대 달러·엔 환율 추이

(엔)

260

210

160

110

60

—— 달러·엔 환율

1985년 1986년 1987년 1988년 1989년 1990년 1991년 1992년 1993년 1994년 1995년 1996년 1997년 1998년 1999년

앞으로도 더 오를 것이라는 기대감이 생기는 것처럼요.

엔화가 더 강해질 것이라는 생각이 들면 사람들은 엔화를 보유하고 싶을까요, 아니면 엔화 대비 더욱 약해질 달러화를 보유하고 싶을까요? 당연히 더욱더 비싸질 엔화를 갖고 싶겠죠. 다시 앞의 인용 기사로 돌아가 보겠습니다.

그전까지만 해도 아시아 국가 대부분은 외환보유고에 달러화를 담고 있었습니다. 외환보유고는 말 그대로 국가가 보유하고 있는 외화를 말합니다. 국가도 개인과 비슷한 생각을 하겠죠. 약해질 것으로 보이는 달러를 팔고 엔화를 보유하고 싶을 겁니다.

가뜩이나 엔화가 강해지고 있는데, 기사의 셋째 줄에 적힌 것처럼 아시아 국가들이 달러를 팔고 엔화를 사려고 합니다. 그럼 엔화는 더욱더 강해지겠죠. 네, 엔화 강세 현상이 상당 기간 이어질 것이라는 전문가를 비롯한 시장 참여자들의 기대가 당시의 엔화 강세를 더욱 심화시켰다는 해석이 가능합니다.

엔화 강세로 인한 수출 호조로 환호성을 지르던 한국 경제에 엔화 강세가 상당 기간 이어질 것이라는 소식만한 낭보는 없을 겁니다. 수출 실적이 더욱더 좋아질 것이라는 생각을 하게 되면 당연히 수출 기업들은 투자를 늘려서 생산 라인을 늘리게 되지 않을까요? 이런 형태의 투자를 설비투자라고 하죠. 첫 번째 챕터에서 외환위기 이전에 설비투자가 크게 늘었다는 이야기를 했던 바 있습니다.

엔화 강세가 하나의 추세로 자리잡고 있었기에 당시 한국 기업들은 엔화가 더 강해질 것이라고, 아니 적어도 엔화가 약세로 전환되지는 않으리라고 예상했죠. 그런데 분위기가 크게 바뀌기 시작합니다. 1995년 4월 역플라자합의가 이루어지면서 엔화가 급격한 약세를 보이기 시작한 것이죠.

앞서 살펴본 〈그래프 4〉를 다시 보시면 지속 하락하던 달러·엔 환율이(엔화 강세) 1995년 4월을 기점으로 큰 폭으로 상승(엔화 약세 전환)하는 것을 확인하실 수 있습니다. 엔화 강세에 힘입어 호조세를 이어가던 한국 수출에는 상당한 악재가 되지 않았을까요? 앞서 살펴본 엔화 상승세에 대한 두 개의 기사는 1995년 3~4월에 보도된 것인데요, 그로부터 불과 4개월 후인 1995년 8월 16일 기사를 보시죠.

　분위기가 완전히 바뀌었다는 느낌이 확 들지 않으시나요? 제목부
터 「재계, 엔화 약세로 수출 비상」입니다. 기사의 시작은 치솟던 엔화
가 급격한 약세로 반전되면서 일본과 수출 경쟁을 하는 국가들에 비
상이 걸렸다는 이야기로 엔화 약세로 인해 수출 감소가 심해질 것이
라는 전망이 나오고 있습니다. 추가로 달러당 70엔 대까지 강해졌던
엔화가 100엔 수준까지 급격한 약세로 전환되면서 한국의 주력 수출
업종인 전자, 자동차, 기계, 조선 등이 전반적으로 고전할 것으로 보

인다는 내용이 나오죠.

엔화 강세에 대한 낙관론에 힘입어 설비투자를 늘리던 기업들이 갑작스레 엔화 약세를 만나게 됩니다. 투자는 늘려 놨는데, 영업 환경이 악화되면서 장사가 잘되지 않는 거죠. 기업들에게는 상당히 큰 악재가 되지 않았을까요? 실제로 엔화 약세는 한국 수출에 큰 타격을 주었고, 이로 인해 한국의 무역 적자가 심화되면서 한국을 바라보는 외국 투자자들의 의구심이 커지게 됩니다. 1996년 한국은 당시로는 사상 최대였던 200억 달러 이상의 무역 적자를 기록하며 외환위기의 씨앗을 품게 되죠. 1996년 5월의 기사를 보고 넘어가겠습니다.

• 4월 수출 부진, 엔화 약세 및 국제 가격 하락이 원인

대한무역투자진흥공사는 4월 중 우리 수출 부진은 엔화 약세, 주종 수출품의 국제가 하락, 선진국의 경기 침체 등의 외부적인 요인에서 비롯된 것이며 하반기부터는 우리 수출이 회복세로 돌아설 가능성이 크다고 분석했다. (중략)

貿公은 엔화의 對美 달러화에 대한 환율이 지난 1995년 4월 18일의 79엔에서 올 5월 1일에는 105엔으로 오른 데다 반도체의 국제 가격이 16메가 D램의 경우 지난해 4월의 개당 55.3달러에서 올 4월에는 24.5달러로 55.7퍼센트 떨어졌고 철강도 핫 코일이 같은 기간 중 t당 353달러에서 325달러로 7.9퍼센트 하락했으며 석유화학 제품도 폴리프로필렌이 t당 1140달러에서 915달러로 19.7퍼센트 떨어지는 등 우리 주력 수출 품목의 국제 가격도 크게 떨어져 수출 부진을 초래했다고 보고서에서 지적했다.

품목별로는 철강, 자동차가 엔화 약세에 따른 가격경쟁력 하락과 재고 증가로 수출이 부진했으며 반도체는 공급 과잉에 따른 국제 가격 하락이 수출 부진을 부추겼다고 貿公은 분석했다.

《연합뉴스》, 1996. 5. 1

우리나라의 수출이 부진을 거듭하는 원인을 대한무역투자진흥공사가 분석한 기사입니다. 첫 문단에 엔화 약세가 가장 먼저 언급되죠. 두 번째 문단을 보시면 엔화 환율이 1995년 4월 17일 달러당 79엔에서 1996년 5월 1일 달러당 105엔으로 올랐다는 내용이 있습니다. 급격한 엔화 약세가 수출에 악영향을 주었다는 의미일 겁니다. 그런데 기사에서는 엔화 약세 이외의 원인들도 설명하고 있습니다. 주종 수출품의 국제 가격 하락이 영향을 주었다고 나오는데, 당시 우리나라의 대표적인 주력 수출품은 바로 반도체였습니다. 1996~1997년에 걸쳐 반도체 가격이 드라마틱하게 하락했고, 이는 우리나라 무역 적자가 늘어나는 데 상당한 영향을 주게 됩니다. 반도체에 관한 이야기는 다음 챕터에서 이어가보도록 하겠습니다.

이번 챕터에서는 고베 대지진이 가져온 나비 효과를 설명해 드렸습니다. 지진으로 인해 일본의 금융사들이 외국의 자산을 매각하는 과정에서 엔화가 초강세를 보이게 되고, 수출과 내수에서 한계에 부딪히 일본이 G5 국가들에게 엑화 약세라는 선물을 받게 됩니다. 바로 1995년의 역플라자합의입니다. 이후 급격하게 약세로 돌아선 엔화는 그동안 이어져 오던 엔화 강세의 순풍을 타고 비상하던 우리나라의 수출에 강력한 태클로 작용하게 됩니다. 1996년에 들어서면서 우리나라의 수출은 더욱 부진한 흐름을 보이게 되었고, 이는 외환위기의 단초가 되었죠.

물론 고베 대지진이 엔화 강세 및 역플라자합의 이후의 엔화 약세 전환을 설명하는 유일한 요인은 아닐 겁니다. 다만 기존부터 이어지던 엔화 강세 기조를 더욱 강화시키는 촉매제는 되었다고 생각합니다. 참고로 달러당 80엔을 밑돌던 1995년 4월의 슈퍼 엔고 기록은 한동안 깨지지 않다가 2011년이 되어서야 깨졌습니다. 그해 3월에는 모두의 기억 속에 생생할 동일본 대지진이 있었죠. 동일본 대지진 이후 나타난 슈퍼 엔고에서 벗어나고자 아베노믹스가 시작되었고, 이는 급격한 엔화 약세로 이어지게 됩니다. 이번 챕터는 여기서 줄입니다.

03

우리나라의 수출 부진을 부른
반도체 쇼크

1년 만에 완전히 뒤바뀐 반도체 시장

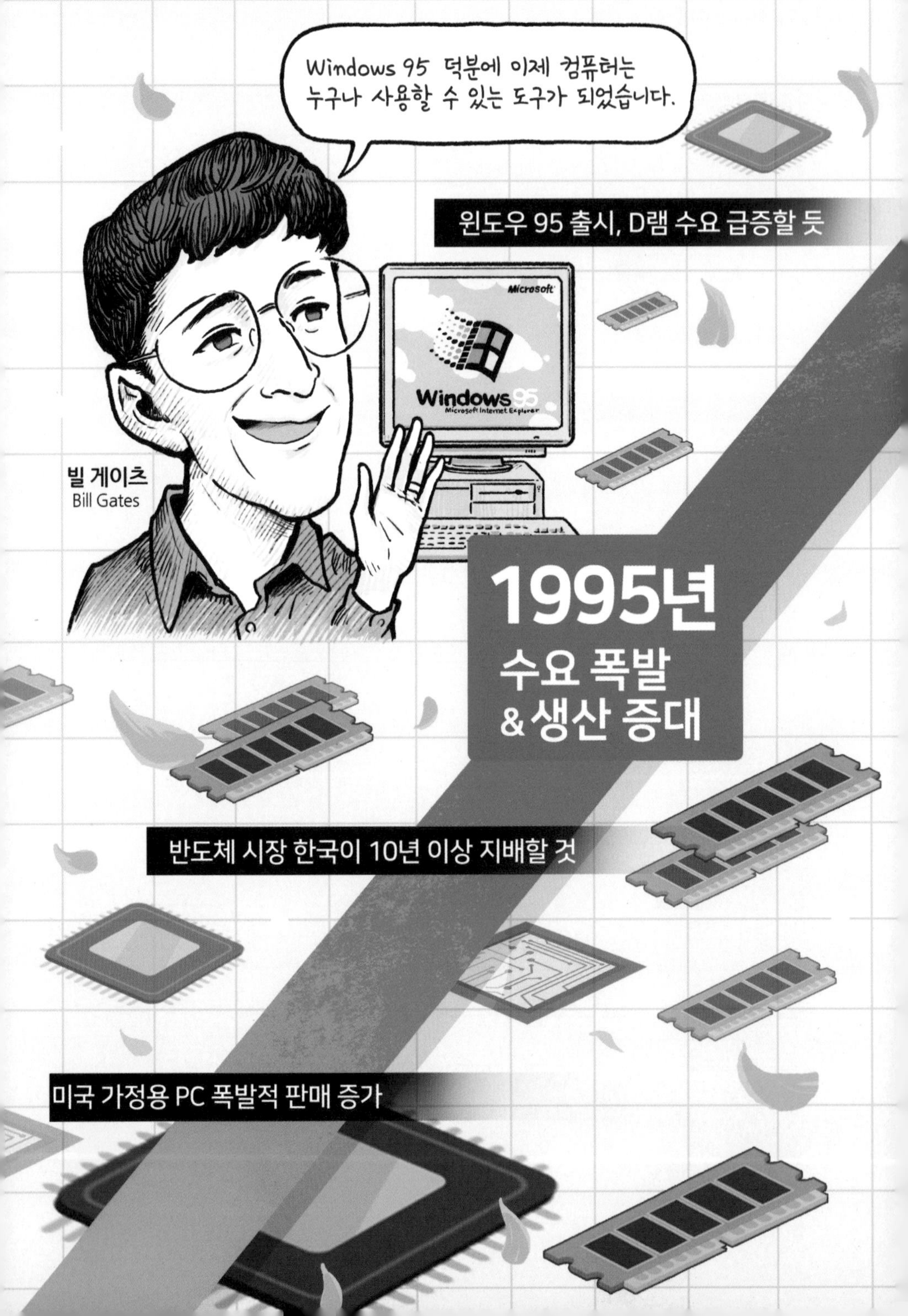

가수요의 위험성

코로나19 사태로 시작된 '마스크 대란' 당시

마스크 품절입니다!
언제 재입고 될지 몰라요!

벌써 품절이라니,
내일은 더 일찍
와서 줄 서야겠네.

그리고, '공적 마스크 5부제 시행 후' 모습

신분증 챙겨서
천천히 들어오세요

확실히 사람이 줄었어.

PC 산업 침체

1996년
공급 과잉 & 수요 위축

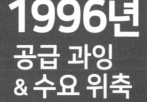

두 가지 상황을 비교해 보면 가수요의 위력을 알 수 있다.

마스크 대란 당시 나타난 긴 줄은
앞으로도 마스크를 구할 수 없을 것
이라는 두려움에 소비자들이
예비적으로 마스크를
사두려는 심리로 생겨난
것이라 볼 수 있죠.

마스크 5부제로 인해
안정적으로 매주 마스크
2개는 구할 수 있다는
기대가 커지면서
예비적 수요가
줄어들었고 약국 앞의
긴 줄도 사라졌습니다.

반도체도 똑같아요.
PC 대중화에 대한
기대감에 반도체 수요가
폭발했었죠. 반도체
구하기가 어려워질
듯하자 미리 반도체를
사두려는 움직임도
나타났습니다. 그러나
PC 산업이 침체를 보이자
그런 예비 수요는 사라졌고
반도체 가격은 큰 폭으로
하락하게 됩니다.

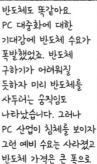

D램 가격 반토막

코로나19가 한창이던 2020년 3월을 떠올려 볼까요. 당시 금융시장이 흔들렸던 것도 이슈였지만 실생활에서 가장 힘들었던 것은 마스크 확보였습니다. '구입'이라는 표현보다는 '확보'라는 말이 맞았던 것 같네요. 마스크를 구하려고 약국마다 돌아다녔고, 마스크가 들어온다고 하는 약국 앞에는 기다란 줄이 생겼습니다. 1시간 이상 줄을 서는 정도는 기본이었던 것 같습니다. 한참을 기다려서 마스크 두 개를 받았을 때의 뿌듯함은 상당히 컸죠. 가족들을 위해 무언가 큰일을 해낸 것 같은 느낌을 받을 정도였으니까요.

잠시 기억을 되돌아보면, 당시 저희 집에는 마스크가 서른 개 정도 있었던 것 같습니다. 마스크가 서른 개 정도 있는데도 마스크를 더 사려고 했죠. 당장 다음 한 주를 보낼 마스크 수량은 보유하고 있었지만, 구할 수 있을 때 더 구해 놓고 싶었거든요.

유명한 경제 이론 중 하나인 '수요와 공급'만으로는 설명이 안 되는 것이 바로 사람들의 심리인 듯합니다. 구할 수 없을 것 같다는 생각이 들고, 공급이 어려워질 것이라는 두려움이 생기면, 최대한 미래의 몫까지 더 확보를 하려는 이른바 '가수요'가 생깁니다.

가수요가 만드는 두 가지 현상

가수요란 당장 필요가 없는 수요, 즉 미래의 필요까지 끌고 와서 지금의 수요로 폭발시켜 버리는 것을 뜻합니다. 코로나19 때문에 갑작스레 마스크에 대한 수요가 늘어났습니다. 당장 필요한 만큼의 공급도 이루어지기 어려운 상황이죠. 그런데 미래의 수요, 즉 가수요까지 폭발해 버립니다. 당연히 공급이 크게 부족하게 되겠죠. 그러면 당시에 겪으신 것처럼 사람들이 약국 앞에 줄을 길게 늘어서는 상황이 벌어지게 됩니다. 그렇다면 이런 상황은 어떻게 해야 해소가 될까요? 부족한 가수요만큼 공급이 채워지면 끝이 날까요?

가수요의 폭발은 결국 심리적인 요인에서 비롯됩니다. 당장은 아니더라도 미래에 꾸준히 일정량의 마스크를 공급받을 수 있다는 믿음, 미래에 내게 필요한 마스크를 어떻게든 구할 수 있으리라는 믿음이 생겨나면 가수요는 빠르게 줄어듭니다. 미래의 수요를 당겨서 먼저 사들이려는 움직임은 미래에 구할 수 없을 것이라는 두려움에서 비롯되는 것이기 때문입니다.

향후에는 공급망이 정상화되고 마스크 공급이 원활해질 것이라는 믿음이라던지, 혹은 못해도 매주 두 개 이상의 마스크는 꾸준히 구할 수 있다는 믿음이 생기면 길게 늘어선 줄이 사라지게 됩니다.

조금씩이라도 필요할 때 구할 수 있다는 확신이 생기면 현재 보유하고 있는 서른 개의 마스크로도 충분하다는 생각이 들 테니까요. 굳이 그 추운 날 약국 앞에서 한 시간씩 줄을 설 필요는 없겠죠. 제 기억에는 2~3주가 지나자 주말에 전투적으로 늘어섰던 줄이 거짓말처럼 사라졌던 것 같습니다.

'이렇게 쉽게 해결될 것을 왜 그리 걱정했나⋯⋯'라는 생각이 드실 겁니다. 그런데요, 공급업자 입장에서는 전혀 다른 경험을 하게 됩니다.

수요가 공급을 넘어섰는데 가수요까지 폭발하면서 일시적으로 주문이 크게 몰리는 겁니다. 그럼 그 주문을 소화하기 위해 설비 라인을 늘리고, 사람을 채용하고, 원자재를 잔뜩 사오는 등 준비를 해야겠죠. 그렇게 해서 대량 생산을 할 수 있는 여건을 갖추었는데 가수요가 확 줄어들면서 주문이 모두 취소가 된다면?

공급업자는 과잉 투자 및 과잉 공급 상태에 처하게 될 수 있습니다. 투자는 늘렸는데, 재료도 많이 사왔는데, 손님이 오지 않습니다. 이렇게 미래의 수요가 갑자기 당겨져 왔다가 신기루처럼 사라지게 되면 공급 측에서는 적절한 공급 조절을 하기 어려워집니다. 그리고 수요가 폭발한 상황에서 무리한 투자를 한 공급업자는 재무적으로 매우 어려운 상황에 빠질 수 있습니다.

가수요는 마스크 구매에서만 생기는 것이 아닙니다. 달러 역시 마찬가지입니다. 첫 번째 챕터에서 기업들이 달러를 빌려 왔다는 이야기를 했었죠. 은행에서 달러를 빌려 쓰고 있는 A기업이 있다고 가정해 보겠습니다.

A기업은 달러 대출을 받았지만 걱정이 없습니다. 6개월 후에 만기가 오면 갚아야 하지만, 필요하면 다른 외국계 은행에서 또 대출을 받아서 갚을 수도 있거든요. 그리고 지금 돈을 빌린 은행에서는 만기가 되어도 웬만하면 대출을 1년 더 연장해 주겠다는 분위기입니다. 그러니 6개월 후에 갚아야 하는 빚을 걱정하며 지금 당장 달러를 구할 필요를 전혀 느끼지 못합니다.

그런데 갑자기 경기가 악화됩니다. 은행들이 더는 대출 만기를 연장해 주지 않고 빚을 갚으라고 종용합니다. 다음 달이 만기라 달러 대출을 갚아야 하는 B기업을 보니까 달러 구하기가 너무나 어려워서 쩔쩔매고 있는 거죠. A기업은 달러 대출을 갚아야 하는 만기까지 6개월 정도 여유가 있지만 멍하니 있을 수가 없습니다. B기업의 어려운 현실이 불과 6개월 후의 내 모습이 될 수도 있는 것 아닐까요? 지금부터 조금씩이라도 달러를 확보해야 하지 않을까요? 이런 원리로 미래의 달러 수요가 현재로 당겨져 오게 됩니다. 달러 가수요까지 폭발하니 달러 가치가 큰 폭으로 상승하게 되겠죠. 1달러를 사는 데 1000원이면 충분했는데, 달러값이 오르니 1달러를 사는 데 1500원을 줘야 하는 겁니다. 달러·원 환율이 1000원에서 1500원으로 급등했다는 뜻입니다.

그런데 그때 미국에서 달러 공급을 크게 늘리겠다는 소식이 들려옵니다. 즉시 달러 가치가 하락하면서 환율이 달러당 1500원에서 1300원으로 떨어졌습니다. 그러면 6개월 후에 대출을 갚아야 하는 A

기업이 굳이 지금 달러를 사둘 필요가 있을까요? 이제 조금 있으면 달러가 더 저렴해질 텐데 그때 가서 사들여도 되지 않을까요?

가수요가 확 줄어들면 달러 가치가 더 빠른 속도로 떨어지게 됩니다. 하늘까지 올라가던 달러 환율이 큰 폭으로 급등락을 보이는 경우의 원인을 이렇게 가수요와 공급 사이드의 간극에서 찾을 수도 있습니다.

수요 급락이 가져온 공급 및 설비투자 과잉 현상

/

외환위기 이야기를 하다가 왜 갑자기 마스크와 달러라는 엉뚱한 이야기를 꺼낸 걸까요? 외환위기 이전에도 이런 비슷한 현상들이 나타났기 때문입니다. 특히 우리나라 주요 수출 중 하나인 반도체에서 이런 상황이 펼쳐졌죠. 지난 챕터의 끝자락에서 인용했던 기사를 물고 오면서 이어가도록 하겠습니다. 당시 기사, 다시 한번 보시죠.

> 貿公은 엔화의 對美 달러화에 대한 환율이 지난 1995년 4월 18일의 79엔에서 올 5월 1일에는 105엔으로 오른 데다 반도체의 국제 가격이 16메가 D램의 경우 지난해 4월의 개당 55.3달러에서 올 4월에는 24.5달러로 55.7퍼센트 떨어졌고 철강도 핫 코일이 같은 기간 중 톤당 353달러에서 325달러로 7.9퍼센트 하락했으며 석유화학 제품도 폴리프로필렌이 톤당 1140달러에서 915달러로 19.7퍼센트 떨어지는 등 우리 주력 수출 품목의 국제 가격도 크게 떨어져 수출 부진을 초래했다고 보고서에서 지적했다.
>
> 《연합뉴스》, 1996. 5. 10

여기서 무공(貿公)은 대한무역투자진흥공사를 말합니다. 해당 기관에서 1996년 4월 우리나라 수출이 부진했던 이유를 설명하는 기사입니다. 크게 두 가지 원인을 언급하고 있는데, 하나는 빠른 속도로 약세 전환한 엔화이고 다른 하나는 빠르게 가격이 하락한 반도체입니다.

반도체 16메가 D램의 가격이 1995년 4월에는 개당 55.3달러를 기록했다가 1996년 4월에는 24.5달러로 55.7퍼센트 하락했다는 내용이 나오죠. 이렇게 주력 수출 제품의 가격이 급락하게 되면 당연히 우리나라 수출 실적에 악영향을 끼칩니다. 관련 업체들은 반도체 경기가 활황이고, 향후 반도체 수출이 잘될 것이라 생각하고 설비투자를 늘린 상태입니다. 그런데 갑작스레 반도체 경기가 불황으로 접어들면서 반도체 가격이 급락한다는 뉴스가 터져 나옵니다. 치명적인 악재였을 겁니다.

수출을 통해 달러 벌이가 꾸준히 이어진다면 달러 부족으로 인한 외환위기 가능성은 높지 않을 겁니다. 반대로 수출이 부진한 모습을 이어간다면 달러 부족 현상이 심화될 가능성이 높아지겠죠.

잠시 과거를 회상해 보면, 1990년대 초반에 우리나라에도 퍼스널 컴퓨터(PC) 붐이 불기 시작했습니다. 1992~1993년 정도 되었을 때 당시 구형 모델이었던 XT 컴퓨터의 인기는 크게 떨어졌고, 각 가정으로 AT 컴퓨터(286이라고 했었죠)나 386, 486, 586 컴퓨터의 보급이 빠르게 확산되었습니다. 당시 저는 컴퓨터를 게임기로 썼는데요, 고등학생 때 부모님께서 사주신 486 컴퓨터로 「삼국지 3」이라는 게임을 했던 기억이 새록새록 떠오릅니다. 결론은 1990년대 초반에 집집마다 개인용 컴퓨터를 사려는 붐이 생겨났다는 것이고, 컴퓨터의 수요가 크게 늘어난다는 것은 반도체 수요의 확대와도 연관지어 생각해 볼 수 있다는 거죠. 기사 인용합니다.

1987년 최초로 출시된 개인용 컴퓨터 IBM5150

출처: 위키피디아

• 93년 개인용 컴퓨터 보급 1백만 대 돌파

　한 해 동안의 개인용 컴퓨터 보급이 지난해 처음으로 100만 대를 넘어섰으며, 오는 1997년에는 1가구당 1대꼴로 개인용 컴퓨터가 보급될 전망이다. 한국전자공업진흥회 산하 컴퓨터산업협의회가 조사한 국내 컴퓨터 보급 현황에 따르면 지난해 1년 동안 개인용 컴퓨터는 전년보다 42.0퍼센트가 늘어난 129만 대가 보급됐으며, 가동되고 있는 누적 대수는 408만 9000대인 것으로 집계됐다. (중략) 향후 보급 전망은 1997년까지 연평균 30퍼센트 정도의 증가를 지속, 1997년에 이르면 1000만 대를 훨씬 넘어설 것으로 예견돼 한 집에 한 대꼴로 개인용 컴퓨터가 보급될 전망이다.

《연합뉴스》, 1994. 7. 12

　1993년에 개인용 컴퓨터 보급이 크게 늘어났다는 내용입니다. 가장 중요한 것은 향후 전망입니다. 연평균 30퍼센트 증가세를 이어가면서 1993년 현재 489만 대 수준의 누적 보급 대수가 1997년에는 1000만 대를 훨씬 넘길 것이라는 내용이 나오네요. 숫자 그 자체보다도 컴퓨터의 수요가 앞으로도 계속 늘어날 것이라는 데 주목할 필요가 있습니다. 그리고 이런 개인용 컴퓨터 붐은 한국에만 국한된 것이 아니었죠.

이런 PC 붐은 반도체 수요를 크게 확대시키는 결과를 낳았습니다. 1994~1995년 사이에 보도된 관련 기사 제목들을 몇 개 인용하며 당시 반도체를 향한 반응을 살펴볼까요.

- 올해 세계 반도체 수요, 사상 최대

  《연합뉴스》, 1994. 2. 23

- 16메가 D램 반도체 시장 한국이 초반 석권

  《연합뉴스》, 1994. 4. 18

- 한국 기업, 반도체 가격 경쟁 주도

  《연합뉴스》, 1995. 5. 10

- 반도체 업계, 상반기 매출 대폭 신장

  《연합뉴스》, 1995. 7. 1

1994년을 지나면서 전 세계적으로 반도체 수요가 사상 최대 수준이라는 이야기, 한국의 반도체 업계가 상당한 글로벌 경쟁력을 가지고 있으며 매출이 늘었다는 내용이 보입니다.

이어서 살펴볼 기사는 미국 월스트리트저널(WSJ)의 보도를 다루고 있는데요, 당시의 분위기를 보다 생생히 느낄 수 있습니다.

• 메모리 반도체 시장, 한국이 10년 이상 지배

이 신문(WSJ)은 선발국인 미국과 일본이 방향을 전환해 주력하고 있는 첨단 반도체시장은 정체 상태에 머물고 있는 데 비해 메모리 반도체시장은 폭발적으로 확대되고 있다고 지적했다.

일본은 미국이 지난 1980년대 초 첨단 분야로 방향을 전환하면서 일본에 메모리 반도체시장을 넘겨준 전철을 되풀이해 1990년대 초 한국에 메모리 반도체시장의 지배권을 넘겨주기 시작함으로써 이미 돌이킬 수 없는 상태로 접어들었다고 이 신문은 전했다. 이 신문은 일본 업체들이 뒤늦게 이 같은 추세를 돌이키려 하고 있으나 유휴 설비와 생산 비용 문제로 투자 확대에 한계가 있어 성장 일로를 걷고 있는 한국 업체들의 투자 확대를 따라잡기는 역부족이라고 분석했다.

여기에다 일본 업체들은 엔화(貨) 강세와 국내 주식 가격의 하락으로 자본 조달에도 어려움을 겪고 있는 데 비해 한국 업체들은 축적된 이윤과 국내 주식시장에서의 주식 가격 상승으로 자금 조달에 어려움이 없으며 국제시장에서도 상대적인 저임금과 엔화(貨) 강세로 일본의 경쟁력을 압도하고 있다고 이 신문은 덧붙였다.

《연합뉴스》, 1994. 2. 23

기사 내용을 보시면 우리나라가 미국이나 일본과의 반도체 경쟁에서 앞서가고 있음을 알 수 있죠. 1980년대 초에는 일본이 미국의 반도체 시장을 눌렀는데, 1990년대 들어 한국의 반도체 경쟁력이 일본을 앞서고 있다는 이야기가 나옵니다. 특히 인용된 기사의 마지막 문단에는 일본 기업들이 엔화 강세(지난 챕터에서 상세히 다루었죠)와 1990년대 초반의 부동산 및 주식 버블 붕괴 이후 자본 조달에서 고전하면서 금융 사이드에서도 우리나라에게 밀리고 있음을 보여줍니다. 한국이 메모리 반도체 시장을 석권했다는 기사 제목이 그 자신감을 나타내고 있죠. 1995년 당시에도 분위기가 좋았지만 그 이후의 전망은 더욱더 밝았던 것 같습니다.

이때 분위기를 더 상승시키는 사건이 발생합니다. 바로 1995년 8월 12일 출시된 '윈도우 95'입니다. 이를 계기로 반도체 기억소자 수요가 급증하고, 가격이 강세를 지속할 것이라는 뉴스가 이어졌죠. 마이크로소프트(MS)가 출시한 윈도우 95를 불편함 없이 쓰려면 기존에 쓰던 메모리가 아니라 16MB의 용량의 램이 필요했습니다. 윈도우 95 판매가 늘어갈수록 PC 사용자들의 램 수요 역시 이어질 것으로 전망되었죠. 앞 챕터에서 다룬 것처럼 엔화 강세의 글로벌 경쟁 환경도 우리나라에게 상당히 유리했습니다. 기업들의 설비투자 확대가 나타날 수 있는 환경이었죠.

그런데 불과 수개월 후인 1996년에 이런 기사가 나옵니다. 꼼꼼히 읽어보시죠.

그러나 반도체 수요의 약 60퍼센트를 담당하며 반도체 산업 성장을 견인해 온 컴퓨터 산업이 침체에 빠져들고 있어 메모리칩의 공급 초과 상황이 초래되더라도 반도체 업체들은 생산을 줄이지 못해 칩의 가격 하락을 더욱 촉진시킬 것으로 이 보고서는 예상했다.

특히 최근 대만을 비롯한 신생 반도체 산업국에서 칩 재고 관리에 어떤 문제점이 발생할 것인지에 대한 분석 없이 투자를 계속하고 있으나 새로운 시장에서의 반도체 수요는 기대만큼 창출되지 않고 있다고 지적했다.

반도체 업체들은 최근 컴퓨터 산업으로부터 유발된 시장 침체가 일시적인 현상이기를 기대하고 있으며 PC 판매가 예전 수준으로 회복되면 반도체 가격 하락도 둔화될 것으로 예상하고 있다.

《연합뉴스》, 1996. 4. 15

1995년 8월 윈도우 95 출시 당시와는 정반대 분위기의 기사입니다. 첫 문단에서는 더욱 좋아질 것이라는 기대를 모았던 PC 산업이 침체에 빠져들었다고 하죠. 이와 함께 메모리 반도체의 공급 초과 상황이 나타나면서 반도체 가격이 큰 폭으로 하락하리라고 예상합니다. 그리고 반도체 경기가 좋을 것이라 생각하고 설비투자를 늘린 대만 업체들의 이야기가 두 번째 문단에 이어집니다. 공급은 기존보다 늘어났지만 수요가 갑자기 식어버리는 문제가 생기고 있는 거죠. 마지막 문단에서는 PC 판매가 회복되면 지금의 어려운 상황에서 벗어날 수 있을 것이라는 기대를 조심스레 제시하고 있습니다. 그러나 이후 흐름도 만만치 않았죠.

> 지난해까지 경기 불황에 아랑곳하지 않고 고속의 성장세를 계속하던 개인용 컴퓨터(PC) 시장이 최근 급속히 냉각되고 있다. 9일 관련 업계에 따르면 지난 1·4분기 중 PC 판매 대수는 51만 대로 지난해 같은 기간의 48만 대 비해 6.3퍼센트 증가했으나 4월 이후부터는 판매가 급감, 5월 말까지 두 달간 판매 실적은 32만 대로 작년 동기의 판매 실적을 훨씬 밑돌고 있다.
> 이에 따라 2·4분기 PC 판매 대수는 48만 대로 작년 동기의 49만 대에 비해 2.0퍼센트가 오히려 줄어들 것으로 추산돼 분기별 실적에서 처음으로 마이너스 성장을 기록할 것으로 업계는 전망하고 있다.
>
> 《연합뉴스》, 1997. 6. 7

외환위기가 있었던 1997년 6월의 기사로 개인용 컴퓨터 시장이 급속도로 냉각되고 있다는 이야기죠. 그리고 분기별 실적에서 단순히 성장이 정체되는 것을 넘어 마이너스 성장으로 주저앉을 수 있다는 전망이 나옵니다. 그리고 그런 전망은 현실이 됩니다.

줄곧 고속 성장을 구가하던 PC시장이 1997년 2·4분기에 마이너스 성장을 기록한 것입니다. 마이너스 성장이 나왔다는 것 자체보다는 뜨거웠던 PC 경기가 크게 식는 추세가 보인다는 것에 주목할 필요가 있습니다. 그리고 이런 현상은 한국뿐 아니라 글로벌 시장에서도 동일하게 나타났죠. 다음 기사가 이를 설명합니다.

• 작년 세계 PC 판매 16% 증가율 보여

지난해(1996년) 전 세계 PC 판매가 전년보다 16퍼센트 늘어난 6840만 대에 그쳐 지난 1991년 이후 처음으로 판매 증가율이 20퍼센트 밑으로 떨어졌다고 PC 시장 조사 회사인 인터내셔널 데이터 코퍼레이션(IDC)이 9일 밝혔다.

IDC는 특히 시장 규모가 세계에서 세 번째로 큰 독일의 경우 높은 실업률로 지난해 4분기 PC 수요가 오히려 줄어들어 이 기간의 세계 PC 판매 증가율이 11퍼센트로 떨어졌다. 독일을 비롯한 유럽의 전반적인 경기 침체 외에 일본 경제의 불확실성의 증대도 PC 수요에 부정적인 영향을 미쳤다.

《연합뉴스》, 1997. 2. 10

1997년 2월 기사입니다. 1996년 1년간 전 세계 PC의 판매가 1991년 이후 가장 큰 폭으로 위축되었음을 보여줍니다. 독일이나 일본의 부진은 더욱 두드러진다고 나오죠. PC시장의 강세가 반도체 경기 확장에 상당한 기여를 했다면 PC시장의 부진이 반도체 경기 둔화에 큰 영향을 주지 않았을까요? 1995년까지 강한 흐름을 보이던 반도체 시장이 1996년부터 어떻게 바뀌는지 살펴보겠습니다.

> **• 국내 반도체 업체들 수출 가격 올 들어 큰 폭 하락**
>
> 국내 반도체 업계의 반도체 수출 가격이 올 들어 큰 폭으로 하락하고 있다. 더욱이 다음 세대 반도체로 시장이 확대되고 있는 16메가 D램의 가격은 지역에 따라 개당 최고 20달러 가까이 하락한 것으로 알려졌다.
>
> 21일 관련 업계에 따르면 국내 반도체 업체들의 4메가 D램 및 16메가 D램 반도체 수출 가격은 올 들어 지역에 따라 개당 최고 5~20달러까지 하락했다. (중략) 이 관계자는 올들어 국내 반도체 3社가 모두 세대 교체를 위해 생산을 늘리고 있는 16메가 D램의 가격도 지난해에는 한때 50달러가 넘는 등 개당 평균 가격이 49달러에 달했으나 올 들어서는 아시아 지역에서 개당 30달러 선까지 하락했다고 전했다. (중략) 이 관계자들은 국내 업체들의 수출 가격은 대체로 이 같은 수준에서 결정되고 있다고 말하고 최근 들어 일시적인 현상이긴 하나 공급 과잉이 빚어지고 있는 것으로 미국반도체협회가 발표하는 등 시장 상황이 나빠져 이 같은 가격 하락이 빚어지고 있다고 설명했다.
>
> 《연합뉴스》, 1996. 2. 17

1996년 2월 17일 기사인데 분위기가 크게 바뀌었습니다. 윈도우 95가 출시된 1995년 8월 이후 계속해서 성장할 것이라던 16메가 D램의 가격이 1995년에는 50달러가 넘는 수준을 보이다가 1996년 2월에는 30달러 수준으로, 약 20달러 가까이 하락한 것이죠. 기사의 마지막 문단에서 '공급 과잉'이라는 단어가 등장합니다. 그리고 당시에는 이런 흐름이 일시적일 것이라고 진단하죠. 그러나 이후 흐름도 악화 일로였습니다.

> **• 반도체 쇼크, '무역 적자 2백억 달러 육박 전망'**
>
> 《연합뉴스》, 1996. 8. 23

- 반도체값 10弗 아래로 폭락 연말 수출 비상

  16메가 D램 반도체 가격이 개당 10달러 아래로 떨어져 연말 막바지 수출에 비상이 걸렸다. 30일 통상산업부에 따르면 16메가 D램 수출 가격은 지난달에 개당 10달러로 작년 동기보다 80.2퍼센트나 폭락한 데 이어 11월 중에도 9.5달러로 떨어져 처음으로 10달러 밑으로 추락했다.

  《연합뉴스》, 1996. 11. 29

- 반도체 가격, 내년에도 폭락세 이어질 듯

  《연합뉴스》, 1996. 12. 19

반도체 가격의 하락이 우리나라의 무역 적자 확대에 치명적 영향을 끼쳤고, 20달러까지 하락했던 반도체 가격은 거기서 멈추지 않고 10달러를 하회했던 겁니다. 1995년에 50달러를 넘어섰던 가격이 이렇게 빠른 속도로 하락하니 업계의 분위기는 망연자실 그 자체였을 겁니다. 1997년 전망 역시 밝지는 않았습니다. 그리고 그런 비관론이 계속 이어졌죠.

- 64메가 D램, 공급 증가 등으로 가격 급락

  《연합뉴스》, 1997. 4. 15

  이달 들어 반도체 가격이 6달러 이하로 떨어졌다. 15일 한국은행에 따르면 한·일 반도체 업계의 협조 감산 등으로 금년 3월 개당 10~12달러까지 상승했던 반도체(16메가 D램) 현물시장 가격은 4월 이후 내림세로 돌아서 8월 들어 6달러 이하로 하락했다.

  《연합뉴스》, 1997. 8. 14

1997년 8월 14일에 기사를 보면 1997년 3월에 잠시 반등했던 반도체 가격이 다시 하락세를 이어가면서 1997년 8월에는 6달러를 하회했다고 나옵니다. 50달러가 넘던 반도체 가격이 불과 2년 만에 6달러 밑으로 내려갔으니, 거의 80~90퍼센트에 가까운 가격 하락을 경험한 겁니다.

이번 챕터에서는 꽤 많은 기사들을 살펴봤습니다. 이제 정리를 해볼까요.

지난 챕터에서는 강세 일변도를 보이면서 우리에게 유리하게 작용할 것이라 생각했던 엔화가 급격하게 약세로 전환되면서 한국의 수출에 악영향을 주었다는 점을 설명했습니다. 이번 챕터에서는 한국의 주력 수출 품목인 반도체 가격의 급락이 어떻게 나타났는지, 그리고 어느 정도 수준으로 진행되었는지를 짚어봤습니다. 1994~1995년이 엔화 강세 및 반도체 호황 구도였다면, 1996~1997년에는 엔화 약세 및 반도체 불황이라는 정반대의 구도가 펼쳐졌죠. 이는 분명 우리나라의 수출에 치명적인 영향을 주었던 것으로 보입니다.

엔화 강세와 반도체 호황 국면에서 우리나라 기업들은 설비투자를 크게 늘렸죠. 우리나라뿐 아니라 앞서 기사에서 보신 것처럼 대만 기업들 역시 반도체 공급을 확대하는 등 세계적으로 공급의 확대가 이루어졌습니다. 그런 상황에서 갑작스레 불어닥친 PC 및 반도체 수요의 급락으로 공급 과잉 및 설비투자 과잉 현상이 나타났습니다.

이번 챕터의 서두에서 마스크를 예로 들어서 '가수요' 현상을 설명해 봤습니다. PC를 판매해야 하는데, 반도체를 구하기 어려울 것 같다면 가수요가 늘어나지 않았을까요? 그리고 꾸준하게 이어져 오던 수요의 성장이 갑자기 한순간에 식을 것이라 예상할 수 있었을까요? 시장이 더 성장할 것이라는 전망이 나오고 있으니 설비투자를 확대해야 한다고 생각하지 않았을까요?

기업을 경영하는 분들과 인터뷰를 하다 보면 수요를 예측하기가 정말 어렵다는 것을 알 수 있습니다. 지금의 호황이 계속해서 이어질 것이라는 가정, 혹은 지금의 불황이 이어질 것이라는 가정이 상당한 위험을 내포하고 있는 것이죠. 반도체 업황뿐 아니라 10년 만의 엔화 약세 급전환이라는 거시경제 환경의 급변은 우리나라의 수출, 즉 달러 벌이에 큰 타격을 주었습니다.

그런데 단순히 달러를 벌지 못한다고 해서 외환위기를 맞이하는 것은 아닙니다. 지금도 무역 적자를 겪고 있는 국가들이 상당수 존재하죠. 그렇지만 그런 국가들이 모두 외환위기에 빠지는 것은 아닙니다. 핵심은 외화 부채, 즉 달러 빚을 많이 가지고 있는 상태에서 달러 벌이가 원활하지 않은 상황입니다.

두 번째와 세 번째 챕터에서는 한국의 수출 부진이 이어진 이유를 말씀드렸습니다. 다음 챕터에서는 왜 달러 부채가 크게 늘었는지에 대한 이야기를 이어가겠습니다.

04

달러 부채가 늘어난 이유:
불가능한 삼위일체

국제 금융시장의 불가능한 삼위일체
(Impossible Trinity) – 모두 취할 수는 없는 세 가지

'안정적인 환율'이 중요한 이유

환율이 오르면 수출 기업이 좋아하고,

달러·원 환율
1,300.00 ▲

원화가 약해졌다는 뜻이니까, 싼 값에 수출할 수 있잖아!

환율이 떨어지면 수입 기업이 좋아하는 줄 알았다.

달러·원 환율
1,100.00 ▼

물건을 더 싸게 사 올 수 있으니까 당연히 좋아하겠지!

하지만 현실은 이론과 달랐다.

환율이 올라도 떨어져도 걱정돼요.

환율이 오르락내리락 하면 예측하기 힘드니까요.

그래서 우리나라는 국내 경기에 초점을 맞춘 독자적인 통화 정책과 함께

무역 거래에 유리한 안정적인 환율을 선호했죠.

외환위기 전까지는요!

처음 경제를 공부할 때 환율이 참 어려웠습니다. 일단 달러·원 환율이 오르고 내리는 것의 의미가 매우 헷갈리더군요. 다시 간단하게 짚고 넘어가 봅시다.

환율이 오르면 그만큼 더 많은 원화를 주고 달러를 사들여야 합니다. 1달러를 1000원에 살 수 있었는데, 환율이 올라서 1달러를 1500원에 사야 한다면 달러가 원화 대비 비싸진 거죠. 즉, 달러가 원화 대비 강해졌다고 해석할 수 있습니다. 환율의 상승은 달러의 강세이자 우리나라 통화인 원화의 약세입니다. 당연히 반대로 환율이 내려가면 달러가 약해지고 원화가 강해진다는 의미가 되겠죠.

저는 환율이 오르면 원화가 약해지는 만큼 원화 표시 제품들, 즉 우리나라 수출품의 가격이 저렴해지면서 수출 가격경쟁력이 생겨난다고 배웠습니다. 반대로 환율이 하락하면 우리나라 수출에는 악영향을 준다고 배웠고요. 그래서 환율에 대해 어느 정도 학습을 한 후, 기업체 등의 재무 담당자들과 대화를 할 때면 해당 기업이 어떤 성격의 기업인지를 확인하려 했습니다. 수출 기업이라면 당연히 환율 상승을 선호할 것이고, 수입 업체라면 당연히 환율 하락을 선호할 거라고 생각했죠. 그런데 의외의 반응을 확인할 수 있었습니다. 물론 약간의 차이는 있었지만 어느 기업체나 환율의 상승 혹은 하락보다는 '환율의 안정'을 선호했죠. 일단 오르건 내리건 예측 가능한 수준으로 안정이 되어 있어야 무언가 경영을 할 수 있다고 하더라고요.

이런 원리는 환율뿐 아니라 금리도 마찬가지입니다. 금리가 오르락내리락하는 것보다 안정되는 것이 가장 좋지 않을까요? 금리가 오르다가 내리고, 내리다가 다시 크게 오르고 하는 흐름을 반복하게 되면 그야말로 예측불허의 상황이 펼쳐지게 됩니다. 금리가 오를 때에는 단기로 예금을 하는 것이 좋지만, 금리가 내릴 때에는 지금의 높은 금리를 오랜 기간 유지하는 차원에서 장기로 예금을 하는 것이 좋죠. 그런데 만약 금리가 오르고 내리고를 반복한다면? 그러면 어떤 예금을 할지 의사결정을 하기가 매우 어려울 겁니다.

'영끌족(영혼을 끌어모아 대출로 집을 산 사람)'의 등장을 잠시 생각해 볼까요? 영끌족은 상당한 수준의 부채를 끌어와서 부동산을 매입한 사람들을 말합니다. 이들에게 가장 부담스러운 것은 바로 이자겠죠. 이자에 대한 부담이 있음에도 부동산을 매입한 데에는 두 가지 확신이 있었기 때문일 겁니다. 하나는 부동산 가격이 더 오를 것이라는 확신일 것이고, 다른 하나는 현재의 낮은 금리가 유지되면서 이자 부담이 현재 수준보다 극적으로 오르지는 않을 것이라는 확신일 겁니다. 네, 결국 환율과 금리의 상승이나 하락 같은 방향성도 중요하지만 그 이상으로 중요한 것이 바로 변동성입니다. 그리고 환율이나 금리의 안정은 경제적 선택에 중요한 근거가 됩니다.

관리변동환율제 vs. 변동환율제

특정 국가의 수출 기업들이 성장하는 과정이라면 어떨까요? 이때 가장 좋은 것은 환율의 안정일 것입니다. 예측 가능한 수준으로 환율의 움직임이 이어진다면 기업들이 안심하고 설비투자를 늘리고 사업을 확장할 수 있는 동인이 되어줄 겁니다. 상당 수준의 설비투자를 진행했는데 갑자기 환율이 급변하면서 유리했던 환경이 불리해지게 되면 낭패를 볼 수 있으니까요. 기업들이 과감한 투자보다는 신중에 신중을 기하기 시작하면 경제 성장 자체가 위축될 수 있습니다.

그래서 한국도 외환위기 이전에는 거의 고정환율에 가까운 관리변동환율제를 적용했습니다. '1달러에 700원' 수준의 환율을 적용한 이후에 이 환율을 상당 기간 유지했죠. 그리고 환율의 변경이 필요한 경우 외환 당국에서 환율의 새로운 가이드라인을 제시하고 변경했습니다.

그렇지만 그런 변경도 지금의 변동환율제처럼 실시간으로 환율이 변하는 상황과는 거리가 멀었습니다. 안정적인 환율의 움직임이 가능했던 것이죠. 관리변동환율제가 무엇인지 감이 잘 오지 않으실 듯하니 당시의 환율 그래프를 한번 보시죠.

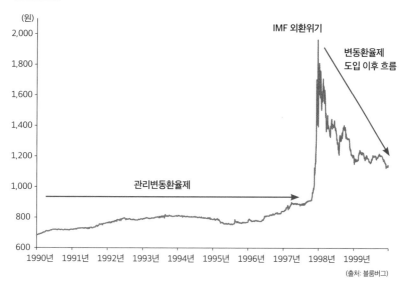

그래프 5 **1990년대 달러·원 환율 추이**

1990년 초부터 1999년 말까지 10년간의 달러·원 환율 추이를 나타낸 그래프입니다. 초기 관리변동환율제하에서는 환율이 상당히 안정적인 모습을 보여주고 있죠. 그러나 외환위기가 발생하고, 이후 관리변동환율제가 변동환율제로 바뀌면서 환율의 떨림이 보다 강하게 나타나는 것을 확인할 수 있습니다. 외환위기 당시 2000원까지 한순간에 치솟은 달러·원 환율 역시 인상 깊네요.

국제 금융에서 중요한 세 가지 요소

환율의 안정이란 단어가 나왔으니 꼬리를 물면서 국제 금융 이론 중 하나인 '불가능한 삼위일체'에 대해 이야기해 볼까 합니다.

불가능한 삼위일체 이론은 '국제 금융시장에는 중요한 세 가지 요소가 있는데, 어느 국가도 이 세 가지를 동시에 가질 수 없다'는 이론입니다. 어느 국가든 세 가지 중에 두 가지만 가져야지, 세 가지를 모두 가지려고 하면 반드시 탈이 난다는 뜻입니다. 그럼 우선 그 세 가지가 무엇인지 알아야겠지요.

첫 번째는 앞서 말씀드린 '안정적인 환율'입니다. 어느 국가나 자국 통화의 안정을 꾀하곤 하죠. 특히 기업의 수출 성장을 도모하려 한다면 환율의 안정이 필수적인 요소입니다.

두 번째는 '독자적인 통화 정책'입니다. 이를 이해하기 위해서는 아주 최근에 있었던 금리 인상을 생각해 보면 됩니다. 2022년에 미국은 자국 내 인플레이션을 제압하기 위해 빠른 금리 인상을 택했던 바 있습니다. 그런데 우리나라는 당시 미국만큼 물가 문제가 심각하지 않았습니다. 그러면 한국은 금리 인상을 할 필요가 없었겠죠? 하지만 미국의 변화에 등 떠밀려서 우리나라도 금리 인상을 단행했습니다. 독자적인 통화 정책을 유지하지 못했다고 할 수 있죠.

더 직관적인 예시로 바꿔볼까요. 미국이 금리를 올려서 미국 달러를 보유할 경우 5퍼센트 이자를 준다고 가정해 보겠습니다. 그런데 한국은 미국보다 금리가 낮아서 원화를 보유할 때에는 3퍼센트 이자를 준다고 합니다. 우리가 외국 투자자라면 5퍼센트를 주는 달러를 보유하고 싶을까요, 아니면 3퍼센트를 주는 원화를 보유하고 싶을까요? 이런 상황이라면 우리나라에 투자했던 외국인들이 더 높은 금리를 찾아서 미국으로 이탈할 수 있겠죠. 이를 어려운 말로 '자본 유출'이라고 합니다. 자본 유출의 함정에 빠지지 않기 위해서는 한국도 미국을 따라 기준금리를 인상할 수밖에 없는 거죠.

이러한 원리로 2022년 8월 한국은행은 기준금리를 인상했고, 이창용 한국은행 총재는 다음과 같은 코멘트를 남겼습니다.

> • 이창용, "한은, 정부에 독립적이지만 연준으로부터는 아냐"
> 《연합뉴스》, 2022. 8. 25

　'연준'은 연방준비제도(Fed, Federal Reserve System)의 준말로 미국의 중앙은행을 말합니다. 미국의 중앙은행인 연준이 기준금리를 인상하니 우리도 그들의 행보를 어느 정도 따를 수밖에 없다는 의미의 발언이었습니다.

　문제는 우리나라 경제 사정이 금리를 인상할 때가 아닌데 미국 금리 인상을 따라서 한국은행도 기준금리를 끌어올렸다는 겁니다. 이렇게 각국의 사정이 있음에도 불구하고 미국과 같은 다른 국가의 통화 정책을 따라가는 경우 '독자적인 통화 정책'을 사용하지 못했다고 합니다. 뒤집어서 '독자적인 통화 정책을 쓰고 있다'는 의미는 다른 국가가 어떻게 하든 신경쓰지 않고 우리나라 경제 사정에 맞춰서 금리를 인상하고 인하한다는 의미가 됩니다. 당연히 어느 국가나 자국의 사정에 맞춘 독자적인 통화 정책을 사용할 수 있기를 바라지만 쉬운 일이 아닙니다.

　지금까지 두 가지를 말씀드렸죠. 안정적인 환율과 독자적인 통화 정책, 이제 마지막 하나가 남았습니다. 세 번째는 바로 '자유로운 자본 이동'입니다. 국가간 돈의 이동이 자유로워야 외국 투자자들도 우리나라에 더 많은 투자를 할 수 있겠죠. 그리고 우리나라도 외국과의 원활한 교역을 위해서, 그리고 국내 금융시장의 국제 경쟁력 확보를 위해서라도 '자유로운 자본 이동'은 필수일 겁니다.

정리하면 '자유로운 자본 이동, 독자적인 통화 정책, 안정적인 환율' 이 세 가지가 국제 금융에서 각국이 고려해야 하는, 그리고 모두 각자에게 유리한 쪽으로 선택하고자 하는 핵심이라고 보시면 됩니다.

세 가지 요소를 다 갖출 수 없는 이유

/

그런데 이 세 가지는 '불가능한 삼위일체'라고 불립니다. 어떤 국가도 세 가지를 모두 가질 수 없다는 뜻이죠. 왜 그럴까요?

사례를 하나 들어보겠습니다. 원화를 사용하는 '갑국'이라는 국가가 있다고 가정합니다. 갑국은 달러당 1000원으로 고정환율제를 시행하고 있습니다. 그리고 현재 경기가 좋지 않아서 독자적인 통화 정책으로 저금리를 유지하려고 합니다. 갑국의 기준금리는 1퍼센트입니다. 마지막으로 금융시장이 개방되어 있어서 갑국은 자본 유출입이 자유롭습니다. 이렇게 되면 자유로운 자본 이동, 독자적인 통화 정책, 그리고 안정적인 환율(고정환율) 세 가지를 모두 갖춘 겁니다.

그런데 어느 날 미국이 금리를 빠르게 인상한다고 발표했습니다. 미국 금리가 5퍼센트가 됩니다. 갑국의 금리는 1퍼센트인데, 미국 금리가 5퍼센트라면 외국 투자자들은 갑국보다는 미국을 선호할 겁니다. 그러면 외국인들은 갑국에 보유하고 있던 자산을 매각하고, 매각 시 받은 원화마저 다 팔고 달러를 사서 미국으로 돌아가게 될 겁니다. 그 과정에서 원화는 큰 폭으로 약세를 보이고, 달러는 큰 폭으로 강세를 보이겠죠. 그런데 이상한 점이 있죠. 갑국은 고정환율제를 쓰고 있습니다. 1달러에 1000원으로 고정을 시켜둔 것이죠. 너도나도 갑국의 통화를 팔고 달러를 사려고 한다면 달러 가치가 오르면서 1달러에 1500원으로 환율이 올라가야 할 겁니다. 그런데 환율을 1달러에 1000원으로 고정하겠다고 약속을 해두었죠. 이걸 지키려면 어떻게 해야 할까요?

가장 좋은 방법은 금리를 끌어올리는 겁니다. 미국의 5퍼센트만큼 갑국도 금리를 5퍼센트로 끌어올리면 미국과의 금리 차가 줄어들게 되면서 외국 투자자들이 원화를 팔고 달러를 대량으로 사는 상황이 벌어지지 않겠죠. 그런데 이렇게 하게 되면 미국의 금리 인상을 따라서 갑국도 금리를 인상한 꼴이 되니, 독자적인 통화 정책을 버린 게 되겠죠.

독자적인 통화 정책을 유지하려면, 즉 갑국의 어려운 경기 상황을 감안해서 1퍼센트의 저금리를 계속해서 유지하려면 1달러에 1000원이라는 환율을 시장 원리에 맞게 1달러에 1500원으로 변경하는 게 적절할 겁니다. 그런데 고정환율을 유지하고 싶은 거죠. 환율의 변동을 허용하지 않고 1달러에 1000원을 유지하고 싶으니 무언가 다른 방법을 찾아야 합니다. 그래서 생각난 것이 자유로운 자본 이동을 막는 겁니다.

만약 외국으로 자본이 빠져나갈 수 없다면, 미국과 갑국의 금리 차이를 군이 비교할 이유도 없겠죠. 자본이 갑국으로 드나들지 못한다면 다른 국가와 금리 차이가 나더라도 자본 유출이 일어날 가능성이 전혀 없을 겁니다. 그런데 이 경우 '자유로운 자본 이동'이라는 다른 하나의 요소를 포기하는 게 되죠.

자, 정리합니다. 미국이 금리를 인상합니다. 독자적인 통화 정책을 유지하고자 갑국은 금리를 1퍼센트로 유지하죠. 그러면 미국으로 자본 유출이 나타날 수 있습니다. 이걸 막기 위해서는 자유로운 자본의 이동을 제한해야 하는데, 이것도 포기하고 싶지 않습니다. 그러면 미국만큼 갑국이 금리를 올려야 문제가 해결되는데, 그렇게 하면 독자적인 통화 정책을 버리는 꼴이 됩니다. 불가능한 삼위일체, 동시에 가질 수 없는 세 가지를 모두 갖고자 하니 어려운 상황에 봉착했습니다.

환율방어와 외환위기의 상관관계

세 가지를 모두 지키기 위해서는 어떻게 하면 될까요? 최후의 보루인 외환보유고를 헐어서 고정환율, 즉 1달러에 1000원을 유지하면 됩니다.

너도나도 원화를 팔고 달러를 사서 미국으로 돌아가려고 합니다. 달러가 강세를 보이면서 환율이 1달러에 1500원으로 밀려 올라가는 압력을 받죠. 이걸 막아서서 1달러에 1000원을 유지하려면 원화를 팔고 달러를 사는 사람들 일색인 외환시장에서 누군가 과감히 등장해 원화를 마구 사들이면 됩니다. 모두가 달러를 사들이려 하니 달러가 강세를 보이는 것인데, 반대로 큰손이 등장해서 달러를 마구 팔고 원화를 사들이게 되면 달러의 강세가 제한되면서 1달러에 1000원 수준의 환율을 유지할 수 있게 되는 거죠.

그런데 여기서 바로 이런 의문이 생깁니다. 미국이 금리도 더 주고 있고, 다들 갑국에서 미국으로 탈출하려고 하는 상황인데, 누가 달러를 팔고 원화를 사들이겠냐는 겁니다. 네, 일반적인 투자자라면 이런 상황에서 달러를 팔고 원화를 사들이지 않겠죠. 그래도 이런 행동을 하는 누군가가 있다면, 그 누군가는 당연히 1달러당 1000원의 환율을 유지하고 싶어하는 경제 주체일 겁니다. 바로 갑국의 외환 당국이라고 보면 되죠.

이들은 갑국이 보유하고 있는 외환보유고에서 일정 수준 달러를 꺼내 이를 외환시장에 매각합니다. 그리고 달러를 팔고 원화를 사는, 정확히 시장의 현 상황과 반대로 거래를 하면서 1달러에 1000원 선을 지키려고 합니다. 이를 조금 어려운 말로 '환율방어'라고 합니다.

여기서 이런 후속 질문이 나올 수 있습니다. '갑국이 달러를 찍을 수 있는 나라가 아닌데, 만약 보유하고 있는 외환보유고 내의 달러를 모두 소진하게 되면 어떻게 되나요?'

외국 투자자들이 갑국에 달러 대출을 해주었는데, 이 대출이 다음 주에 만기가 된다고 가정해 보죠. 당장 달러 대출을 갚아야 할 겁니다. 그런데 갑국 내에 그 누구도 달러를 가지고 있지 않습니다. 이런 최악의 상황을 대비해서 외환보유고를 쌓아둔 것인데, 고정환율인 1달러당 1000원을 유지하기 위해서 마구잡이로 외환보유고의 달러를 꺼내 써버린 것입니다. 당장 다음 주에 달러 대출 만기가 오는데, 이 빚을 갚을 달러가 없는 상황이 된 거죠. 그러면 달러 대출에 대한 부도를 선언할 수밖에 없습니다. 이게 바로 '외환위기'가 되는 겁니다.

핵심 정리! 불가능한 삼위일체

워낙 복잡한 개념인지라 다시 한번 정리하겠습니다. 국제 금융에서 세 가지 중요한 요소가 있습니다. 바로 '안정적인 환율, 독자적인 통화 정책, 자유로운 자본 이동'입니다. 어느 국가도 이 세 가지를 동시에 가질 수 없다는 것이 '불가능한 삼위일체' 이론의 핵심입니다.

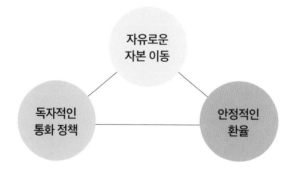

이 세 가지를 동시에 갖게 된 상황에서 다른 국가의 통화 정책이

급격히 변화합니다(앞선 예시에서는 미국이 금리를 빠르게 인상하는 상황을 설명드렸죠). 하지만 세 가지 모두 포기하지 못하고 고정환율까지 유지하려고 한다면 외환보유고의 빠른 소진과 함께 외환위기의 가능성을 높이게 됩니다. 그래서 세 가지 중에 두 가지를 선택할 수밖에 없는 겁니다. 이제 셋 중에 두 가지를 갖는 조합들을 상세히 살펴보며 설명을 이어가겠습니다.

자유로운 자본 이동 + 안정적인 환율

이 조합은 자본 이동을 풀어주면서 고정환율을 유지하기 위해 독자적인 통화 정책을 포기하는 겁니다.

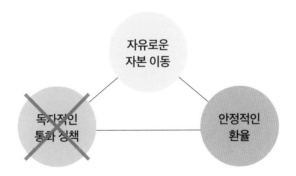

앞서 말씀드린 갑국의 사례에서 본다면, 미국이 금리를 5퍼센트로 올리는 상황에서 자본 이동은 자유롭게 두고, 환율은 1달러에

1000원으로 유지하는 겁니다. 이 상황이 이어지면 자본 유출이 본격화될 수 있습니다. 이때 독자적인 통화 정책을 포기하면 미국의 금리 인상 흐름을 따라 갑국도 금리를 5퍼센트 수준으로 인상할 수 있습니다. 미국이 금리를 올리는 만큼 갑국도 금리를 올리니 자본 유출이 나타나지 않을 것이고, 고정환율 역시 유지할 수 있겠죠.

실제로 이 조합을 택한 국가들이 있습니다. 바로 달러화 페그제, 즉 달러 대비 고정환율제를 사용하고 있는 홍콩과 중동의 걸프 국가들입니다. 홍콩이나 중동 국가들은 자본시장은 활성화되어 있는데, 달러 대비 고정환율을 유지합니다. 이걸 이어가기 위해서는 미국이 기준금리를 인상할 때마다 따라서 기준금리를 인상할 수밖에 없죠. 그래서 다음과 같은 기사들이 나오는 겁니다.

> • '美 달러 페그' 홍콩도 3연속 자이언트 스텝…0.75%p 금리 인상
> 《조선비즈》, 2022. 9. 22
>
> • 페그제 적용 홍콩, 미국 따라 기준금리 0.5%p 인상
> 《이투데이》, 2022. 12. 15

홍콩은 자국 통화 환율을 1달러에 7.75~7.85 홍콩 달러로 고정하고 있습니다. 이를 홍콩 달러의 '달러 페그제'라고 부릅니다. 홍콩은 아시아의 금융 허브입니다. 그만큼 자본 이동이 자유롭죠. 이런 홍콩이 고정환율제를 실시하고 있는 만큼 이를 유지하기 위해서는 미국이 금리를 인상할 때 비슷한 수준으로 인상을 할 수밖에 없는 것입니

다. 위의 기사들은 2022년 하반기에 보도된 것인데, 미국 금리 인상 속도가 빨라졌을 때의 상황을 보여주고 있습니다. 미국의 금리 인상만큼 홍콩도 따라서 금리를 올렸죠.

자국 통화의 달러 페그제를 실시하고 있는 걸프 국가들도 크게 다르지 않습니다. 기사 보시죠.

> • 〈美 금리 인상〉 '유동성 위기' 걸프 산유국…달러 페그 시험대
> 《연합뉴스》, 2015. 12 .17
>
> 걸프협력회의(GCC) 6개국 가운데 쿠웨이트를 제외한 5개국은 자국 통화 가치를 달러에 고정하는 달러 페그제를 실시 중이다. 이에 따라 GCC 회원국 중 사우디아라비아, 아랍에미레이트(UAE), 쿠웨이트, 카타르, 바레인이 정책 금리를 올렸다.
>
> 《연합뉴스》, 2022. 6. 16

첫 번째는 2015년 12월 기사인데요, 당시 미국은 금융위기 이후 9년 만에 처음으로 기준금리 인상을 단행했던 바 있습니다. 미국이 금리를 인상하니 페그제를 유지하기 위해 어쩔 수 없이 걸프 국가들도 기준금리를 인상해야 했죠. 문제는 2015년 12월 당시 걸프 국가들의 상황이었습니다. 당시 국제유가가 큰 폭으로 하락하면서 이들 국가들이 큰 어려움에 처해 있었는데, 미국 금리 인상을 따라서 금리까지 올려야 하니 엎친 데 덮친 격이 된 거죠. 그래서 '유동성 위기'라는 단어가 기사 제목에 붙어 있는 것입니다.

그리고 두 번째 인용 기사는 홍콩과 마찬가지로 지난해 미국의

빠른 금리 인상 시기에 걸프 국가들도 금리를 인상했다는 내용을 담고 있습니다.

독자적인 통화 정책 + 안정적인 환율

두 번째 케이스를 살펴보겠습니다.

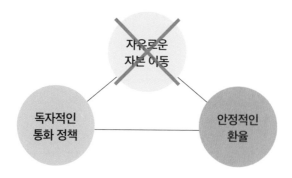

환율을 다른 국가의 금리 인상이나 인하와는 무관하게 자국의 의지대로 유지하거나 올리고 내릴 수 있는 국가입니다. 미국이 금리를 인상하는데, 해당 국가는 금리 인상을 굳이 하지 않아도 됩니다. 그렇게 하더라도 환율이 요동을 치는 일이 없죠. 이게 가능하려면 '자유로운 자본 이동'을 포기하면 됩니다. 다른 국가와의 자본 이동이 불가능하다면 다른 국가와 금리 차이가 나더라도 자본 유출이 나타날 가능성은 매우 낮겠죠.

이렇게 자본 계정을 폐쇄적으로 유지하면서 자국 상황에 맞는 저금리와 함께 안정적인 관리변동환율제를 쓰고 있는 국가가 바로 중국입니다. 다만 중국 역시 선진국 반열에 오르기 위해서는 다른 국가와의 자본 이동을 자유롭게 하는 쪽으로 고민해야 할 것입니다. 당장 금융시장을 개방하면서 자본 이동의 자유화를 진행하고 있지는 않지만, 점진적인 개방안을 택한 것만은 사실로 보입니다. 기사 보시죠.

- 중국 증권 당국, "자본시장 개방 미흡…한국 본받자"
  《이데일리》, 2015. 5. 25
- 한은 '中 자본시장 개방…10년 내 세계 두 번째 시장 될 것'
  《연합인포맥스》, 2018. 5. 13
- 中, '외국인 투자액 상한' 철폐…자본시장 개방 '속도'
  《한국경제》, 2019. 9. 11
- 中, 외국인 기관투자가에 개방 확대…41개 금융파생상품 투자범위 확정
  《파이낸셜뉴스》, 2022. 9. 13
- 中 자본시장 장벽 또 낮춰, 글로벌 IB에 국채 선물 개방
  《뉴스핌》, 2023. 1. 9

2015년부터 2023년까지 중국의 점진적인 자본시장 개방 소식을 담은 기사들의 제목입니다. 세부 내용보다도 중국이 점진적으로나마 자유로운 자본 이동을 택하고자 한다는 점에 주목하실 필요가 있습니다. 이러다가 중국이 자유로운 자본 이동을 택한다면 불가능한 삼위일체의 모든 것을 취하는 케이스가 되는 것 아닐까요? 글쎄요, 아마도 무언가 다른 하나를 포기하게 될 겁니다. 위안화를 현재와는 달

리 완전한 변동환율제로 변경하려 하겠죠. 그러면 위안화의 가치가 글로벌 금융시장에서 수요와 공급의 원리에 의해 결정되게 될 테니, 위안화의 국제화에 한 걸음 더 다가가게 될 겁니다.

자유로운 자본 이동 + 독자적인 통화 정책

마지막 조합입니다. 자유로운 자본 이동과 독자적인 통화 정책을 택했으니 다른 하나를 버렸겠죠. 네, 안정적인 환율을 버린 겁니다. 고정환율제 혹은 관리변동환율제를 버리고 변동환율제를 받아들인 것이죠. 상당히 많은 국가들이 이 두 가지를 선택하고 있습니다. 우리나라 역시 마찬가지입니다.

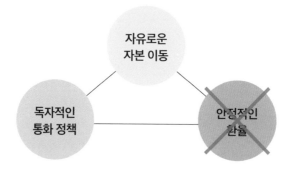

외환위기 이후 우리나라는 변동환율제를 도입했고, 자본시장 역시 개방하게 되었습니다. 고정환율을 포기한 만큼 국내 경기 상황에 맞춰서 독자적인 통화 정책을 사용할 수 있죠. 최근 미국의 급격한

금리 인상의 경우는 조금 다를 수 있지만, 과거에 보면 미국 연준이 기준금리를 인상하는 상황에서도 한국은행은 국내 경기 상황을 우려해 기준금리를 낮추었던 사례가 있습니다.

지금까지 불가능한 삼위일체에 대해 살펴보았습니다. 어렵기는 하지만 한국의 외환위기뿐 아니라 중국 위안화의 국제화, 신흥국의 환율방어 등을 이해하기 위해서는 이 이론을 이해하는 게 필수입니다. 재미없고 복잡하게 느껴지시겠지만 시간이 될 때 두어 번 정도 꼼꼼히 다시 읽어보시길 추천드립니다. 이 이론을 이해하면 향후 이어지는 외환위기 과정에 대한 설명을 이해하는 데에도 큰 도움이 될 것입니다.

외환위기 전 우리나라의 경제 상황 1 – 안정적인 환율
/

자, 이제 외환위기 이야기로 돌아가 보겠습니다. 앞서 우리나라는 외환위기 이후에는 자유로운 자본 이동과 변동환율제를 도입했다는 이야기를 했죠. 그러면 뒤집어서 외환위기 이전에는 어떤 상황이었을까요? 우선 변동환율제가 아니었습니다. 외환위기 이전에는 관리변동환율제를 시행하고 있었습니다.

관리변동환율제는 환율을 일정 수준으로 고정시켜 두었다가 무언가 이슈가 생겨서 외환 당국이 환율의 조정이 필요하다고 생각될 때 환율을 소폭 변동하는 제도입니다. 고정환율제까지는 아니지만 시장 원리에 맡기는 것과는 달리 환율의 변동을 최소화하는 방식의 정책이라고 보시면 됩니다.

외환위기 이전 우리나라는 환율을 달러당 700원 수준으로 유지하고 있었습니다. 당시 달러화가 강세였기 때문에 달러당 700원 수준의 원화 가치가 그리 낮지는 않았죠.

일반적으로 한국은 수출 성장을 중시하는 만큼 원화 가치를 낮게 유지해서(환율을 크게 높여 두어서) 수출 경쟁력을 높이는 쪽의 정책을 썼을 것 같다는 생각이 들지만, 적어도 외환위기 직전에는 그런 분위기가 아니었습니다. 원화 가치를 다소 높게 유지했는데요, 그 이유를 담은 기사를 하나 읽고 가시죠.

> ● 한은, 원화 절하 정책의 부작용 경고
>
> 정부가 수출경쟁력 강화를 위해 원화의 가치 상승을 가급적 억제하려는 움직임을 보이고 있는 가운데 한국은행이 이 같은 원화 절하 방향의 부작용에 대해 경고하고 나서 주목되고 있다. 7일 한국은행은 최근 발간한 '동아시아 국가의 환율 정책과 운용 현황'에서 자국 통화의 절하(환율 인상) 정책은 대외 경쟁력을 높이기 위한 편리한 수단으로 활용되고 있으나 동아시아 국가들의 경우 수입 유발적인 산업과 수출 구조를 가지고 있어 환율 인상과 인플레이션의 악순환이 반복돼 성과를 거두지 못했다고 지적했다. (중략)
>
> 한은은 이와 관련, 우리나라도 원화가 실제 가치보다 낮게 유지되면 기업들의 수출품 품질 향상 노력이 소홀해져 국제 경쟁력이 오히려 약화되고 수입품 가격이 필요 이상으로 높아짐으로써 국내 소비자의 후생 수준이 낮아질 수 있다고 지적했다. (중략)
>
> 한은 관계자는 "수출을 늘리기 위해 원화를 절하하는 경우 단기적으로 효과가 있더라도 물가가 안정되지 않으면 장기적으로는 경쟁력이 떨어지므로 환율 정책에는 물가 안정이 최우선돼야 한다"며 "대외 경쟁력 향상을 위해서는 환율 조정뿐만 아니라 금융시장, 사회간접자본, 노동생산성 등 산업

기사가 다소 어렵게 느껴지실 듯합니다. 첫 번째 문단에서의 핵심은 한국은행이 원화 가치를 낮게(환율을 높게) 유지했을 때의 부작용을 경계하고 있다는 점이죠. 그 부작용이 무엇인지는 두 번째와 세 번째 문단에서 확인할 수 있습니다. 원화 가치가 낮은 상태가 장기적으로 유지되면 기업들이 제품 경쟁력을 끌어올리려는 노력보다는 약한 원화에 힘입은 가격경쟁력에 안주할 수 있다는 점을 말하고 있죠. 그리고 원화가 약세가 되면 외국에서 수입되어 들어오는 물건의 가격이 높아지게 되면서 국내 물가 상승 압력을 높이게 됩니다. 국내 인플레이션이 강화되면 소비자들의 구매 부담이 커지게 되죠. 두 번째 문단의 끝부분에 '수입품 가격이 필요 이상으로 높아져 국내 소비자의 후생 수준이 낮아진다'는 표현이 여기에 해당됩니다.

한국은 당시 고정환율제에 가까운 관리변동환율제를 적용하고 있었습니다. 다만 수출 부양을 위해 원화 가치를 크게 낮춰 놓은 수준의 환율은 아니었다는 점을 설명하고 있습니다. 국내 수출 기업들의 경쟁력을 유지하기 위해서, 그리고 수입 물가 상승 압력을 낮추어 국내 인플레이션 불안을 제어하기 위해서 원화 가치를 다소 높은 수준(원화 환율을 다소 낮은 수준)으로 유지하고 있었죠.

조금 말이 길어지기는 하지만 이유를 하나 더 추가하자면 미국과의 통상 압력 문제를 들 수 있겠죠. 원화를 너무 약하게 만들어 수출 부양에 나서게 되면 미국의 수출 기업들에게는 눈엣가시가 될 수 있습니다. 미국은 최근에도 자국 통화가치를 낮추어서 수출 부양을 하는 국가들을 이른바 '환율 조작국'으로 규정한 후 철퇴를 날리고는 합니다. 당시에도 이런 비슷한 동향은 존재했었죠. 기사 인용합니다.

> **• 換率 急騰 對外 통상 마찰 加重 우려**
> 시장평균환율제 시행 1주일째인 8일에도 원貨 환율의 급속한 절하 행진이 계속되면서 달러당 고시 가격보다 1원 20전이 오른 698원 10전으로 외환거래가 폐장됐다. 금융결제원 산하 자금중개실에 따르면 이날 원貨는 美 달러貨에 대해 연 4일째 큰 폭의 절하 추세를 지속, 9일 상오 고시될 시장 평균환율(기준율)이 700원 대에 육박할 전망이다. (중략)
> 이들은 또 원화가 급속하게 절하될 경우 미국 등 선진국의 압력이 예상되므로 한국은행이 개입할 가능성도 있다고 밝히고 급속한 절하는 반대로 급속한 절상을 초래할 수도 있으므로 외국환은행 및 기업들은 외환 거래에 신중을 기해야 할 것이라고 지적했다.
> 《연합뉴스》, 1990. 3. 8

1990년도 기사이다 보니 한자가 많습니다. 기사 제목은 '환율 급등 대외 통상 마찰 가중 우려'입니다. 결국 이 기사의 핵심은 원화를 너무 약하게 유지했을 때(원화 환율을 높게 유지했을 때) 미국 등 선진국의 압력이 두렵다는 점이라고 할 수 있죠. 앞서 이야기한 수출 기업 경쟁력 제고, 국내 인플레이션 압력 제어, 그리고 미국과의 통상 마찰 등이 당시 원화 가치를 다소 높게 유지한(원화 환율을 다소 낮게 유지한) 요인이었던 것으로 보입니다.

외환위기 전 우리나라의 경제 상황 2 – 독자적인 통화 정책

환율은 거의 준고정환율이었는데, 그러면 금리는 어땠을까요? 네, 그때도 지금과 같이 독자적인 통화 정책을 시행하고 있었습니다. 우리나라 상황에 맞춰서 금리를 적용하는 정책이죠. 그런데 당시 다른 국가들 대비 높은 금리를 유지하고 있었습니다. 그 수준이 꽤 되는 편이었는데요, 기사를 통해 느낌을 잡아보시죠.

• 한국 금리 수출 경쟁국보다 최고 3.2배까지 높아

한국의 금리가 일본, 대만 등 주요 수출 경쟁국의 1.8~3.2배에 달하는 등 금리 수준이 지나치게 높아 기업의 국제 경쟁력을 저하시키는 것으로 나타났다. 이 같은 사실은 29일 한국은행이 지난 1991년부터 작년까지 5년간 한국, 일본, 대만, 미국, 독일 등 5개국을 대상으로 기업의 투자 재원으로 활용되는 장기채권의 조달금리를 분석한 결과 드러났다.

이 분석에 따르면 우리의 시장금리(3년 만기 회사채 유통 수익률)는 연평균 14.9퍼센트로 일본의 4.6퍼센트(10년 만기 국채 수익률)에 비해 무려 3.2배나 됐다. 또 미국의 6.9퍼센트(10년 만기 국채 수익률)에 비해서는 2.2배에 달했고 독일의 7.0퍼센트(3년 이상 회사채 수익률)와 비교하면 2.1배의 고금리였다. 우리와 엇비슷한 경제 발전 단계인 대만도 8.1퍼센트(5년 만기 회사채 수익률)에 불과해 우리가 1.8배나 높은 것으로 조사됐다.

이처럼 우리나라의 금리가 상대적으로 높은 것은 투자가 저축을 웃돌면서 상대적으로 높은 경제 성장을 기록, 만성적인 자금 부족 현상이 있는 데다 물가상승률도 높기 때문이다. 한은 관계자는 "작년을 고비로 우리 경제도 저성장 시대에 접어들고 금융 개방으로 외국의 남융 자본이 유입될 전망이기 때문에 국내 금리도 매년 1퍼센트포인트 가량 떨어져 향후 5년쯤 후에는 한 자리 숫자로 안정될 전망"이라고 말했다.

《연합뉴스》, 1996. 9. 29

1996년 9월 기사입니다. 한국의 금리가 다른 국가들 대비 지나치게 높다는 내용을 담고 있습니다. 첫 문단과 두 번째 문단을 보시면 한국 금리가 일본, 미국, 독일보다 2배 이상 높고, 대만보다도 1.8배가 높았다는 점을 알 수 있습니다. 그리고 그런 고금리가 유지된 이유가 마지막 문단에 나옵니다. 저축보다 투자가 많다는 점, 그리고 물가상승률이 높다는 점을 언급하고 있습니다.

한국은 당시 강한 고성장을 이어가고 있었습니다. 기업들은 설비투자를 크게 늘리고 있었죠. 투자를 위해서는 돈을 빌려야 하는데, 그런 돈을 국내 가계에서 저축한 돈을 통해서 조달해야 했습니다. 그리고 이를 위해서는 가계에서 저축을 많이 할 수 있도록 무언가 강력한 유인이 필요했을 겁니다. 국내 저축을 흡수해서 기업들의 설비투자로 이어지게 하기 위해 고금리를 유지했다고 보시면 됩니다.

그리고 물가상승률이 높다는 이야기가 나오죠. 물가를 잡는 방법은 금리를 높게 유지하거나 통화가치를 절상해서 수입 물가를 낮추거나, 이 두 가지가 핵심입니다. 당시에도 인플레이션 부담이 상존했기에 이를 견제하는 차원에서 원화 가치를 다소 높게, 그리고 국내 금리도 다소 높게 유지했다고 보시면 됩니다.

이제 정리를 해보죠. 외환위기 이전 우리나라는 불가능한 삼위일체에서 두 가지를 택하고 있었습니다. 관리변동환율제를 적용하면서 '안정적인 환율'을, 그리고 '독자적인 통화 정책'을 택하면서 국내 가계 저축을 기업 투자로 끌어내기 위한 차원의, 그리고 인플레이션을 제어하는 차원의 고금리를 적용하고 있었습니다. 그러면 두 가지를 가졌으니 다른 하나를 포기할 수밖에 없었겠죠. 그게 바로 '자유로운 자본 이동'이었습니다.

그런데 우리나라가 1996년 OECD에 가입하면서 점진적으로나마 금융시장을 개방해야 하는 상황에 놓이게 됩니다. 구체적으로 어떤 문제가 생길지는 정확히 모르겠지만 적어도 이거 하나는 확실했죠. 금융시장의 개방은 '자유로운 자본 이동'을 택하게 되는 것을 의미한다는 겁니다. 무언가 불안한 느낌이 들지 않으시나요? 참고로 외환위기 이후 1999년 2월에 국회에서 외환위기가 발생한 원인을 분석했는데, 당시 제시되었던 수많은 원인 중 하나로 '금융시장 개방'이 언급된 바 있습니다. 잠시 기사 보고 가시죠.

〈너무 빠른 대외 개방 정책〉 1996년 당시 정부가 OECD(경제협력개발기구) 가입을 성급히 추진, 외국 여행 및 외국 유학 급증, 사치성 소비재 수입의 증가, 과소비 조장 등으로 외환위기 발생의 요인으로 작용함. 또 OECD 가입 조건으로 추진된 자본 자유화 확대와 외환 거래 자유화로 금융기관 및 기업의 외국 차입이 급격히 확대된 반면 외환보유고를 충분한 수준으로 확보하는 노력이 미흡했음.

《연합뉴스》, 1999. 2. 12

두 번째 문장에 주목하시면 될 듯합니다. OECD 가입 조건으로 추진된 자본 자유화 확대와 외환 거래 자유화로 외국 차입이 급격히 확대되었는데, 외환보유고는 충분하지 않았다고 언급하고 있죠. 다음 챕터에서는 이 부분을 자세히 설명해 보겠습니다.

이번 챕터에서 다룬 내용은 정말 만만치 않은 내용입니다. 이렇게 끝까지 읽어주셔서 감사합니다. 한숨 돌리고 다음 챕터로 함께 넘어가 볼까요.

05

대한민국 금융을 파괴한
단기외채의 공포

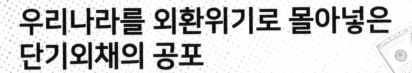

우리나라를 외환위기로 몰아넣은 단기외채의 공포

〈단기외채의 특성①〉
만기가 짧다
갑자기 사업이 어려워지더라도
무조건 기한 내에 갚아야 한다.

〈단기외채의 특성②〉
달러 빚이다
환율이 급등하면 대출 원금과 이자가
동시에 늘어나 갚아야 할 돈이 저절로
커진다.

단기외채로
불어난 '빚'

외환보유고

고금리였던 우리나라에 낮은 금리의
'(단기) 달러 대출'이 소개되자 많은
기업들이 대출을 받았다.
그러나 한국의 수출 부진, 신흥국들의 위기가 겹치며
'당장 달러 빚을 갚으라'는 요청이 이어진다.

IMF를 피해 간 기업들의 공통점

은행 자산관리 파트에서 일하면서 각 기업 대표님들을 만날 기회가 있었다.

대표님은 언제가 가장 힘드셨어요?

대표님들은 이구동성으로 이렇게 대답하셨다.

IMF

아이엠에프

97년 어지

외환위기 떄지

그 시기를 버텨낸 비결은 대충 이렇게 정리되었다.

우리 회사가 살아남을 수 있었던 이유는 ......

첫째, 무리해서 투자하지 마라!

둘째, 과한 빚은 절대 내지 마라!

특히, 달러 빚은 절대 금물!

절레 절레

환율의 급등(원화 약세)으로 인해 기업들의 달러 부채 부담이 높아지게 되자, 외환 당국은 외환보유고의 달러를 사용하며 환율방어에 나서게 된다.

저는 2003년 7월 은행에 입행한 이후 일반 은행 창구 업무를 주로 담당하다가 2005년부터는 자산관리 창구에서 투자 관련 상담을 할 기회를 얻게 되었습니다. 고객 분들과 상담을 하다 보면 다소 친분이 쌓이기도 하고, 함께 점심 식사 등을 할 기회가 생기기도 합니다. 한번은 어느 기업의 대표님과 점심 식사를 하게 되었는데요, 입사한 지 2년여밖에 되지 않은 20대 중반의 신입사원에게 참 많은 조언을 해주셨습니다. 직장 생활은 어떻게 해야 한다, 사람들 만날 때는 어떻게 하는 것이 좋다는 조언뿐 아니라 당신께서 살아오신 삶에 대한 이야기들을 해주셨습니다. 이런 식사 시간을 갖게 되면 한두 시간이 훌쩍 지나가곤 했죠.

그때 옆 창구의 선배가 저한테 해주었던 조언이 있었는데요, 고객 분들과의 식사 자리에 나갈 때는 어색해질 수 있으니 어떤 질문을 할지 고민하고 가라는 조언이었습니다. (생각해 보면 정말 중요한 조언이었죠. 지금도 이 습관을 유지하고 있습니다.) 대표님께서 많은 말씀을 해주시다가 잠시 소강상태가 될 때 몇 가지 질문을 드렸습니다. 그중 하나가 사업을 하면서 가장 힘드셨을 때가 언제였는지를 여쭙는 질문이었죠. 사업에 성공하시고 부를 쌓으신 기업인 분들 중 상당수가 이렇게 답을 하시곤 했습니다.

"IMF 때지…… 참 힘들었어."

그러고는 당시 상황이 어땠는지 말씀해 주셨죠. 정말 잘나가던 친구들의 회사가 많이 도산했다, 그땐 정말 앞이 캄캄했다 등의 이야기였습니다. 그때로부터 15년이 넘게 지났지만 생생히 기억나는 이야기가 두 가지 있습니다. 바로 "다행히 빚이 많지 않아서 버틸 수 있었어"와 "달러 빚이 정말 무섭다"라는 말입니다.

그 외에도 어디에서 들은 말인지는 정확히 기억이 나지 않지만 '달러 빚은 절대 내면 안 된다'라는 이야기와, 너무나 좋은 투자처를 말할 때에는 농담 섞인 표현으로 '달러 빚을 내서라도 해야지'라는 말을 자주 듣곤 했습니다.

단기대출이 무서운 진짜 이유

잠시 홍길동이라는 가상의 인물을 내세워 설명을 이어 보죠. 홍길동이 식당을 합니다. 식당이 너무 잘되는 거죠. 그런데 식당의 공간이 협소해서 돈을 버는 데에는 한계가 있습니다. 그러면 솔루션은 하나입니다. 분점을 내는 겁니다. 분점을 낼 때 가장 필요한 것이 바로 '돈'이죠. 빚을 내서 돈을 구한 다음, 그걸로 분점을 냅니다. 그런데 하늘도 무심하시지……. 분점을 내자마자 경기가 급전직하하면서 장사가 본점, 분점 모두 안되는 겁니다. 돈벌이가 되지 않고 적자가 쌓이니 너무나 힘들어지게 된 거죠. 당장 망하지는 않겠지만 앞으로가 걱정일 겁니다.

그런데요, 장사가 안되는 것도 문제겠지만 가게가 망하게 되는 가장 큰 요인은 바로 '빚'입니다. 예를 들어 분점을 낼 때 1년 만기 대출을 받았다고 가정해 볼까요. 1년간 장사가 안되어서 너무 힘든데 대출 만기일이 다가왔습니다. 당장 빌린 돈을 갚아야 합니다. 갚을 방법이 없으면 파산할 수밖에 없죠.

홍길동의 사례를 보면 빚이 많은데, 그 빚의 만기가 1년에 불과하다는 점이 치명적이었다는 점을 알 수 있습니다. 만약 빚의 만기가 6개월밖에 안 된다면? 혹은 3개월에 불과하다면? 대출의 만기가 짧으면 짧을수록 돈을 갚아야 하는 상황이 빠르게 닥쳐옵니다. 사업의 회복을 기다려 볼 수도 없이 대출을 갚아야 하니 매우 어려운 상황에 봉착하게 되겠죠. 만기가 짧은 단기대출이 이렇게 무섭습니다.

원금과 이자가 동시에 불어나는 '달러 빚'

하나 더, 만약 빚 중에 앉은 자리에서 대출 받은 원금이 크게 늘어나는 빚이 있다면 어떨까요? 1억 원을 빌렸는데 갚아야 할 원금이 순식간에 2억 원이 되는 겁니다. '그런 빚이 있을까……' 싶으실 텐데요, 달러 빚이 여기에 해당합니다.

10만 달러를 외국에서 빌려옵니다. 환율은 달러당 1000원이라고 가정해 보죠. 10만 달러를 원화로 환전하면 1억 원이 될 겁니다. 그 1억 원을 회사가 설비투자를 하는 데 사용했는데 곧 대출 만기가 다가온다고 가정해 봅시다. 돈을 갚을 준비를 해야 하는데 이 빚은 그냥 빚이 아니라 달러 빚입니다. 그럼 갚을 때 원화가 아닌 달러로 갚아야 하죠. 빚을 갚기 위해 외환시장에서 달러를 구입할 수밖에 없는 겁니다.

10만 달러를 구하기 위해 1억 원을 들고 외환시장을 찾았습니다. 달러당 1000원이니 10만 달러를 사서 이걸로 빚을 갚기 위함이죠. 그런데 환율이 갑자기 급등해 버린 겁니다. 환율이 달러당 2000원이 되었습니다. 이제 1억 원으로는 5만 달러밖에 구할 수가 없습니다. 남은 5만 달러를 더 사기 위해서는 추가로 1억 원, 즉 총 2억 원이 필요한 거죠. 달러 환율이 뛰어오르면서 졸지에 갚아야 할 대출의 원금이 두 배로 늘어나게 된 겁니다.

원금만 문제가 되는 것이 아닙니다. 달러 빚의 이자도 당연히 달러겠죠. 이자를 갚을 때에도 달러를 사서 갚아야 할 텐데, 환율이 1000원에서 2000원으로 뛰어오르면서 이자를 갚기 위해 사들여야 하는 달러값도 두 배로 늘어나게 된 거죠. 그냥 이자가 두 배로 늘었다고 보시면 됩니다. 당장 달러 빚의 만기가 된 게 아니라도 이자를 갚는 과정에서 이런 부담이 생겨날 수 있겠죠.

달러 빚은 환율의 움직임에 큰 영향을 받습니다. 환율이 뛰어오르면 당연히 달러 빚 부담이 크게 늘어나게 되겠죠. 환율이 위아래로 마구 움직여서 예측이 불가능하다면? 달러 빚을 받기가 너무나 부담스러워질 겁니다. 만약 환율이 안정되어 있고 절대로 바뀌지 않는 고정환율이라면? 그러면 마음 놓고 달러 빚을 내도 되겠죠. 가장 두려운 환율의 변동이 막혀 있으니까요.

IMF 외환위기 이전에 한국은 환율이 매우 안정적으로 움직이는 관리변동환율제, 즉 안정적인 환율을 유지하고 있었죠. 그러니 달러 빚을 낼 수 있는 여건이 형성되어 있던 겁니다. 결론부터 말씀드리면 외환위기 이전에는 달러당 1000원 밑에서 안정되어 있던 환율이 외환위기가 발생한 1997년 말~1998년 초 달러당 2000원에 육박할 정도로 크게 뛰어올랐습니다. 당연히 달러 부채를 크게 늘려 놓았던 기업들의 빚 부담이 늘었고, 이는 치명적인 타격을 주었을 겁니다.

단기외채의 급증이 불러온 외환위기

이제 정리를 해볼까요? 빚 중에서 만기가 짧은 빚과 달러 빚이 참 무섭다는 이야기를 했습니다. 이 둘을 합치면 '만기가 짧은 달러 빚'이 될 것이고, 조금 간결한 표현으로 바꾸면 '단기외채'라고 할 수 있습니다. 한국 경제가 외환위기를 겪었던 가장 큰 이유, 바로 단기외채의 급증에 있었죠. 단기외채는 크게 늘어 있는데, 수출이 무너지는 등 달러 벌이가 막히게 되니 위기를 겪을 수밖에 없었던 겁니다. 이럴 때 국가에 단기외채를 갚을 수 있을 정도의 달러 저축이 있다면 이 자금을 써서 버틸 수 있습니다. 이런 때 사용하기 위해 국가가 쌓아두는 외화 저축을 '외환보유고'라고 하죠.

외환위기의 원인을 명료하게 분석한 책에서 발췌한 내용을 인용합니다. 조금 어려우실 수도 있지만 앞서 살펴본 내용을 바탕으로 꼼꼼히 읽어보시죠.

외환위기는 국내 경제 구조 때문이 아니라 외채 때문에 일어난다. 그것도 만기가 짧게 돌아오는 단기외채를 갚지 못하는 것이 외환위기의 원인이다. 이것은 1997년 한국을 비롯한 동아시아 국가도 마찬가지였다. 동아시아 국가 중 아무리 부실한 기업과 금융, 불투명하고 부패한 정부를 가진 나라라도 단기외채가 적은 나라는 외환위기가 일어나지 않았다.

반면 아무리 건전한 기업과 금융기관, 투명한 시스템을 가진 나라라도 단기외채가 많으면 외환위기를 피할 수 없었다(Steil and Lithan, 2006, p.104). 실제로 1990년대 중반 중국은 아직 과거의 사회주의체제로부터의 이행이 다 이루어지지 않아서 국영기업과 금융기관 부실이 한국보다 더 심했다. 그랬음에도 불구하고 중국은 단기외채가 적었기 때문에 외환위기를 비켜갈 수 있었다.

범위를 동아시아 바깥으로 넓혀 보아도 기업과 금융기관 부실이라는 구조적 문제는 개도국의 공통된 현상이지만 모든 개도국에서 외환위기가 일어나는 것은 아니다.

_이제민, 『외환위기와 그 후의 한국 경제』, 한울엠플러스, 2017, p.107-108

단기외채가 많지 않은 국가들은 어려움은 있어도 외환위기까지 겪지는 않지만 단기외채가 많은 국가들은 외환위기의 파고에 휩쓸리게 된다는 내용을 담고 있죠. 한국이 외환위기를 맞은 원인으로 '단기외채의 급증'을 꼽는 것은 어찌 보면 당연한 이야기일 겁니다.

단기외채가 증가한 이유

그렇다면 자연스럽게 이런 단기외채가 왜 급격하게 늘게 되었는지에 대한 궁금증이 생기실 겁니다. 잠시 지난 챕터의 내용을 떠올려 보죠. 지난 챕터에서 불가능한 삼위일체에 대한 구체적인 설명을 드렸습니다. 꼭 기억해 두셔야 했던 포인트는 외환위기 이전까지 우리나라는 안정적인 환율(거의 고정환율에 가까운 관리변동환율제), 독자적인 통화 정책(한국 여건에 맞춘 고금리 상황)의 두 가지를 취하고 있었다는 점입니다. 대신에 자유로운 자본 이동이 일정 수준 제한되어 있는 상황이었죠.

그런데 1996년 OECD 가입을 전후로 우리나라도 자본시장 개방의 속도를 높이기 시작합니다. 물론 자본시장 개방의 부작용을 우려하여 단계적인 개방 계획을 진행했지만, 자유로운 자본 이동이 조금씩 풀리게 되면서 외국 자금이 국내로 빠르게 유입되었죠. 국내로 유입될 때는 국내 금융기관들, 특히 당시 '종금사'라고 불리던 종합금융회사가 외국 자금 차입의 중심에 있었습니다. 관련 내용이 나와 있는 책을 잠시 읽어보시죠.

> 정부가 은행을 통한 자본시장 개방을 추진하게 되는 과정을 보면 이렇다. 1990년대 중반 정부는 자유화와 '세계화' 드라이브하에서 금융기관의 외국 영업에 대한 규제를 대폭 완화했다. 1994~1996년 중 24개의 투자금융회사가 종합금융회사(Merchant Bank)로 전환되면서 외국 영업을 할 수 있게 되었다. 은행들도 28개의 외국 지점을 열면서 외국 영업이 확대되었다. 종합금융회사와 은행의 외국 영업 활동에는 단기 차입도 포함되어 있었다.
>
> _이제민, 『외환위기와 그 후의 한국 경제』, 한울엠플러스, 2017, p.121-122

종합금융회사와 은행들의 외국 영업 규제가 완화되었다는 이야기, 그리고 인용문의 마지막 줄에서는 그런 외국 영업 활동에는 단기 차입도 포함되어 있었다는 점을 확인하실 수 있죠. 앞서 말씀드린 불가능한 삼위일체 중 우리나라가 택하지 않고 있던 '자유로운 자본 이동'이 보다 원활해진 겁니다. 그러면 이런 일이 벌어질 수 있죠. 잠시 국내에서 기업을 운영하는 홍길동의 사례를 들어보겠습니다.

홍길동은 한국에서 제조업을 하고 있습니다. 현재 제조업 수출 경기가 나쁘지 않아서 생산 라인을 늘리고 싶다는 생각을 하게 되죠. 공장을 증설하려면 당연히 돈이 필요할 겁니다. 그 돈을 어딘가에서 빌려와야 할 텐데, 국내 은행에서 돈을 빌리려고 하니 금리가 8퍼센트 정도로 꽤 비쌉니다. 그래서 고심하던 어느 날 미국 뉴욕에 계시는 삼촌과 통화를 하게 되었죠. 삼촌에게 이런저런 사정을 이야기했더니 삼촌이 의아해합니다. 왜 비싼 금리로 한국에서 돈을 빌리느냐고요. 뉴욕에서 빌리면 절반인 4퍼센트 정도에 빌릴 수 있는데 한국에서 8퍼센트에 빌리는 건 아닌 것 같다고 하시는 겁니다.

'이게 그 유명한 국제금융인 건가……' 하는 생각에 홍길동의 얼굴에 화색이 돕니다. 4퍼센트에 돈을 빌려 설비투자를 하면 이자 부담도 적을 테니 문제가 한순간에 해결되는 느낌을 받았습니다. 그래서 삼촌과 상의를 한 이후에 뉴욕 금융시장에서 돈을 빌리려는데 삼촌이 이런 이야기를 하시는 겁니다.

"길동아, 대신 뉴욕에서 받는 대출은 전부 달러 대출이다!"

이 이야기를 들은 홍길동의 느낌은 어땠을까요? '이게 그 유명한 달러 빚'이라는 생각이 들지 않았을까요? 홍길동은 어렸을 때부터 달러 빚은 절대 내지 말라는 이야기를 듣긴 했지만 솔직히 그 이유는 잘 모릅니다. 그래서 여기저기 알아봤습니다. 달러 빚이 왜 무서운 것인지를 말이죠. 확인해 본 결과 달러 빚을 받았는데 환율이 뛰어올라서 달러당 1000원이던 환율이 2000원이 되면 앉은 자리에서 빚이 두 배가 되는 거라고, 그래서 무섭다는 것을 알게 됩니다. 그 이야기를 듣고서 삼촌에게 솔직하게 말합니다. 달러 빚 내지 말라는 이야기를 들었다고요. 환율이 뛰면 문제가 커지니까 불안해서 안 될 것 같다고요. 그러자 삼촌께서 말씀하십니다.

"걱정 마! 고정환율이잖아!"

네, 환율이 1000원에서 2000원으로 올라가는 것이 달러 빚을 내었을 때 처할 수 있는 가장 두려운 상황이겠죠. 아무리 저렴한 금리에 돈을 빌린다고 해도 환율이 올랐을 때 부채 부담이 크게 늘어나게 되니까요. 그런데 만약 환율이 고정환율로 묶여 있다면 그런 부담이 한결 덜하지 않을까요?

관리변동환율제를 채택하고 있던 한국의 경우 기업들은 달러 부채를 내더라도 환율 변동의 부담을 느끼지 않았을 겁니다. 그러니 부담 없이 저렴한 금리에 외국에서 빚을 내는 것이 합리적인 선택이었겠죠. 당시 우리나라의 금리가 다른 국가의 금리보다 얼마나 높았는지는 지난 챕터에서도 다루었는데요, 간단히 핵심만 재인용해 보겠습니다.

> 한국의 금리가 일본, 대만 등 주요 수출 경쟁국의 1.8~3.2배에 달하는 등 금리 수준이 지나치게 높아 기업의 국제 경쟁력을 저하시키는 것으로 나타났다. 이 같은 사실은 29일 한국은행이 지난 1991년부터 작년까지 5년간 한국, 일본, 대만, 미국, 독일 등 5개국을 대상으로 기업의 투자 재원으로 활용되는 장기채권의 조달금리를 분석한 결과 드러났다.
>
> 《연합뉴스》, 1996. 9. 29

우리나라는 독자적인 통화 정책의 일환으로 우리나라 사정에 맞게 고금리를 유지하고 있었죠. 이런 경우에는 다른 국가보다 금리가 높기에 다른 국가에서 돈을 빌려오는 것이 훨씬 유리한 상황이 될 수 있습니다. 문제는 말씀드렸던 것처럼 환율의 급등, 즉 달러가 강해지는 것인데 관리변동환율제를 적용하여 환율이 안정되어 있다면 걱정할 필요가 없었겠죠.

이해를 돕기 위해 뉴욕에 거주하는 홍길동의 삼촌이 자금을 중개해 주는 것처럼 예시를 들어 봤습니다. 당시 자본시장이 완전히 개방되어 있지는 않았기에 이런 케이스는 과도한 예시이고요, 외국에서 돈을 빌려오는 것이 유리했던 만큼 외국에서 돈을 빌릴 수 있는 중개금융기관이 삼촌의 역할을 해주었습니다. 그리고 그 금융기관의 이름이 앞서 설명한 종합금융회사, 즉 종금사가 되는 겁니다.

종합금융회사의 이익 구조 1 — 장단기 금리차

자금을 중개하는 금융기관들이 수익을 내는 구조는 매우 간단합니다. 바로 단기로 빌려와서 장기로 대출을 해줄 때 생기는 차익이 그들의 수익입니다.

직관적으로 1개월 동안 돈을 어딘가에 예금하는 것과 3년 동안 예금하는 케이스, 어느 쪽 금리가 더 높아야 할까요? 오랜 기간 돈이 묶여야 한다는 부담감, 그리고 그 기간 동안 무슨 일이 벌어질지 모르는데 돈이 묶여 있다는 불리함이 적용되면서 3년 금리가 1개월 금리보다는 다소 높을 겁니다.

금융기관들은 돈을 단기로 빌려 오고 장기로 빌려주는 거죠. 예를 들어 3개월로 돈을 빌려 온 다음에 1년짜리 대출을 해주는 겁니다. 3개월 금리보다 1년 금리가 높으니 3개월의 낮은 금리로 자금을 조달해서 1년 짜리 높은 금리로 돈을 다른 곳에 빌려주는 거죠.

여기서 의문이 생깁니다. 금융기관이 3개월로 돈을 빌려 왔죠. 그러면 3개월 후에는 돈을 갚아야 하는 상황이 될 겁니다. 그런데 대출을 1년으로 해주었다? 아무리 단기금리와 장기금리의 차이를 수익으로 얻는다고는 하지만 이건 무언가 대출의 만기가 매칭이 되지 않는 느낌이 듭니다.

하지만 금융기관들은 3개월로 돈을 빌려와서 1년으로 대출해 줘도 문제가 없습니다. 왜냐고요? 3개월 후에는 대출을 연장하거나 다른 곳에서 3개월로 또 돈을 빌려오면 되니까요. 그러면 3개월 대출을 네 번 받으면서 1년 대출해 주는 비용을 커버하는 구조가 되는 겁니다.

다만 3개월 대출보다 1년 대출 금리가 워낙 높으니 금융기관은 낮은 금리에 빌려서 높은 금리에 빌려주는, 이른바 장단기 자금의 미스매칭(Mismatching)을 통해 수익을 낼 수 있겠죠.

종합금융회사의 이익 구조 2 – 외화 조달

다른 하나는 외화로 자금을 조달하는 겁니다. 국내에서 조달하는 것보다 외국에서 자금을 빌려올 때 금리가 훨씬 낮습니다. 그러면 외국에서 돈을 빌려 와서 국내에서는 거기에 약간의 이자 마진을 붙여서 돈을 빌려주는 겁니다. 앞서 홍길동과 삼촌의 케이스에서 생각해 보면 국내 금리가 8퍼센트인데 뉴욕 금리가 4퍼센트입니다. 금융기관들은 뉴욕에서 4퍼센트에 돈을 빌려 와서 2퍼센트만큼 마진을 붙인 뒤 국내 기업에게 6퍼센트에 돈을 빌려줄 수 있겠죠. 국내 기업 입장에서는 이렇게 은행이 2퍼센트 마진을 붙여서 대출해 줘도 국내 조달보다 금리가 저렴하기 때문에 되려 이익이 될 수 있습니다. 그래서 외국에서 달러로 외채를 끌어오는 것이 유리해지는 거죠.

국내 금융기관이나 기업들은 달러로 빌려서 결국은 그 달러를 원화로 환전한 이후 그 돈으로 투자에 나서게 되겠죠. 달러로 빌려 와서 원화로 쓰지만 나중에 갚을 때에는 다시 달러를 사서 갚아야 합니다. 외국에서 자금을 조달하면 금리가 보다 저렴해지기 때문에 달러로 빌려서 원화로 사용하는 통화의 미스매칭이 나타나게 되겠죠.

장단기 기간의 미스매칭, 달러화와 원화 통화의 미스매칭을 통해 국내 금융기관이나 기업들은 자금을 보다 유리한 저금리에 조달할 수 있었죠. 금리는 '돈의 값'이라 했습니다. 가격이 저렴해지면 수요가 늘어나게 되지 않을까요? 8퍼센트에서는 진행하지 않았을 투자를 4퍼센트 금리에서는 진행할 수 있겠죠. 금리가 저렴한 만큼 돈에 대한 수요, 즉 낮은 금리에 대출을 받아서 투자를 하려는 수요가 늘어날 수 있었을 겁니다. 또한 단기로 돈을 빌리거나 달러로 돈을 빌리면 유리하다는 점을 보셨죠. 더욱 유리해지려면 이 두 조건을 합치면 되지 않을까요? 단기로 달러 빚을 내서 장기로 대출을 해주면 가장 유리한 조건으로 자금을 조달할 수 있을 겁니다. 단기로 달러 빚을 내는 것, 바로 '단기외채'입니다.

위태로웠던 종합금융회사의 대출 상황

혹시 이번 챕터의 앞부분에서 가장 위험한 것이 '단기외채'라고 했던 것 기억하시나요? 가장 위험한 거래가 될 수 있는데도 그런 거래가 일어나는 이유는, 자금 조달할 때 워낙 유리한 조건이 적용되기 때문입니다. 그래서 종금사를 비롯한 국내 금융사들은 단기외채를 크게 늘렸고 이를 통해 자금을 빌린 기업들은 활발한 투자에 나설 수 있었던 겁니다. 종금사들이 얼마나 단기외채를 많이 썼는지를 설명해 주는 기사가 있습니다. 잠시 인용해 보도록 하죠.

> • 종금사, 단기조달 외자의 75%를 장기로 운영
>
> 극심한 외환 부도 위기를 연일 맞고 있는 종금사들이 단기로 조달한 외화자금의 75퍼센트를 장기로 운영하는 바람에 구조적인 외환위기를 자초한 것으로 나타났다.
>
> 20일 재정경제원에 따르면 지난 10월 현재 전국 30개 종금사의 외화 차입 규모는 200억 달러로 이중 만기가 1년 미만인 단기자금이 129억 달러(64.4퍼센트)에 달했다. 반면에 차입 총액을 운용하는 내용을 보면 1년 이상의 장기 대출이 168억 달러로 조달 자금의 83.7퍼센트가 장기대출 재원으로 사용됐다. 이에 따라 단기로 조달한 외화 중에서 장기대출로 전용된 규모가 97억 달러에 달해 단기 조달액의 75.2퍼센트를 차지했다.
>
> 이 바람에 국내 종금사들의 외국 차입 신인도가 붕괴되자 단기로 조달한

> 차입금의 만기 시 재연장하거나 추가 차입을 하지 못해 외환 부도 위기에
> 몰리게 됐다. 금융 관계자는 "최근 금융시장의 불안이 연일 계속되는 일부
> 종금사의 외환 부도 위기에 비롯되고 있는 측면이 크다"면서 "종금사의 외
> 화 자금난을 신속히 해소하는 대책이 나와야 전날 발표된 금융시장 안정 대
> 책이 실효를 거둘 수 있을 것"이라고 지적했다.
>
> 《연합뉴스》, 1997. 11. 20

국내에 달러 자금이 모자라서 위기에 처했던 1997년 11월 말 보도되었던 기사입니다. 종금사들이 단기로 빌려 온 외국 자금의 75퍼센트를 장기로 대출해 주고 있다는 내용이 나오죠. 두 번째 문단을 보시면 종금사가 외국에서 조달한 외화자금이 200억 달러입니다. 그중 단기로 조달한 것이 129억 달러죠. 그러면 남은 71억 달러만 장기로 조달해 온 겁니다. 그렇지만 종금사가 기업에 대출해 준 내역을 보면 200억 달러 중 168억 달러를 장기로 대출해 주었다고 나오죠. 장기로 빌려서 장기로 대출해 준 금액만 보면 71억 달러를 외국에서 조달해서 168억 달러를 국내 기업에 빌려준 겁니다. 그렇다면 168억 달러에서 71억 달러를 제외한 97억 달러만큼은 단기로 조달해서 장기로 빌려줬다고 볼 수 있겠죠. 종금사가 단기로 129억 달러를 외국에서 조달해 왔는데, 그중 97억 달러를 국내에서 장기로 대출해 주었으니 장단기 미스매칭이 상당한 수준이었다고 할 수 있습니다.

수출 부진과 신흥국들의 외환위기가 불러온 파장

/

지금까지 외환위기 이전에 국내에 단기외채가 크게 늘어난 과정을 살펴보았습니다. 단기외채가 많더라도 우리나라 수출이 잘되어서 외국에서의 달러 유입이 많다면 큰 문제가 되지 않았을 겁니다. 다만 앞의 엔화 관련 챕터와 반도체 관련 챕터에서 보셨던 것처럼 급격한 엔화 가치의 절하와 반도체 가격의 급락은 우리나라 수출에 결코 유리한 여건을 만들어 주지 못했죠. 빚내서 장사를 시작했는데 부진하던 옆 가게가 갑자기 분발하면서 우리 가게 장사가 안되기 시작한 겁니다. 문제는 빚이 만기가 짧은 단기 대출이어서 수개월 후에는 갚아야 하는 돈이라는 겁니다. 당연히 부채의 부담이 크게 느껴지지 않을까요?

엎친 데 덮친 격으로 1997년 중반부터 태국과 인도네시아가 외환위기의 격랑에 휩쓸리기 시작했죠. 한국에 투자한 외국인들은 한국의 수출이 부진하고 기업들의 상황이 크게 악화되는 등 불안한 행보를 이어가기에 한국의 돈을 회수해야 할지에 대해 깊은 고심에 빠져 있습니다. 이런 상황에서 같은 아시아 지역에 속한 태국과 인도네시아가 외환위기 상황에 처했다는 소식을 들었으니 외국 투자자들은 한국에서 빠져나가고 싶다는 느낌을 강하게 받았겠죠. 예를 들어 단기로 대출을 해준 외국 투자자들의 경우 대출 만기가 되었을 때 더 이상의 대출 연장을 거부하게 될 겁니다. 한국의 종금사나 기업들은 달러 대출이 만기가 되어 갚아야 하지만 달러를 구할 방법이 없어서 어려운 상황에 처하게 되겠죠. 가장 좋은 케이스는 외국의 투자자들이 조금 더 대출을 연장해 주는 겁니다. 그렇지만 태국, 인도네시아 등이 무너지면서 신흥국들이 전체적으로 불안한 행보를 이어가자 외국 투자자들의 자금 회수가 줄을 잇기 시작했습니다.

어떻게든 달러를 구해서 갚아야 합니다. 그렇지 않으면 금융회사나 기업이 빚을 갚지 못해 부도 처리가 될 테니까요. 하지만 다들 단기 달러 빚을 많이 끌어왔고, 상황이 전반적으로 악화되었기에 많은 금융회사와 기업이 달러 빚을 갚는 데 곤혹을 치루고 있습니다. 이들은 달러를 구하기 위해 절박하게 움직였을 겁니다. 당연히 국내 달러 수요가 크게 증가하게 되겠죠. 문제는 이렇게 어려운 금융사나 기업에 달러를 빌려줄 경제 주체가 없다는 것이죠. 그러면 꼼짝없이 무너지게 되지 않을까요? 그리고 너도나도 달러를 찾기에 달러 품귀 현상이 나타나니 달러가 초강세를 보였을 겁니다. 그러면 달러·원 환율이 크게 뛰어올라야 하지 않을까요? 하지만 당시 한국은 환율의 안정을 위해 관리변동환율제를 적용하고 있었죠.

환율을 지키기 위한 정부의 선택, 외환보유고

환율을 안정시키기 위해서는 뛰어오르려는 환율을 잡아 눌러줘야 합니다. 환율이 뛰는 이유는 너도나도 달러를 사들이기 때문이겠죠. 원화를 팔고 달러를 사려는 수요가 강해지기에 원화는 약해지고 달러는 강해집니다. 그 과정에서 환율이 급등하게 되는 거죠. 환율이 오르는 것을 눌러주기 위해서는 원화를 팔면서 달러를 사려는 강한 수요에 맞서서 누군가 달러를 대규모로 팔면서 원화를 사줘야 합니다. 그 누군가는 국가가 되어야 하겠죠.

우리나라는 보유한 달러를 팔면서 달러 가치가 마구 뛰어올라 환율의 안정을 위협하는 상황을 제어해야 했습니다. 그래서 외환 당국은 보유하고 있던 달러 저축, 즉 외환보유고에서 달러를 인출해서 외환시장에 내다 팔게 됩니다. 이를 환율이 뛰는 것을 막으려 한다고 해서 환율방어라고 부르죠. 그리고 당장 달러 자금이 절실한 기업들이나 금융회사들에게 외환보유고에서 달러를 인출해서 지원을 해주게 됩니다. 그렇다면 이 과정에서 우리나라 외환보유고가 빠르게 줄어들게 되지 않을까요? 그 과정을 담은 기사를 인용합니다.

• 외환보유고 3백 억 달러 붕괴 위기

《연합뉴스》, 1997. 8. 27

• 외환보유고 두 달 연속 감소

《연합뉴스》, 1997. 10. 6

• 외환보유고 3백 억 달러 붕괴

《연합뉴스》, 1997. 10. 27

1997년 하반기, 한국의 외환보유고는 빠르게 줄어들기 시작했습니다. 외환보유고가 줄어들수록 외국 투자자들이 한국 경제를 바라보는 시각이 점점 부정적으로 바뀌고, 국내 투자를 빠르게 회수하고

싶은 불안감을 느끼게 되겠죠. 더 많은 투자자들이 이탈할수록 외환 보유고 감소 속도는 더 빨라지게 될 겁니다. 실제로 IMF 구제금융이 시작되던 1997년 11월 외환보유고는 아주 빠르게 줄어들었습니다.

> • 11월 말 가용 외환보유액 72억 6천만 달러
>
> 금융기관의 외화 결제 부족자금 지원 등으로 가용(유동성) 외환보유액이 지난달 급격히 감소한 것으로 나타났다.
>
> 14일 한국은행에 따르면 지난 11월 말 현재 외환보유액은 244억 달러이며 국내 은행 외국 점포 예치금 등을 제외한 가용 외환보유액은 72억 6000만 달러로 집계됐다. 외환보유액은 10월 말 305억 1000만 달러에 비해 61억 1000만 달러, 가용 외환보유액은 223억 달러에서 150억 4000만 달러가 각각 감소한 것이다.
>
> 한은 관계자는 이처럼 외환보유액이 크게 줄어든 것은 국제수지 적자 보전과 함께 11월 중순 이후 단기 외화 차입금에 대한 상환 요구로 인해 금융기관들에 대해 상당 규모의 결제 부족 자금을 지원해 줬기 때문이라고 밝혔다.
>
> 《연합뉴스》, 1997. 12. 13

1997년 11월 외환보유고가 10월 대비로도 크게 줄었고, 특히 기사에 인용된 가용 외환보유액은 72억 달러로 10월 말 대비 약 150억 달러가 감소했다고 나오죠. 그 이유에 대해서는 국내 금융기관의 결제 부족 자금을 지원해 줬기 때문이라고 합니다.

앞서 말씀드렸던 환율방어로 인한 외환 소진도 상당했습니다. 국회의 환란 특위 보고서에서 1997년 외환위기 발생의 다양한 원인을 확인할 수 있습니다. 환율방어로 인한 외환보유고 소진에 대한 기사를 하나 보고 가시죠.

관리변동환율제하에서는 관리 당국이 환율을 안정시켜야 하죠. 달러가 계속 강해지면서 환율이 튀어 오르는 것을 막으려면 외환보유고에 있는 달러를 인출해서 외환시장에 대규모로 매각, 달러 가치를 눌러줘야 합니다. 그런데 달러 강세가 너무 강하면 방어가 어려울 수 있죠. 되려 환율방어 과정에서 외환보유고가 소진되는 시그널이 나타나면 국내 달러 부족에 대한 불안감을 더욱 크게 느낀 외국 투자자들이 보다 빠르게 이탈하고, 그 과정에서 달러 가치가 더욱더 오르는 부작용까지 생겨나게 됩니다.

금융기관의 달러 부족을 지원하기 위해, 그리고 환율방어를 위해 달러를 소진하게 되면 외환보유고가 빠르게 줄어듭니다. 급격하게 외환보유고가 줄어들게 되면 단순히 민간의 달러 부족을 넘어 국가의 달러 부족으로, 그리고 외환위기로 치닫게 됩니다.

이제 정리를 해보죠. 지금까지 '외환위기가 왜 발생했을까?'를 짚어봤습니다. 1990년대 초반 엔화가 강세를 보이고 반도체 시장에 대한 전망이 매우 긍정적이었죠. 우리나라 수출 주력 산업의 비즈니스 여건이 긍정적이기에 국내 기업들은 투자를 늘릴 유인을 가지게 되었습니다.

투자를 위해서는 자금이 필요하고, 자금을 빌리면 빚을 지게 됩니다. 그런데 그 빚이 단순한 국내 부채가 아니라 외채였던 것이죠. 당시 국내 금융회사들의 외화 차입이 가능해지면서 외채가 급격히 늘어나게 됩니다. 그리고 금융회사들은 저렴하게 자금을 조달해서 경쟁력을 높이고자 단기외채를 끌어와서 국내 기업에 장기로 대출을 해줍니다. 대출의 장단기 미스매칭, 그리고 통화의 미스매칭이 동시에 진행된 것이죠.

단기외채가 크게 늘어 있는 상황에서 1996년 하반기부터 우리나라 수출 경기가 크게 둔화되기 시작합니다. 1997년 초부터는 국내 굴지의 대기업들이 무너지기 시작했죠. 단기로 돈을 빌려 왔지만 장기로 대출을 해줬으니 빌려준 돈을 당장 회수할 수 없습니다. 금융사들은 단기로 빌려 온 돈을 계속해서 연장하는 방법으로 대응했지만 한국 경제의 부진이 이어지고 외국 투자자들이 불안감을 느끼면서 단기대출 연장이 어려워지게 되었죠. 그리고 그즈음 터져 나온 태국과 인도네시아의 외환위기는 가뜩이나 불안감을 느끼던 외국 투자자들을 보다 강하게 자극했습니다.

관리변동환율제로 환율의 안정을 꾀하고 있던 외환 당국은 달러의 급격한 강세를 제어하기 위해 환율방어 차원에서 외환보유고를 상당 수준 소진하게 되죠. 아울러 국내 금융기관들의 달러 자금 지원 역시 진행하면서 국내 가용 외환보유고는 큰 폭으로 줄어들었습니다. 1997년 말까지, 그리고 1998년 초까지 갚아야 할 단기외채가 여전히 많은데 외환보유고로도 감당이 되지 않았죠. 이에 1997년 11월 말 IMF에 긴급 구제금융을 신청하면서 'IMF 외환위기'가 시작된 겁니다.

지금까지 외환위기의 원인을 살펴보았습니다. 이제 외환위기 파트의 마지막 챕터만 남았네요. 다음 챕터에서는 우리나라가 제2의 IMF 외환위기를 겪게 될 가능성에 대해 이야기해 보겠습니다.

06

제2의 외환위기 가능성

제2의 IMF가 온다?
1997년과 2022년, 소름 돋는 평행이론!

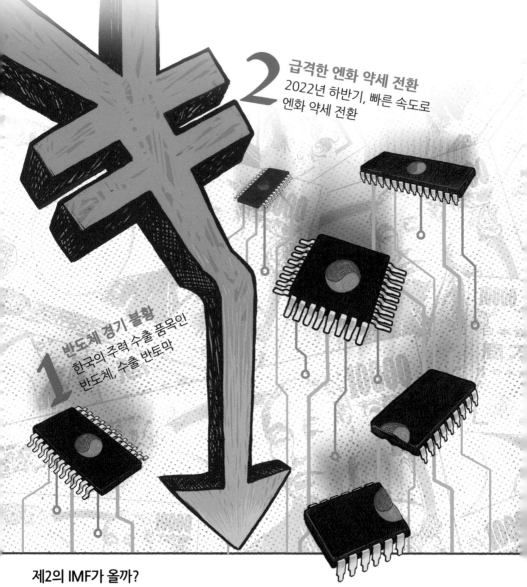

2 급격한 엔화 약세 전환
2022년 하반기, 빠른 속도로
엔화 약세 전환

1 반도체 경기 불황
한국의 주력 수출 품목인
반도체, 수출 반토막

제2의 IMF가 올까?

2022년, 강연회에서 가장 많이 들었던 질문은

오건영의
'부의 시나리오'

궁금한 게 있습니다.
혹시……

앞으로의 경제 전망이 아니라 '위기의 재발 여부'에
대한 것이었다.

외환위기가 다시 온다는데
진짜인가요?

어느 유튜브에서
그러던데……

금융위기 다시 온다는데
어떻게 보세요?

저도 유튜브에서
봤는데……

3 무역 적자
외환위기 이후 25년 만에
한국 12개월 연속 무역 적자

신흥국 부도 위험 확산
IMF, 2022년 들어 역대 최대 구제금융

같은 질문을 이렇게 돌려서 하는 사람도 있었다.

지금이라도 달러를 좀 사둘까요?

외환위기 때처럼 달러 환율이 급등하는 거 아니에요?

음, 제 생각에는요……

오건영의 '부의 시나리오'

2022년 하반기 달러·원 환율이 큰 폭으로 치솟았죠. 외환위기 당시의 달러당 2000원 수준과 금융위기 당시의 달러당 1600원 수준까지는 아니지만 달러당 1400원을 넘는 고환율을 형성했습니다. 이례적으로 환율이 크게 오르자 많은 분들이 걱정을 하기 시작했죠. 혹여라도 '제2의 IMF가 찾아오는 것 아니냐'는 걱정이 그 핵심이었습니다.

　실제로 제가 세미나 등에서 투자자 분들께 가장 많이 받았던 질문 역시 '한국이 제2의 금융위기 혹은 외환위기를 겪을 가능성은 없느냐'는 것이었습니다. 그리고 '혹여나 그럴 가능성이 있다면 달러를 지금이라도 더 사두어야 하는 것 아닌가'라는 후속 질문도 이어졌죠. 외환위기 당시 달러 부족으로 인해 수많은 기업들이 도산했던 기억이 남아 있기 때문에 그런 걱정을 하신 것 같습니다.

제2의 IMF가 정말 올까?

유튜브 채널 등에서 많은 전문가 분들이 한국의 외환위기 가능성에 대해 다뤘습니다. 외환위기는 여전히 우리에게 거대한 트라우마일 것입니다. 트라우마가 강한 만큼 다시 언급되기 시작했을 때 더욱 민감하게 반응하고, 실제보다 더 강하게 제2의 외환위기에 대한 공포를 느끼게 되죠. 언론에서도 이 부분을 집중적으로 조명했는데요, 요즈음 외환위기 당시 나타났던 현상들과 상당히 유사한 점들이 발견되었기 때문일 겁니다. 예를 들어 볼까요? 2022년 하반기, 엔화가 갑작스레 큰 폭으로 약세를 보였습니다. 달러·엔 환율 기준으로 100엔 대 초반에 머물던 환율이 하반기에 큰 폭으로 치솟으면서(엔화의 급격한 약세) 달러·엔 환율이 150엔을 넘어서게 됩니다. 외환위기 이전 1995년에는 지속적으로 강한 흐름을 이어가던 엔화가 1995년 4월 이후 약세 전환한 후 매우 빠른 속도로 엔화 약세가 전개되었다는 이야기를 했었죠. 이는 외환위기 이전 우리나라의 수출 부진에 큰 영향을 미쳤습니다. 그렇기 때문에 2022년 하반기에 이런 기사들이 등장했죠.

- '1달러=150엔' 시대 오나, 30년 전으로 돌아간 엔화 가치
  《파이낸셜뉴스》, 2022. 10. 16
- 엔·달러 150엔 돌파, 中 위안도 추락…亞 외환위기 경고등
  《동아일보》, 2022. 10. 21

엔화 약세뿐만이 아닙니다. 1995년까지 승승장구하던 반도체 시장이 1996년 들어 빠른 속도로 위축되면서 한국의 수출 성장에 치명적인 영향을 주었던 바 있죠. 2022년부터 시작된 IT 업계의 불황은 반도체 가격의 급락과 함께 반도체 경기의 급격한 둔화를 촉발했습니다. 반도체는 그때나 지금이나 우리나라의 수출 주력 품목 중 하나입니다. 반도체 시장의 불황은 2022년 한국의 12개월 연속 무역 적자로 이어지게 되죠. 관련 기사들을 몇 개 인용해 봅니다.

- 외환위기 이후 25년 만에⋯12개월 연속 무역적자
  《조선일보》, 2023. 3. 1
- 반도체 수출 반토막⋯ 12개월째 무역 적자
  《동아일보》, 2023. 3. 2

첫 번째 기사 제목에서 '25년 만에'라는 단어가 등장합니다. 2023년 기사이니 25년 전이면 외환위기 시절이겠죠. 그때 이후 무역 적자가 12개월 연속으로 길게 이어진 건 처음이라는 의미입니다. 반도체 경기가 큰 폭으로 둔화되고 엔화가 약세를 보이는 만큼 우리나라의 수출이 어려워진 것은 사실이겠죠. 이는 무역 적자로 이어지게 되는데, 이런 일련의 뉴스들은 1997년 외환위기 당시의 데자뷔 같습니다. 이 외에도 외환위기의 원인 중에는 당시 취약했던 신흥국들, 특히 태국이나 인도네시아의 위기가 있었죠. 최근 미국에 상륙한 강한 인플레이션으로 인해 이를 제어하고자 미국 연준이 빠르게 기준금리를 인상하기 시작했죠. 글로벌 경기가 좋지 않은 상황에서 빠르게 진행되는 미국의 금리 인상은 파키스탄, 이집트, 잠비아를 비롯한 취약한 신흥국들에 상당한 충격을 주었습니다. 당연히 이들 신흥국에 투자한 외국 투자자들은 1997년 당시처럼 긴장하게 되겠죠. 신흥국은 불안한 상황이 이어지는데, 미국에 투자하면 더 높은 금리를 받을 수 있습니다. 신흥국에서 자본 유출이 나타날 수 있을 겁니다. 그러면 해당 취약 신흥국은 자본 유출로 인해 달러 부족을 겪게 되고, 이로 인해 외환위기가 촉발될 수 있죠. 그리고 이들 신흥국의 외환위기는 다른 신흥국들로 전염될 수 있습니다. 이를 선제적으로 제어하려면 IMF가 나서서 구제금융을 진행해야 하겠죠. 그런데 이렇게 신음하는 신흥국들이 워낙 많다 보니 IMF도 당황한 모습이 역력했습니다. 기사 인용해 보죠.

- 올 IMF 구제금융, 1400억 달러 역대 최대…신흥국들 '빚 폭탄'

《한국경제》, 2022. 9. 26

- IMF 세계은행 재원 고갈 우려, 개도국 위기 심화로 역대 최대 대출

《연합뉴스》, 2022. 10. 11

엔화가 약세를 보이고 반도체 경기가 크게 위축되었습니다. 우리나라의 무역 적자가 커지게 되죠. 주변 신흥국들의 불안감 역시 외환위기 당시보다 심각해 보입니다. 이런 상황이라면 한국에서도 달러

가 빠져나갈 우려가 커지지 않을까요? 이탈이 본격화되면 외국 투자자들은 국내 자산을 매각하고, 받은 원화를 팔고, 달러를 사서 나갈 겁니다. 원화를 팔고 달러를 사들이는 과정에서 환율이 급등하게 되겠죠. 이런 환율의 급등을 막기 위해서는 누군가가 보유하고 있는 달러를 시장에 내다 팔면서 달러 가치를 낮추어야 할 겁니다. 앞서 말했던 환율방어입니다. 그리고 환율방어에 필요한 달러화는 외환보유고에서 가져와야겠죠. 환율방어가 지속되면 당연히 외환보유고 내의 달러화가 계속해서 줄어들게 됩니다. 그리고 이런 과정이 지속되면서 외환보유고가 너무 많이 털려 나가게 되면 국가 내 달러 부족 현상이 심화되면서 외환위기로 치달을 수 있습니다. 이런 우려감을 자극하는 기사 제목을 인용해 보죠.

> • 환율방어 쓰인 외환보유액, 금융위기 후 최대 폭 감소…196.6억 달러↓
>
> 《한국경제》, 2022. 10. 6

여기까지 읽다 보면 아찔함을 느끼게 됩니다. 급격한 엔화의 약세, 이례적인 반도체 경기 불황, 외환위기 이후 최장 기간 이어지는 무역 적자, 신흥국의 부도 위험 확산 등은 이전 챕터들에서 다루었던 외환위기 과정에서 본 내용들과 상당히 비슷합니다. 제2의 외환위기가 현실화될 수 있는 것일까요?

결론부터 말씀드리면 당장은 1997년 당시와 같은 외환위기 재현

가능성이 낮다고 생각합니다. 왜 그런지 차근차근 짚어보죠.

IMF 외환위기 때에 비해 12.7배 늘어난 외환보유고

우선 외환위기 당시에 비해 현재의 외환보유고가 비교할 수 없을 정도로 크게 늘었다는 점에 주목해야 합니다. 기사 함께 보시죠.

> 위기 대응의 지표 중 하나인 외환보유액은 작년 말 4232억 달러로 외환위기 전인 1996년(332억 달러)보다 12.7배 늘었다. 우리나라의 외환보유액은 지난해 11월 말 기준 세계 9위 규모다. 대외 채무 중 1년 이내 만기가 도래하는 단기채무의 비중은 외환보유액 대비 1996년 211.4퍼센트에서 2021년 35.6퍼센트로 낮아지는 등 대외 지급 능력은 충분하다는 평가다.
> 《연합뉴스》, 2023. 1. 16

외환위기 직전 한국의 가용 외환보유고가 100억 달러 밑으로 쪼그라들었다는 기사를 앞선 챕터에서 살펴본 기억이 나실 겁니다. 그리고 가용 외환보유고 대비 단기외채가 상당히 많았기 때문에 1997년 말까지 이를 상환할 방법이 없었다고 했죠. 그렇지만 현재 상황을 나타내는 위의 기사 내용을 똑같은 구도로 보시면 상황이 사뭇 달라졌다는 점을 알 수 있습니다. 2021년 말 기준 외환보유고는 4232억 달러로 1996년 대비 12.7배 늘었습니다. 외환보유고가 늘어난 것은 좋은 일이지만 만약 단기외채가 외환위기 당시보다 크게 늘었다면 늘어난 외환보유고의 의미가 퇴색될 수 있습니다. 기사의 마지막 문장을 보면 1996년 당시 외환보유고 대비 단기외채는 211.4퍼센트로 나옵니다. 100억 달러 외환보유고가 있다면 단기외채는 211억 달러에 달했다는 의미이죠. 반면에 2021년 말에는 외환보유고 대비 단기외채 비중이 35.6퍼센트에 불과합니다. 100억 달러 외환보유고가 있다면 단기외채는 35.6억 달러 수준이니 혹여나 단기외채를 갚아야 하는 문제가 생기더라도 현재 외환보유고로 충분히 커버할 수 있다는 점을 알 수 있습니다. 물론 2022년 들어 환율방어 등으로 인해 외환보유고가 소폭 줄어들기는 했습니다. 그렇지만 여전히 단기외채 대비 외환보유고의 규모로 보면 예전과는 상황이 사뭇 다르다는 점을 알 수 있습니다.

외환위기를 한 번 겪으면서, 달러가 부족한 경우에 너무나 빠르게 외환위기가 올 수 있다는 사실을 배운 것입니다. 당시의 경험을 교훈 삼아 우리나라는 과거보다 더 많은 외환보유고를 꾸준히 쌓고 있습니다. 그리고 단기외채의 무서움을 알기에 외국에서 자금을 조달할 때 만기 관리에도 신경을 쓰고 있죠. 외환위기 당시에는 우리나라의 방파제가 300미터 수준이었다면, 지금은 4200미터에 달한다고 보시면 됩니다. 물론 4200미터의 방파제가 해변의 미관을 해칠 수도 있겠지만 파도가 더 크게 치더라도 막아낼 수 있는 힘을 보유한 것입니다. 과거 대비 안정성을 확보했다는 뜻이죠.

「아기돼지 삼형제」라는 동화를 대부분 읽어보셨을 겁니다. 첫 번째 돼지는 짚으로, 두 번째 돼지는 나무로, 세 번째 돼지는 벽돌로 집을 짓죠. 저는 아직도 그 장면이 기억납니다. 첫 번째와 두 번째 돼지는 빠르게 집을 지은 다음에 세 번째 돼지에게 찾아가 놀러 가자고 하죠. 세 번째 돼지는 집을 지어야 해서 갈 수 없다고 답을 합니다. 그러자 두 돼지는 도대체 집을 굳이 벽돌로 지어서 어디에 쓸 거냐고 묻고, 세 번째 돼지는 '거대한 늑대가 찾아올 수 있으니 이를 대비하려 한다'는 답을 남깁니다. 그 이후의 결과는 너무나 잘 아시리라 생각합니다. 우리나라는 외환위기와 그 이후의 금융위기를 거치면서 단기외채 비율 및 외환보유고 관리에 각별히 신경을 써오고 있습니다. 단기외채의 위기로 기억되는 1997년과 대비하면 지금은 방어막이 훨씬 탄탄한 상황입니다.

국내 투자자들의 외국 투자, 외환위기 안전망이 되다

외환보유고 외에 우리나라의 대외 금융자산에도 주목해 볼 필요가 있습니다. 한국의 투자자들이 외국의 자산을 사들이게 되면(외국에 투자를 하게 되면) 대외 투자자산이 늘어나게 되겠죠. 반대로 한국 투자자들이 외국에서 외채를 끌어오게 되면 대외 부채가 늘어나게 될 겁니다. 외환위기 당시에 비해 대외 자산과 대외 부채가 모두 크게 늘었죠. 자산이 늘어나는 것은 좋지만 부채가 늘어나는 것은 불안할 수 있습니다. 그래서 자산에서 부채를 제외한 '순 대외 자산'을 꼭 봐야 하는 겁니다. 대외 금융자산에서 대외 금융부채를 제외한 순 대외 금융자산이 플러스라면, 자산이 부채보다 많다는 의미가 되겠죠.

문제가 생기면 외국 투자자들이 우리나라에서 이탈할 수 있습니다. 그러면 대외 부채를 갚아야 할 겁니다. 그 과정에서 달러가 우리나라에서 빠져나가게 되면서 외환위기의 가능성을 높일 수 있습니다. 그렇지만 과거와 달라진 것은 우리나라의 대외 자산도 상당하다는 겁니다. 외국의 자산을 매각해서 받은 달러화를 한국으로 가져올 수 있죠. 대외 자산이 대외 부채보다 많다면 우리나라 투자자들이 운용할 수 있는 여유 달러 자금이 있기에 위기 상황을 넘기는 데 큰 힘이 되어줄 수 있습니다.

다음 쪽에서 관련 기사와 함께 첨부한 이미지를 보시면 좋을 듯합니다. 한국의 대외 금융자산은 2021년 말 기준으로 2조 1784억 달러로, 1999년(1571억 달러) 대비 13.9배 늘어난 수준입니다. 반면 대외 금융부채는 2021년 말 기준으로 1조 5188억 달러입니다. 대외 금융자산에서 대외 금융부채를 차감한 금액이 순 대외 금융자산인데, 그 금액이 6596억 달러로 나오죠. 우리나라는 대외 채무보다 대외 채권이 많습니다. 순 대외 채권국이죠. 한국이 순 대외 채권국이 된 것은 2014년이라는 이야기도 실려 있습니다. 외환보유고 외에도 국내 투자자들이 보유한 달러 자산 역시 상당하다는 점, 이 또한 과거 외환위기 당시와 달라진 점 중 하나로 볼 수 있습니다.

16일 한국은행 국제투자대조표에 따르면 2021년 말 기준 우리나라 대외 금융자산은 2조 1784억 달러다. 이는 1999년(1571억 달러)에 비해 13.9배 늘어난 규모다. 지분 투자를 포함한 직접 투자, 주식, 채권, 파생금융상품 등 대외 자산에 대한 투자가 늘어난 결과다. 외국 유학 등으로 송금도 늘면서 외환 거래에 대한 수요는 증가하는 추세다. (중략) 우리나라는 2014년부터 대외 금융자산이 대외 금융채무보다 많은 순 대외 채권국으로 돌아섰다. 더는 자본 부족 국가가 아닌 것이다.

《연합뉴스》, 2023. 1. 16

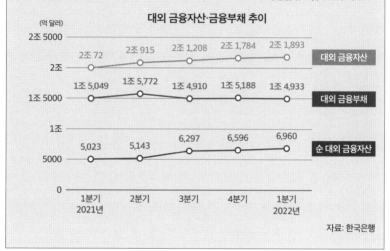

대외 금융자산·금융부채 추이

(억 달러)	1분기 2021년	2분기	3분기	4분기	1분기 2022년	
대외 금융자산	2조 72	2조 915	2조 1,208	2조 1,784	2조 1,893	
대외 금융부채	1조 5,049	1조 5,772	1조 4,910	1조 5,188	1조 4,933	
순 대외 금융자산	5,023	5,143	6,297	6,596	6,960	

자료: 한국은행

안전자산으로 격상한 우리나라 국채

우리나라가 어느 정도 달러를 보유하고 있는지의 관점에서 과거와 현재의 차이점을 설명해 드렸습니다. 조금 시각을 달리해서 외국 투자자들이 우리나라 투자에 대해 어떤 관점을 갖는지, 특히 우리나라 국채 투자에 어떤 관점을 갖는지에 대해 살펴보는 것도 필요할 듯합니다. 외환위기, 혹은 금융위기 당시와 비교해 보면 우리나라 국채의 위상이 크게 달라졌기 때문이죠.

일반적으로 국채는 안전자산에 속합니다. 그렇지만 신흥국 중에서도 저개발국 혹은 외환위기의 가능성이 있다고 여겨지는 국가들의 국채는 외국 투자자들에게 안전자산으로 보이지 않을 겁니다. 그렇다면 한국 국채는 어떨까요? 외환위기를 겪었던 바 있는 국가의 국채이기에, 미국이나 유럽 등의 선진국 국채에 비해 아무래도 부족하다는 평가를 받지 않을까요? 실제로 2000년대 후반까지만 해도 한국 국채는 안전자산으로 평가 받기에 다소 부족하다는 인식이 있었습니다. 그렇지만 2008년 글로벌 금융위기와 2011년에 유럽 재정위기를 거치면서 한국 국채에 대한 인식이 바뀌게 됩니다.

2008년 글로벌 금융위기 이후 전 세계는 불황과 저성장의 늪에 빠져들게 되죠. 금융위기로 인한 충격이 일정 수준 해소가 되었어도 기존에 지고 있던 과도한 빚으로 인해 강력한 성장을 기대하기에는 매우 어려운 상황이었습니다. 이런 상황을 타개하고자 정부가 빚을 내서 빌려 온 돈으로 경기 부양에 나서죠. 그렇지만 무리한 경기 부양으로 인해 정부의 부채가 크게 늘어나게 됩니다. 그리고 정부가 부채를 해결할 수 없는 상황에 몰리게 될 때 국가의 재정위기가 발생하게 되죠. 유럽의 주요국들, 특히 그리스, 포르투갈, 스페인, 이탈리아, 아일랜드 등이 이런 국가들에 해당되었고, 재정위기의 파고가 컸던 만큼 유럽 국가들의 국채 위상은 크게 하락했습니다.

우리가 국채 투자를 하는 투자자라고 가정해 보죠. 재정위기를 겪은 국가가 있다면 아무리 기존에 선진국에 속해 있었다고 하더라도 투자하기 싫어지지 않을까요? 그리고 금융시장이 혼란스러워서 안전한 자산을 찾으려고 할 때 이렇게 부채로 인해 홍역을 치루었던 국가들의 국채를 보유하고 싶을까요? 당연히 피하게 될 겁니다. 문제는 금융위기 이후 풀려나온 유동성, 즉 국채 투자자금은 풍부한데 이 돈을 투자할 수 있는 안전한 국채를 찾기가 참 어려워졌다는 겁니다. 전통 있는 선진국이어서 묻지도 따지지도 않고 투자하던 유럽 국채가 송두리째 흔들렸으니까요. 그때 새로운 국가의 국채가 눈에 들어온 거죠. 다른 국가에 비해 재정 적자가 크지 않습니다. 그리고 2022년 들어 무역 적자를 내긴 했지만 상당히 오랜 기간 무역 흑자를 통해 달러 벌이를 하고 있죠. 달러 저축도 많이 쌓아두어서 외환보유고가 세계 9위 수준입니다. 단기외채도 외환보유고에 비해 그리 크지 않은 편이고, 순 대외 채권국입니다. 달러 현금을 많이 쌓아둔 국가인 만큼 부도의 위험이 크지 않아 보이고요. 꽤 구미가 당기지 않을까요? 네, 이 국가의 이름이 바로 '대한민국'이죠. 우리나라의 국채 위상이 2010~2012년 있었던 유럽 재정위기 이후 크게 개선된 겁니다. 그리고 글로벌 안전자산으로서의 지위를 얻게 되었죠. 즉, 글로벌 금융시장이 불안할 때 한국 국채 쪽으로 자금이 밀려 들어오게 되는 겁니다.

'국채가 안전자산이면 무엇이 좋을까?' 하는 궁금증이 생기실 겁니다. 금융위기 등의 상황이 벌어진 상황에서 A국을 예로 설명해 보죠. 금융위기 상황에서는 외국 투자자들이 위험한 자산들을 매각하고 본국으로 황급히 도망치는 경향이 생겨나곤 합니다. 불확실성이 큰 상황에서는 안전하지 않은 자산을 보유했을 때 큰 손실을 볼 가능성이 높아 두려움이 커지기 때문입니다. 외국 투자자들이 이탈하려고 할 때 이들의 이탈을 막기 위해서는 더 높은 금리를 제공해 주는 수밖에 없습니다. A국이 자신들의 금리를 더 높여줄 테니까 이탈하지 말아달라고 제안하는 거죠. 위험하더라도 그 위험을 안고 기다렸을 때의 보상이 높아지면 투자자들이 머물러 있을 유인이 생겨나겠죠. 이런 원리로 외국 투자자들이 이탈하려고 할 때는 국채금리를 비롯한 대부분의 국내 금리가 함께 밀려 올라갈 가능성이 높습니다. 경제도 어려운데 금리도 높아집니다. 살인적인 고금리가 이어지게 되면 A국이 이런 어려운 상황에서 회복할 가능성은 더욱 낮아지게 되겠죠.

여기서 체크할 포인트가 하나 있습니다. A국 국채금리가 올라갔죠. 만약 A국의 국채가 안전자산이라면 어떤 일이 벌어질까요?

위험한 상황이지만 안전자산인 A국 국채를 사고자 하는 외국 투자자의 수요가 늘어나게 됩니다. 이탈보다는 되려 자금이 유입되는 경향이 나타나는 것이죠. 그러면 앞의 케이스와는 달리 굳이 금리를 크게 올려주지 않아도 됩니다. 또한 외국 자금이 유입되면서 달러 공급이 이어지게 되니 환율 역시 과거보다 안정적인 흐름을 보이겠죠. 환율과 금리가 안정되는 만큼 어려운 상황에서도 이후의 빠른 회복을 기대해 볼 수 있는 겁니다. 한국의 국채가 안전자산 대접을 받으면 위기 상황에서 상당한 이점이 생기는 거죠. 그리고 유럽 재정위기 이후 우리나라 국채도 안전자산 대접을 받을 정도로 그 위상이 높아졌습니다. 잠시 관련 기사를 인용합니다.

> • '격세지감' 외풍에 약한 韓 국채 위기서 빛났다
>
> 지난 8월 이후 세계 금융시장에서 태풍의 핵으로 떠오른 유럽 재정위기가 한국 채권시장에는 기회가 됐다. 한국 국채는 상대적으로 높은 국가 재정 건전성과 크게 늘어난 외화보유액을 바탕으로 투자처를 잃은 외국 자금을 끌어들이고 있다. 1997년 환란을 겪을 정도로 대외 변수에 취약한 한국 경제의 체질이 과거와 크게 달라졌음을 보여주는 대목이다. (중략)
>
> 대외 불확실성이 커지면 안전자산을 선호하기 마련이다. 따라서 이번 위기 상황에서 한국 국채는 상대적으로 안전한 자산으로 투자자들의 평가를 받은 셈이다. 유럽 국가들이 재정난에 허덕이자 재정 위험이 덜한 한국이 주목받은 것으로 분석된다.
>
> 한국은 2008년 글로벌 금융위기 이후 외화보유액이 늘어난 데다 통화 스와프 조치로 유동성을 충분히 확보한 상태다. 재정 건전성도 유럽 국가나 상당수 아시아 국가에 비해 탄탄한 편이다. 국가별 국내총생산(GDP) 대비 정부부채 비율은 한국이 32.02퍼센트로 일본(233.1퍼센트), 프랑스(86.81퍼센트), 독일(82.64퍼센트), 이탈리아(121.06퍼센트) 등에 비해 현저히 낮다.
>
> 《연합뉴스》, 2011. 11. 21

2011년 11월 21일 기사인데요, 당시 글로벌 금융시장은 유럽 재정위기의 파고에 휩쓸리고 있었죠. 유럽 국채 시장이 크게 흔들리는 데 비해 한국 국채 시장으로는 외국 자금의 유입이 이어지면서 상대적으로 안정적인 흐름을 이어갔습니다. 인용문의 두 번째 문단을 보시면, 유럽 재정위기로 인해 상대적으로 재정 위험이 덜한 한국이 주목을 받는다는 이야기가 나오죠.

세 번째 문단에서는 한국의 재정 건전성을 확인할 수 있습니다.

한국의 부채 비율은 GDP 대비 32퍼센트로 다른 선진국들, 특히 일본이나 이탈리아에 비해 상당히 낮다는 점을 알 수 있죠. 외국 투자자들이 한국의 국채를 선호하게 된 이유로 볼 수 있습니다. 비슷한 맥락의 기사를 하나 더 인용합니다.

> 글로벌 금융위기가 원화 국채시장 성장의 시발점이 됐다는 분석이 나왔다. 자본시장연구원은 11일 '글로벌 금융위기 이후 국채시장의 변화와 향후 과제'라는 제목의 보고서를 통해, 세계 경제의 저성장과 선진국의 신용등급 하락 속에 상대적으로 원화 국채가 안전자산으로 주목받고 있다고 밝혔다.
>
> 보고서에 따르면 국채발행시장은 금융위기 이후에도 꾸준히 성장해 올해 10월까지 국고채 발행 잔액은 364억 원으로 1999년 국고채 발행 이후 10배가 넘는 양적 성장을 이뤘다. 특히 장외시장은 연간 거래량이 2007년 1102조 원에서 지난해 3045조 원으로 늘어났다. (중략)
>
> 그는 "특히 금융위기 이후 우리나라의 재정 건전성과 신용등급 상승을 바탕으로 국제금융시장에서 원화 국채는 안전자산의 지위를 얻게 됐다"면서 "2006년 말 4조 원에 머물던 외국인 투자자의 국채 보유금액이 올해 10월에는 62조 원으로 증가했다"고 말했다.
>
> 《헤럴드경제》, 2012. 12. 11

마찬가지로 유럽 재정위기가 한창이던 2012년 12월에 나온 기사입니다. 자본시장연구원의 보고서 내용을 보도한 것인데, 글로벌 금융위기와 같은 거대한 충격 이후 한국의 국채시장이 글로벌 안전자산으로 주목받게 되었다고 하죠. 두 번째 문단에서 한국의 국채 발행량이 크게 늘어나는 등 양적 성장을 이루었음을, 세 번째 문단에서는 외국 투자자들의 선호도가 높아졌음을 확인할 수 있습니다. 한국이 국채 발행을 늘리면서 돈을 빌리려 해도 글로벌 투자자들의 반응이 좋지 않다면 국채 발행 자체를 늘릴 수 없었겠죠. 양적 성장이 빠르게 일어났다는 점과 외국 투자자들의 보유 금액이 크게 늘었다는 기사 내용은 한국 국채를 바라보는 외국 투자자들의 시각이 크게 변했음을 의미합니다.

물론 한국 국채가 글로벌 안전자산으로 확고히 자리매김했다고 확언할 수는 없을 겁니다. 이후 우리나라 경제가 부진하거나 예상하지 못한 충격이 찾아오게 되면 한국 국채의 위상 역시 악화될 수 있습니다. 다만 최근 한국 국채의 위상이 1997년 외환위기 당시보다 훨씬 더 높다는 점은 단기적인 외환위기의 가능성을 낮춰주는 요인이라고 볼 수 있을 겁니다.

불가능한 삼위일체, 새롭게 선택한 두 가지 요소

외환위기 당시에 비해 크게 높아진 외환보유고와 낮아진 단기외채 비율, 2014년 이후 획득한 순 대외 채권국 지위, 그리고 한국 국채의 위상 변화 등은 한국의 외환위기 가능성을 낮춰주는 요인입니다. 마지막으로 한 가지를 더 짚어볼까 하는데요, 앞의 챕터에서 불가능한 삼위일체를 설명했던 것 기억하시죠? 대부분의 국가들은 자유로운 자본 이동, 안정적인 환율(고정환율), 독자적인 통화 정책의 세 가지 중 두 가지밖에 선택할 수 없다는 이론이었죠. 외환위기 이전 한국은 안정적인 환율을 선택하면서 국가가 환율의 레벨을 관리하는 관리변동환율제를 채택하고 있었고, 독자적인 통화 정책 기조를 이어가면서 상대적인 고금리를 유지했습니다. 대신 '자유로운 자본 이동'을 선택하지 못했었죠.

지금은 불가능한 삼위일체 중 무엇을 선택하고 있을까요? 직관적으로도 '자유로운 자본 이동'이 가능해졌음을 알 수 있습니다. 그리고 한국은행은 국내의 경기 상황을 감안하여 기준금리를 인상하거나 인하하고 있죠. 독자적인 통화 정책을 채택하고 있는 겁니다. 그렇다면 무언가 하나를 포기했겠죠. 네, '안정적인 환율'을 포기했습니다. 기존의 관리변동환율제를 폐지하면서 변동환율제로 전환한 것이죠. 결론적으로 '자유로운 자본 이동'과 '독자적인 통화 정책'을 취하는 대신 '안정적인 환율'을 포기하고 변동환율제를 택하게 된 겁니다.

환율이 시장의 상황에 따라서 계속해서 변합니다. 그렇다면 과거 관리변동환율제처럼 국가에서 일정 환율을 정해놓고 그 환율을 지키기 위한 환율방어를 할 필요가 있을까요? 물론 변동환율제하에서도 환율방어를 하는 경우들이 있습니다. 환율이 한쪽 방향으로 너무 빠르게 쏠려갈 때는 환율방어에 나서야겠죠. 그렇지만 고정환율제를 택했을 때처럼 외환보유고를 크게 소진하면서까지 사력을 다해 환율의 상승을 막는 그런 형태의 환율방어와는 다를 겁니다.

미국이 금리를 올린다고 합니다. 우리나라는 독자적인 통화 정책을 유지해야 하니, 한국 내 경기 상황을 보면서 금리 인상을 진행하지 못하죠. 그러면 미국 금리가 한국 금리보다 높아질 수 있고, 더 많은 이자를 주는 미국 달러화를 찾아서 자금이 빠져나갈 수 있습니다.

일부 외국 투자자들이 원화를 팔고 달러를 사서 이탈할 것이고 그 과정에서 달러 환율이 뛰어오르겠죠. 관리변동환율제라면 이때 외환보유고를 허물면서 환율방어에 전념할 수밖에 없을 겁니다. 이런 대응 과정에서 외환보유고의 급감과 함께 외환위기의 가능성을 높일 수 있죠. 그러나 변동환율제하에서라면 그냥 환율의 상승을 받아들이면 됩니다. 다만 너무 빠른 환율의 상승 속도 정도만 제어해 주면 되겠죠. 그래서 '미국이 한국보다 높게 금리를 인상하면 큰 문제가 될 수 있는 것 아니냐'는 질문에 한국은행 이창용 총재는 다음과 같은 답변을 한 것입니다. 잠시 인용합니다.

> 이창용 한국은행 총재는 23일 최근의 원·달러 환율 상승세와 관련해 "1300원이나 1400원 등 특정 수준에 의미를 두고 있지 않다"고 말했다. (중략) 이 총재는 "특정 수준을 타깃(목표)하기보다 이번 불확실성 속에서 쏠림 현상이 나타나거나 변동성이 커지면 금융시장 안정과 물가 영향 등을 고려해 조치를 취할 예정"이라고 강조했다.
>
> 그는 한미 금리차와 관련해 "변동환율제하에서 특정 적정 수준은 없다"면서 "기계적으로 몇 퍼센트포인트면 위험하거나 바람직하다는 것은 없다. 격차가 너무 벌어지면 변동 요인이 될 수 있으니 고려하는 것"이라고 설명했다. 금리차가 벌어지면 환율 절하를 어느 정도 용인할지, 외환보유고로 쏠림 현상을 막을지, 금리 대응이 좋을지 등 모든 옵션을 놓고 정교하게 통화 정책을 결정하는 것이 한은 금통위의 임무라는 것이다.
>
> 《연합뉴스》, 2023. 2. 23

'환율에 목표 수준이 없다'라는 의미의 코멘트가 첫 문단에 나옵니다. 관리변동환율제와는 다르죠. 급격한 환율의 쏠림이 나타날 때에는 또 다른 부작용의 가능성이 있는 바, 이때는 환율방어 등의 방법을 고민해 보겠다는 설명이 이어지죠. 두 번째 문단의 핵심은 '변동환율제하에서 특정한 (환율의) 적정 수준은 없다'는 겁니다. 환율방어를 위해 달러를 엄청나게 소진하거나 혹은 자본 유출을 막기 위해 우리나라 상황이 좋지 않더라도 미국만큼 금리를 끌어올릴 필요가 없다는 이야기죠. 불가능한 삼위일체를 구성하는 요소가 외환위기 당시와는 달라졌다는 점에 주목할 필요가 있습니다. 과거 관리변동환율제와는 사뭇 달라진 지금의 변동환율제, 잠시 그래프를 보면서 그 변화를 느껴보시죠.

그래프 6 **달러·원 환율 추이(1990~2023년)**

(출처: 블룸버그)

1990년부터 2023년 초까지의 달러·원 환율 흐름을 그려보았습니다. 자주색 점선 박스 안에서는 1990년대 관리변동환율제하의 환율 흐름을 보실 수 있죠. 외환위기 이후 도입된 변동환율제하에서 환율의 떨림이 보다 뚜렷하게 나타나는 것을 확인하실 수 있습니다.

과거와는 상황이 사뭇 달라졌다는 이야기를 조금 길게 풀어보았습니다. 마지막으로 이런 반론이 가능하실 수 있다고 봅니다. 우리가 아무리 충분히 준비했다고 해도 외국인들, 특히 1997년 우리나라에 구제금융을 집행했던 IMF는 우리나라의 현재 상황에 대해 어떻게 판단하는지 그게 더 중요한 것 아니겠는가 하는 반론이겠죠. 2022년 10월 방한했던 IMF 아시아 태평양 지역 국장인 크리슈나 스리니바산(Krishna Srinivasan)이 했던 관련 코멘트를 인용해 봅니다.

> 국제통화기금(International Monetary Fund, IMF)이 한국은 금융위기에 충분한 대응 능력이 있다고 평가했다. 다만 국내총생산(Gross Domestic Product, GDP) 대비 정부 부채가 60퍼센트를 넘지 않도록 관리하는 안정적인 재정 운용 노력이 중요하다고 지적했다. (중략)
> 한국이 1997년과 같은 경제위기 가능성이 있느냐는 기자들의 질문에 대해서는 "한국은 GDP 대비 외환준비금이 1997년 4퍼센트에서 25퍼센트로 확대된 상황이며 단기부채를 커버할 수 있는 커버리지도 30퍼센트에서 3배로 늘었다. 경상수지도 예전 적자에서 지금은 흑자이고 순 대외 채권국으로 달라졌으며 금융 부문 또한 회복력이 견고하다"면서 "전체적으로 우량하다고 본다"고 평가했다.
> 그는 "한 가지 주의할 점은 공공 부채가 GDP 대비 55퍼센트로 누증된 점"이라며 "정부 부채가 GDP 대비 60퍼센트를 넘지 않도록 정부 부채를 관리하는 정책을 강화하고 운용하는 것이 중요하다. 재정 정책은 예산에 미치는 영향을 중립적으로 관리하고 통화 정책을 뒷받침하도록 운용해야 한다"고 강조했다.
>
> 《조세일보》, 2022. 10. 25

핵심은 두 번째 문단에 있습니다. 한국이 1997년과 같은 위기 가능성이 있느냐는 질문에 외환준비금(외환보유고)이 상당히 많다는 점, 그리고 단기부채(단기외채) 문제도 과거와는 사뭇 다르다는 점을 설명하고 있습니다. 그리고 순 대외 채권국이라는 점도 함께 강조하고 있죠. 이번 챕터를 앞에서부터 꼼꼼히 보셨다면 해당 코멘트를 충분히 이해하실 수 있으리라 생각합니다.

그렇지만 첫 문단과 세 번째 문단에 나와 있는 것처럼 우리나라의 문제를 날카롭게 지적하는 부분도 간과해서는 안됩니다. 한국이 양호한 것은 맞지만 국가 부채가 계속해서 빠르게 늘어나는 것에 대해서는 경계를 해야 한다는 점을 강조하고 있죠. 다른 나라 대비 국가 부채가 양호하다는 점이 한국의 장점 중 하나입니다. 그런 장점이 사라진다면 지금과는 다른 상황이 나타날 수 있겠죠.

여섯 챕터를 통해 한국의 외환위기에 대해 살펴봤습니다. IMF 외환위기는 1997년 말 한국 경제를 강타했죠. 물론 조속하게 IMF에서 빌려 온 돈을 상환하면서 다른 국가들보다 빠르게 외환위기에서 빠져나온 것은 고무적이지만 상당히 깊은 상흔이 남았다는 점을 첫 번째 챕터에서 말씀드렸습니다. 엔화가 강세를 보이고 반도체 가격의 호황은 사라지지 않을 것 같았습니다. 그러나 10년 동안 강세를 이어가던 엔화가 갑작스레 약세로 전환했고, 더욱더 성장을 이어갈 것이라 예상했던 반도체 시장이 크게 위축되기 시작했죠. 1995년에서 1996년으로 넘어가는 그 시기에 과거와는 다른 큰 단절이 나타났던 겁니다. 해당 내용은 두 번째와 세 번째 챕터에서 다루어 봤습니다.

엔화 약세와 반도체 가격 하락 속에 한국의 수출은 부진했죠. 장사가 잘되지 않아도 빚만 없으면 어떻게든 버틸 수 있는데, 문제는 빚을 크게 늘려놓았다는 겁니다. 그냥 빚도 아니고 달러 빚을 늘렸다는 점, 그리고 그 달러 빚도 장기로 빌려와서 편안하게 쓸 수 있는 게 아니라 단기로 빌려서 갚아야 할 날짜를 세면서 전전긍긍할 수밖에 없었던 것이 문제였죠. 단기외채가 크게 늘어난 원인에 대해서 네 번째, 다섯 번째 챕터에서 설명했습니다.

마지막 챕터에서는 외환위기가 재발할 가능성이 있는지에 대한 이야기를 해봤습니다. 과거 대비 튼튼해진 한국 경제의 펀더멘털과 제도 변화 등을 짚어보면서 1997년의 상황이 단기에 되풀이되지는 않을 것 같다는 결론을 제시했죠.

거대한 트라우마로 남았던 외환위기, 커다란 위기를 겪었던 만큼 우리나라는 그에 대한 보완과 대비를 많이 해왔습니다. 그러나 위기는 방심 속에서 싹트는 것 아닐까요? 안전하다고 너무 방만하게 생각하면 또 다른 균열이 생길 수 있습니다. 꾸준한 경계감을 가지는 게 중요할 것 같습니다. 다음 장에서는 닷컴 버블 이야기를 해보죠. 외환위기 편을 여기서 마치겠습니다.

HISTORY

OF THE

제오장

닷컴 버블

CRISIS

07

닷컴 버블의 서막

끓어오르는 주식시장에 기름 붓는 연준

2000년 인식 오류(Y2K)로 금융 대란,
대재앙 우려

- 전 세계 금융 전산망 마비
- 원자력 발전소 통제 불능
- 여객기 추락
- 핵무기, 핵폭탄 발사

LTCM 파산으로 미국 금융시장이 무너질 수 있으니 금리를 인하해야겠군.

앨런 그린스펀
Alan Greenspan
(당시 연준 의장)

와아!!! 금리 인상 없대!! 투자하기 최적의 환경이다! 주식 투자하러 가자!

친구야, 주식해야 성공한다

대학 시절, 미국 연준이 기준금리 인상에 실패하자 과열되었던 주식시장은 더욱 폭주하기 시작했다.

요즘 좋아 보인다.

나 요즘 주식하거든. 벌써 몇 백 벌었어! 너도 주식 사.

으쓱

주식?

우리 세대는 주식 투자를 해야지, 안 그러면 절대 부유해질 수가 없다니까?

1997~1998년에는 불안감이 매우 컸지만 1999~2000년에는 사뭇 그 분위기가 바뀌었던 기억이 납니다. 저는 대학을 졸업하고 군대를 갔기 때문에 4학년이었던 2000년까지 학교 생활을 하고 있었죠. 당시 약간 얼리버드 기질이 있고 똑똑한 친구들은 주식 투자에 열을 올리곤 했습니다. 한번은 친구와 저녁에 맥주 한잔을 마셨는데, 그 친구가 주식 투자에 대해 어떻게 생각하느냐는 질문을 던지고는 일장 연설을 시작했던 기억이 납니다. 자신은 학생이지만 주식으로 벌써 수백만 원을 벌었다는 이야기였죠. 그리고 우리 세대는 주식 투자를 하지 않으면 절대 부유해질 수 없다는 마지막 강조 포인트까지 곁들였습니다. 주식에 대한 막연한 두려움이 있었기에 공감은 하지 못했지만 그래도 주식 투자라는 것이 무엇인지 알아야겠다는 생각을 했고, 정말 재미없지만 경제 신문을 읽으려는 시도를 몇 차례 했던 기억이 납니다.

2000년으로 넘어와서 기억나는 것은 Y2K입니다. 1999년에서 2000년으로 바뀌면서 여러 가지 전산이나 데이터 체계 등이 예상하지 못한 충격을 받을 수 있다는 두려움이 있었습니다. Y2K로 인해 날고 있던 항공기에 문제가 생길 수도 있고, 은행의 예금에도 문제가 생길 수 있고……. 어떻게 들으면 정말 종말론 같은 느낌이었죠. 다만 저는 Y2K보다는 노스트라다무스의 예언이 훨씬 두려웠습니다. 1999년 말에 인류가 멸망한다는 내용의 예언이었는데요, 당시 한 다큐멘터리에서 그의 예언을 다룬 적도 있었죠. 그 외에도 당시 개봉했던 영화들 중에는 지구에 운석이 충돌하는 등 종말론적인 내용을 담은 영화들이 흥행을 하곤 했습니다.

노스트라다무스의 예언이 금융시장에 어느 정도 영향을 주었는지는 잘 모르겠지만 앞서 말한 두 가지, 즉 많은 개인투자자와 Y2K는 당시 주식시장의 붐에 상당한 영향을 주었습니다. 그리고 주식시장의 붐, 그 정점에 닷컴 버블이 있었습니다.

우리나라 외환보유고 증가와 금리 인하의 시작

외환위기가 우리나라에 준 충격은 상당했습니다. IMF는 우리나라에 대규모 달러 구제금융을 제공하는 대가로 기업과 금융권에 대한 강력한 구조조정과 고금리 정책을 주문했죠. 구조조정은 부채로 인해 파산해 가는 수많은 기업들을 정리하면서 자본의 효율성을 높이는 데 필요한 조치였습니다. 고금리 정책은 한국에서 이탈했던 외국인 투자자금을 다시금 끌어모으려는 의도를 담고 있었죠. 물론 이렇게 강한 구조조정 및 고금리 정책이 당시 우리나라 위기 상황에 올바른 처방이었는지는 논란의 여지가 있습니다만 (개인적으로는 당시 IMF의 주문이 조금 과했던 것이 아닌가 싶습니다) 이 덕분인지는 몰라도 한국의 외환위기 상황은 다른 국가 대비 빠른 속도로 개선되었죠.

1997년 말 IMF로부터 구제금융을 받은 이후 바로 진행되었던 것이 외채 연장이었습니다. 당시 단기외채의 규모가 워낙에 컸던 만큼 한국이 보유하고 있던 외환보유고와 IMF에게 구제금융으로 받은 달러 자금으로도 커버하기가 쉽지 않았죠. 다행스러운 것은 1998년 1분기에 우리나라는 단기외채의 만기를 일정 수준 길게 연장하는 합의를 하게 됩니다. 당시 기사를 인용해 보죠.

> • 단기외채 2백 14억 불 95% 중장기채로 만기 연장
> 《연합뉴스》, 1998. 3. 13

당장 수개월 내에 갚아야 하는 대출을 중장기대출로 연장시키게 되면 달러 빚 갚는 부담이 크게 줄어들게 되겠죠. 외채도 문제지만 단기외채는 더욱 큰 문제니까요. 적어도 '단기'라는 단어는 어느 정도 해소할 수 있었죠. 높은 금리가 유지되고 있는 상황에서 단기외채 부담으로 인한 한국의 국가 부도 리스크가 낮아지게 되자 외국 투자자들이 유입되기 시작합니다. 달러 자금이 외국에서 들어오게 되는 거죠. 달러의 공급이 많아지자 달러 가치가 하락하게 되면서 달러당

2000원에 육박했던 환율이 달러당 1500원 이하로 떨어졌습니다. 환율의 하락, 즉 달러 약세 및 원화 강세가 나타났던 겁니다.

> **• 환율 하락 금리 인하 기대감 증폭**
>
> 환율이 1400원대로 내려가며 금리 인하에 대한 기대감이 다시 한번 높아지고 있다. 환율은 이달 초까지만(1998년 3월 초) 해도 1600원대 중반에 머무르고 있었지만 지난주부터 꾸준한 하향 추세를 보이며 1500원대 초반으로 물러섰고 16일에는 올 들어 처음으로 1400원대 중반 가까이 떨어져 국제통화기금(IMF)을 상대로 한 정부의 금리 인하 협상 노력에 가속도를 붙게 했다.
>
> 시장 관계자들은 최근 환율의 하향세가 시장 수급 상황의 개선에서 비롯된 것이라고 밝히고 있다. 다시 말해 수요보다 공급이 많은 공급 우위 현상이 나타나고 있다는 이야기다. 이처럼 시장의 수급 상황이 좋아진 것은 연초 이후 외국인의 주식, 채권 투자자금이 꾸준히 유입돼 지금까지 그 규모가 40억 달러에 이른 데다가 무역수지도 4개월째 흑자를 기록하고 있기 때문이다.
>
> 이와 함께 지난 1월 뉴욕 외채협상이 타결된 후 금융기관들의 단기외채가 대부분 만기 연장됨으로써 금융기관들의 외화 사정이 호전돼 시장에서의 외화 조달이 줄어들었고 급박한 외환위기를 벗어났다는 인식에 따라 기업들의 달러 가수요도 축소된 것으로 분석되고 있다.
>
> 《연합뉴스》, 1998. 3. 16

외국 투자자들 입장에서는 원화 가치가 안정되는 것이 매우 중요하겠죠. 원화 가치가 계속 불안한 모습을 보이게 된다면 달러를 사서 도망치고 싶은 충동을 더 크게 느끼게 될 겁니다. 그런데 한국으로 외국 자금이 유입되면서 원화 가치가 빠른 속도로 안정이 되자 외국 투자자들이 도망칠 우려가 어느 정도 사라졌겠죠. 그럼 굳이 살인적인 고금리를 유지할 필요가 없었을 겁니다.

인용한 기사의 첫 문단을 보시면 우리나라가 IMF를 상대로 금리 인하 협상, 즉 어느 정도 외국인 자금 유출 우려도 완화가 되었으니 금리를 조금 낮추자는 협상을 할 것임을 말하고 있죠. 두 번째 문단 과 세 번째 문단이 보다 중요한데요, 외국인의 자금 유입도 있었지만 당시 환율이 크게 상승하면서(원화의 약세) 무역 흑자가 되며 한국으로 의 달러 유입이 가속화된 면도 함께 봐야 합니다. 그리고 앞서 설명 한 단기외채가 만기 연장되면서 한국 외환위기에 대한 우려가 일정 수준 줄었다는 점도 환율의 하락에 큰 기여를 했다고 나와 있죠. 무 역 흑자가 언급되었는데요, 관련 기사를 추가로 보겠습니다.

- 2월 무역 흑자 32억 弗로 사상 최대

《연합뉴스》, 1998. 3. 2

- 상반기 중 무역 흑자 2백억 달러 돌파 전망

《연합뉴스》, 1998. 5. 19

작년 무역수지가 사상 최대인 400억 달러의 흑자를 기록했다. 산업자원부 는 2일 지난해 한 해 동안의 수출액은 전년보다 2.3퍼센트가 감소한 1330억 달러를, 수입액은 35.7퍼센트가 줄어든 930억 달러를 각각 기록해 400억 달 러의 무역 흑자를 시현했다고 발표했다.

《연합뉴스》, 1999. 1. 2

1998년 3월부터 무역 흑자가 사상 최대로 늘어났습니다. 1998년 5월에는 상반기 중 무역 흑자가 200억 달러를 넘어설 것이라는 장 밋빛 전망이 나옵니다. 1999년 1월의 기사를 보시면 1998년에 연간 400억 달러의 흑자를 기록했다고 나오는데요, 가장 큰 이유는 당시 환율이 높아졌기 때문이죠. 원화가 약세를 보이면 한국 제품의 가격이 저렴해지고, 수출이 힘을 낼 수 있습니다. 다만 원화 약세에도 불구하고 글로벌 경기 둔화 우려가 컸기에 수출은 되려 전년 대비 2퍼센트 정도 소폭 감소했죠. 핵심은 수입의 급감입니다. 환율이 높아진만큼 외국에서 수입되는 달러 표시 물건의 가격이 비싸졌겠죠. 한국의 내수 사정이 불안한데 환율 상승으로 수입 물가까지 큰 폭으로 상승하니 외국 수입이 크게 줄어들게 됩니다. 수출은 2퍼센트 정도 줄었는데 수입이 35퍼센트가량 급감하면서 한국은 400억 달러의 무역흑자를 기록할 수 있었죠. 수출이 늘어서가 아니라 수입이 줄어서 흑자가 나는 케이스를 불황형 흑자라고 하며 폄하하는 이들도 있지만, 그래도 흑자는 흑자입니다. 귀한 달러 자금이 유입되는 것이죠. 이렇게 유입된 달러 자금은 한국의 외환보유고를 살찌우는 데 도움을 주었습니다. 관련 기사 제목들을 한번 볼까요.

• 가용 외환보유고 300억 달러 돌파

《연합뉴스》, 1998. 5. 6

• 가용 외환보유액 400억 달러 육박

《연합뉴스》, 1998. 8. 3

• 가용 외환보유액 500억 달러 돌파

《연합뉴스》, 1999. 2. 1

한국의 외환보유고는 1998년을 지나 큰 폭으로 증가하면서 불안한 수준에서 빠르게 벗어났습니다. 무역적자가 줄어들게 되고 외환

보유고가 증가합니다. 달러를 꾸준히 벌어들이고 있는 데다가 쌓아 둔 달러가 많아지죠. 단기외채도 상당 수준 장기외채로 전환됐습니다. 국내 달러 자금이 늘어나게 되면 한국의 외환위기 가능성은 빠르게 줄어들게 되겠죠. 외환위기 상황 역시 예상보다 빠른 속도로 개선되었습니다.

뒤에서 이야기하겠지만 1998년 하반기 들어 미국은 LTCM이라는 헤지펀드의 파산 및 러시아 사태 이슈에 대응하기 위해 기준금리를 인하하기 시작했습니다. 한국은 IMF 사태 이후 높은 금리를 유지하고 있었습니다. 그리고 이런 높은 금리로 인해 외국 자본 유입이 크게 늘었고 환율도 안정되었죠. 이런 상황에서 미국의 금리가 낮아지게 됩니다. 한국의 금리는 상대적으로 높은데, 미국의 금리가 낮아지게 되면 높은 금리를 노리고 들어오는 외국 투자 자본의 영향으로 한국으로 달러 유입이 늘어나게 되지 않을까요?

국내 달러 공급이 늘어나면 달러 약세 및 원화 강세(달러·원 환율 하락)가 두드러지게 될 겁니다. 문제는 환율이 너무 낮아지게 되면(원화가 너무 강세를 보이면) 한국의 수출이 어려워질 수 있죠. 내수를 부양하기 위한 차원에서도, 과도한 원화의 강세를 막기 위한 차원에서도 기준금리 인하를 단행할 필요가 있었습니다. 이에 한국은행도 미국에 발맞추어 기준금리 인하 스탠스를 이어가게 됩니다. 관련 기사 보고 가시죠.

> 　한국은행의 금리 인하 방침은 크게 환율 안정과 경기 조기 회복에 초점
> 이 맞춰져 있다. 다시 말해 시장금리 하락을 적극 유도해 원·달러 환율의 과
> 도한 하락을 억제함으로써 수출 경쟁력 약화 등 부작용을 해소하고 실물경
> 제 회복을 빨리 이끌어 내겠다는 의도다.
> 　한은은 그동안 미국 등 선진국의 단기금리 인하에 따라 우리나라도 이에
> 맞춰 금리를 내려야 한다는 주장이 많았지만 금리가 사상 최저치인 수준에
> 서 이를 더욱 낮출 경우 외국 자본이 빠져나갈 것이라는 우려로 금리 인하
> 에 신중한 모습을 보였다.
> 　그러나 최근 원·달러 환율이 달러당 1150원대까지 추락하는 등 원화 가
> 치 절상에 따른 부작용이 국가 경제적 위기 문제로 대두돼 더이상 금리 인
> 하를 늦출 수 없게 됐다.
>
> 《연합뉴스》, 1999. 1. 7

네, 이렇게 빠른 호조세가 이어지면서 한국은 신속히 IMF로부터 차입한 달러 자금을 모두 상환하고 IMF 체제를 빠르게 졸업하게 됩니다. 하지만 IMF로부터 빌려온 차관을 모두 상환했다는 의미이지, 외환위기 충격 이전의 모습으로 되돌아갔다는 의미는 아닙니다. 앞서 외환위기가 한국 경제에 씻을 수 없는 상흔을 남겼다는 점을 설명했는데요, 외환위기의 충격으로 우리나라 역시 고성장기를 마감하고 저성장·저물가의 시기로 접어들게 되었습니다. 또한 거시 경제적 변화의 차원과는 달리 외환위기 기간 동안 우리나라 국민들이 겪었던 고통은 과거 그 어느 고통에 비할 바가 아니었습니다. 아직까지도 IMF 외환위기는 국민들에게는 엄청난 트라우마로 남아 있습니다.

아시아 국가들의 위기와 러시아의 모라토리엄 선언

한국은 IMF 체제를 빠르게 졸업했지만 다른 신흥국들의 상황은 달랐죠. 특히 중남미 국가들과 러시아가 힘겨워했습니다. 우선 브라질이나 러시아와 같은 국가들은 원자재 수출이 주력 산업인데, 동아시아 외환위기 이후 전 세계 실물경기 둔화 우려로 국제유가 등의 원자재 가격이 큰 폭으로 하락하면서 직격탄을 맞게 되죠. 이뿐 아닙니다. 태국, 인도네시아, 한국 등 아시아 국가들의 통화가치가 크게 하락하면서 브라질과 같은 국가들의 아시아 국가들 대비 수출 경쟁력은 더욱 약해졌을 겁니다. 이를 배경으로 아래 기사를 읽어보시죠.

미주개발은행 관계자에 의하면 올해 중남미의 경제성장률은 지난해의 5.2퍼센트보다 떨어진 3퍼센트 수준으로 나타났다. 특히 아시아 금융위기의 파장을 막기 위해 긴축 정책을 펴고 있는 브라질은 지역 평균치에 훨씬 못 미치는 1퍼센트를 기록할 것으로 보인다. 우선 원자재 가격의 하락이 경기 침체의 주요 배경이다. 가격 하락은 아시아 지역의 구매 감소 때문이다. 칠레의 주요 수출품인 구리 가격은 태국 금융위기가 발생했던 지난해 7월 이후 무려 30퍼센트 떨어졌다. 이 때문에 좋은 경제 모델로 꼽혀온 칠레는 최근 수개월간 증권 거래량이 35퍼센트 감소했고 달러화 환율은 10퍼센트 상승했다. 이 밖에도 베네수엘라, 콜롬비아, 멕시코 등도 원유가 하락을 겪고 있다.

남미 국가의 수출은 더욱 어렵게 됐다. 남미 국가는 아시아 국가의 달러화 환율 폭등과 이에 따른 수출 경쟁력 확보로 국제시장에서 아시아 국가와 더 치열한 경쟁을 벌일 수밖에 없다. 또 경쟁력을 회복한 아시아 국가의 상품이 마구 밀려오는 상황에서는 속수무책일 수도 있다. 메르코수르(남미공동시장) 회원국은 고정환율 때문에 수출에서 심한 타격을 받은 것으로 보인다.
《연합뉴스》, 1998. 2. 24

1997년 태국, 인도네시아, 한국의 외환위기가 끝이 아니었죠. 기사의 첫 문단에 원자재 가격의 급락이, 두 번째 문단에 아시아 국가들의 통화가치가 하락하면서 이들 아시아 국가들과 수출 경쟁을 하느라 중남미 국가들이 애를 먹고 있다는 내용이 나옵니다. 수출이 어렵다면 당연히 달러 부족을 겪게 될 것이고요, 달러 부족 상황에서 고정환율이라면 이를 지키기 위해 외환보유고의 부족을 강하게 느꼈을 겁니다. 당시 국제유가 그래프를 잠깐 살펴보죠.

그래프 7 **국제유가 추이(1983년~2008년)**

(출처: 블룸버그)

1983년부터 2008년 금융위기 당시까지 국제유가 흐름을 나타낸 그래프입니다. 1970년대 석유파동 이후 국제유가는 한동안 낮은 수준을 유지했죠. 제1차 걸프 전쟁 당시의 강한 반등 이외에는 국제유가가 지속적으로 눌려 있었는데요, 러시아와 같은 산유국들에게는 매우 힘겨운 기간이었을 겁니다. 국제유가가 배럴당 10달러 수준으로 낮았던 1998년에 러시아는 모라토리엄을 선언하게 되죠.

국제유가가 1997~1998년을 거치면서 큰 폭으로 하락했음을 알수 있습니다. 이에 원자재 가격 하락 상황으로 인한 부진을 견디지 못한 러시아는 달러 부족으로 인해 외채 상환을 할 수 없음을 알리는 모라토리엄을 선언하게 됩니다. 한국을 거쳐 이제는 러시아의 외환위기가 시작된 겁니다. 기사 잠시 보고 가시죠.

러시아가 17일 사실상의 루블화 평가절하 조치를 단행하고 각종 대외 채권의 지불을 90일 동안 유예키로 하는 모라토리엄을 선언했다.
러시아는 이날 루블 환율을 올 연말까지 달러당 6~9.5루블로 재조정하는 한편 외국인이 보유하고 있는 각종 채권 및 채권에 대한 보험료, 그리고 단기 환거래에 따른 지불을 90일 동안 유예하기로 전격 결정했다.

《연합뉴스》, 1998. 8. 17

1998년 8월 17일 기사입니다. 러시아가 갚아야 할 외채를 90일 간은 갚을 수 없다고 선언했다는 이야기입니다. 기사에서는 대외 채권의 지불을 90일 동안 유예키로 했다고 나오죠.

그리고 두 번째 문단을 보면 루블 환율을 재조정하겠다고 합니다. 마치 우리나라가 외환위기 당시에 일정 수준의 환율을 지키다가 포기하고 달러·원 환율의 급등을 허용했던 것처럼, 환율방어가 어렵다는 점을 반영해서 루블화 가치를 크게 낮추겠다고 발표한 겁니다.

그리고 그 비슷한 시기에 브라질 외환위기 이야기가 함께 떠오릅니다. IMF는 중남미 국가들의 외환위기를 방어할 수 있는 긴급 자금 대출 계획을 준비하게 되죠. 관련 기사입니다.

> 국제통화기금(IMF)은 브라질 등 남미 국가들의 외환 사정이 악화되면서 남미 지역이 아시아와 러시아에 이어 외환위기가 발생할 위험에 처해 있다고 보고 긴급 대책 마련에 착수했다.
>
> 11일 미셸 캉드쉬 IMF 총재는 남미 경제위기와 관련한 특별 성명을 발표하고 IMF는 필요할 경우 남미 경제를 위해 지원을 제공할 태세를 갖추고 있다고 밝혔다. 캉드쉬 총재는 특히 남미 경제는 여하한 정책 결정의 잘못이 아니라 아시아와 러시아를 강타한 금융위기의 확산으로 자본 유출과 금리 상승 등이 야기돼 혼란을 겪고 있다고 말했다.
>
> 《연합뉴스》, 1998. 9. 12

당시 IMF 총재였던 미셸 캉드쉬(Michel Camdessus)는 중남미 국가들의 외환 부족 상황이 중남미 국가 자체의 문제가 아니라 아시아와 러시아의 외환위기가 전염되면서 나타나는 현상이라고 평가하고 있죠. 1998년 하반기부터 1999년에 거쳐 브라질, 아르헨티나 등의 중남미 국가들이 홍역을 치루게 됩니다. 정리를 하면 1997년 동아시아 외환위기가 있었고, 1998년 러시아 위기, 1999년 브라질과 아르헨티나의 위기가 발생했죠. 외환위기까지는 아니었지만 일본 경제는 침체 일로에 있었고, 중국 역시 국가 계획 경제하에서 크게 늘렸던 부채가 대규모로 부실화되면서 어려운 상황에 봉착했습니다. 독일 통일 이후 유로존(Eurozone: 유럽연합의 단일 화폐인 유로를 국가 통화로 사용하는 국가나 지역)은 여전히 회복세를 나타내지 못하고 있었으니 미국을 제외한 대부분의 국가들이 부진의 늪에서 헤어나지 못하고 있었던 것입니다.

여기서 '미국을 제외한'이라는 말을 했는데요, 당시 미국 경제는

'신경제(New Economy)'라는 컨셉으로 강한 성장세를 이어가고 있었습니다. 1995년 넷스케이프의 상장과 함께 기술주를 중심으로 한 나스닥 시장이 뜨거운 모습을 보였죠. 신흥국을 비롯한 미국 이외 국가들(Non-US 국가들)과는 전혀 다른 온도를 보여주었습니다. 당시 투자자들이라면 불안한 신흥국과 안정적으로 강한 성장을, 그것도 인터넷이라는 신기술에 힘입어 차별화된 생산성을 보여주는 미국 중 어디에 투자하고 싶었을까요? 당연히 미국이었을 겁니다. 미국으로의 자본 유입이 크게 늘면서 미국은 강한 성장뿐 아니라 글로벌 투자자금까지 집중되는 호시절을 맞이하게 된 겁니다.

그렇지만 다른 국가들은 모두 어려운데 미국 혼자 잘살기가 쉽지 않았습니다. 외국 투자를 늘려왔던 미국 기업이나 금융기관들에는 Non-US 국가들의 부진 충격이 그대로 전해져 왔겠죠. 대표적인 케이스가 당시 노벨 경제학상 수상자들이 주축이 되어 설립했던 LTCM(Long Term Capital Management)이라는 헤지펀드의 파산이었습니다. LTCM은 당시 러시아 쪽 투자를 크게 늘려 놓았는데, 뜻밖에 러시아가 모라토리엄을 선언하면서 천문학적인 손실을 입고 파산 선언을 하게 됩니다. LTCM이 파산한 것 자체로도 충격이 컸지만 보다 두려운 것은 이런 파산의 불안감이 다른 헤지펀드 등으로 전이되는 것이겠죠. 미국 경제의 성장세는 탄탄하지만 다른 국가의 불안, 그리고 이런 불안이 금융기관의 부실을 타고 미국 경제로 전이되는 것은 상당히 큰 위협이었을 겁니다. LTCM의 파산에 직면한 당시 미국 연준은 전격적으로 기준금리를 인하하면서 금융시장 불안을 해소하는 데

앞장서게 됩니다. 관련 기사를 인용합니다.

> 미국 연방준비제도이사회(FRB)는 29일 오전(미 동부 시간) 통화금리 정책을 결정하는 공개시장위원회를 열어 금리 인하 여부를 결정할 예정이다.
> 월스트리트의 대부분 경제 전문가들은 지난주 앨런 그린스펀 FRB 의장의 발언 이후 이번 회의에서 은행간 하루짜리 단기금리의 기준이 되는 연방기금 금리를 현행 연 5.50퍼센트에서 최소한 0.25퍼센트포인트 인하할 가능성이 큰 것으로 해석하고 있다.
> 그린스펀 의장은 지난주 상원 예산위에서 세계적인 금융위기가 금융 여건을 악화시키고 있으며 미국의 인플레이션을 필요 이상으로 억제, 미국 경제의 침체 원인이 될 수도 있다고 말했었다. FRB는 지난주 붕괴위기에 처한 투자회사 롱텀 캐피털 메니지먼트의 도산을 막기 위해 월스트리트 금융회사들이 협조융자 35억 달러를 제공하도록 주선했으며 이후 경제전문가들은 금융위기 확산을 막기 위해 금리 인하를 단행할 가능성이 더 커진 것으로 보고 있다.
>
> 《연합뉴스》, 1998. 9. 29

미국 경제는 탄탄한 흐름을 이어가고 있지만 다른 국가의 불안감을 반영하면서 기준금리를 인하하게 된 것이죠. 성장을 이어가는 미국 경제에 금리 인하라는 선물이 더해집니다. 불이 붙어 있는데 기름을 붓는 것과 비슷한 상황이라고 해야 할까요. 이와 함께 미국 주식시장은 큰 폭으로 상승하기 시작했죠.

이런 비슷한 상황이 2019년에도 있었는데요, 2018년 연준은 당시 과열 양상을 보이는 미국 금융시장 및 실물경기를 식히기 위해 기준금리를 인상했습니다. 그렇지만 미국의 금리 인상으로 인해 신흥국을 비롯한 대부분의 국가들이 너무나 힘겨운 상황이 되자, 2019년 하반기부터 기준금리를 인하하기 시작했죠. 당시 연준은 미국 경제는 양호하지만 유럽 및 중국의 성장이 워낙 약하기 때문에 이들 국가의 부진이 미국 경제에 역풍으로 다가오는 것에 대비하기 위해 보험적으로 금리를 인하(Insurance cut)했다고 말했습니다. 미국의 성장이 양호한 상태에서 단행된 금리 인하는 미국 주식시장의 과열을 만들기 좋은 환경을 제공합니다. 1998년과 2019년 모두 이런 금리 인하 상황에서 미국 주식시장은 강한 상승세를 보였죠.

신경제와 연준 풋

주식시장이 기술주를 중심으로 과열 양상을 보이며 나스닥 지수가 큰 폭으로 상승했습니다. 그러자 미국 연준은 자산 가격의 상승이 물가 상승에 미칠 영향에 대해 고민하기 시작합니다. 물가 상승도 문제가 될 수 있지만, 자산 가격의 급격한 상승은 버블을 만들어 내고 이후 버블 붕괴 시에 거대한 충격을 야기할 수 있기 때문이죠. 이에 연준은 1999년 하반기부터 기준금리 인상에 돌입합니다. 1998년의 금리 인하에 환호했던 금융시장은 1999년 하반기부터 연준의 강한 경고 메시지와 이와 함께 시작된 금리 인상에 긴장하기 시작했죠. 그렇지만 연준 앞에는 또 다른 장해물이 있었습니다. 금리 인상을 다시금 시작한 지 얼마 되지 않은 1999년 말, Y2K라는 여태껏 겪어보지 못한 위험을 맞이하게 된 겁니다.

지금이야 우리는 Y2K가 찻잔 속의 태풍이었다고 말할 수 있지만 당시 분위기는 전혀 달랐죠. 예상하지 못한 위험에 처할 수 있다는 두려움이 컸습니다. 기사를 통해 그때 분위기를 잠시 느껴보시죠.

- Y2K 문제, 세계 경제에 심각한 불황 초래할 수도

  《연합뉴스》, 1998. 11. 2

- 미 금융기관 99%, Y2K 점검 완료

  《연합뉴스》, 1999. 8. 3

- FRB, Y2K로 은행 지급준비금 부족 경고

  《연합뉴스》, 1999. 10. 7

이미 1998년 말부터 Y2K로 나타날 수 있는 위험에 대비하고 있었습니다. 아무리 주식시장이 뜨겁게 달아오르고 있다고 하더라도 연준이 Y2K로 인한 예상치 못한 위험 앞에서 금리를 마구 인상하면서 위험을 확대 재생산할 수 있었을까요? 연준이 처한 딜레마를 금융시장 참여자들은 모두 느끼고 있었습니다. 기사 하나 보시죠.

　미국 금리 추가 인상 가능성을 둘러싸고 미국 금융계에서 논란이 끊이지 않고 있는 가운데 최근 들어서는 금리 현행 유지 쪽에 무게가 더 실리고 있다. 워싱턴의 정책 당국자들과 뉴욕의 금융전문가들 사이에서는 요즈음 물가상승률이 33년 만의 최저 수준까지 떨어지고 금융시장이 컴퓨터의 2000년 인식 오류(Y2K) 문제로 불안해지고 있는 상황에서 연방준비제도이사회(FRB)가 금리를 다시 올리지 않을 것이라는 견해가 힘을 얻고 있다.

　　　　　　　　　　　　　　　　　　　　　　　　《연합뉴스》, 1999. 9. 18

네, 연준의 금리 인상 예고에도 불구하고 Y2K라는 걸림돌이 있기에 연준의 금리 인상이 생각보다 쉽지 않을 것이라는 점을 시장 참여자들이 인식하고 있었던 겁니다. 빠른 금리 인상을 걱정했던 시장은 Y2K로 인해 금리 인상이 쉽지 않을 것임을 충분히 예상하게 되죠. 결국 연준은 Y2K에 대한 부담감을 떨쳐내지 못하고 1999년 12월 FOMC(연방공개시장위원회: 연준 위원들이 금리를 결정하는 회의)에서 기준금리를 동결하게 됩니다. 당시 기사 인용합니다.

미국 연방준비제도이사회(FRB)는 21일 현재 5.50퍼센트인 연방기금 금리를 그대로 유지키로 결정했다고 발표했다.
FRB는 이날 연방공개시장위원회(FOMC)의 비공개 회의가 끝난 후 발표한 짤막한 성명을 통해 현행 금리를 유지키로 결정했다고 밝히는 한편 컴퓨터의 2000년 연도 인식 오류(Y2K) 문제를 둘러싼 불확실성 때문에 장래 금리 동향을 시사하는 통화 정책 기조를 중립에 두기로 했다고 말했다. 이에 따라 지난 11월 마지막 인상됐던 은행간 하루짜리 대출금리인 연방기금 금리는 5.50퍼센트, 은행에 대한 FRB의 대출에 적용되는 재할인율은 5.0퍼센트를 유지하게 됐다.

《연합뉴스》, 1999. 12. 22

연준의 금리 인상을 걱정했던 금융시장은 금리 동결 소식에 크게 환호했습니다. 이후 기술주 중심의 나스닥 지수는 더욱 큰 폭으로 급등하기 시작했고, 이듬해인 2000년 3월 10일 5000 선을 넘어서게 되죠.

지금까지 나온 내용을 한번 정리해 볼까요? 외환위기의 파고는 한국에만 닥쳐왔던 것이 아니었죠. 러시아, 브라질 등 다른 신흥국에게도 닥쳐왔습니다. 특히 러시아의 외환위기 가능성과 이와 연계되어 있던 미국 내 대형 헤지펀드인 LTCM의 파산 앞에서 미국 연준은 기준금리 인하에 나섰죠. 미국 경제는 양호한 편이었지만, 뜻하지 못한 세계 경제의 위험 앞에서 연준은 금리를 낮추면서 경기 부양을 진행했던 겁니다. 무너질 듯하면 연준이 금리를 낮춰서 보호를 해줍니다. 투자자들 입장에서는 안정감이 느껴지겠죠. 경제 상황이 좋으면 주가가 오를 것이고, 경기가 안 좋으면 연준이 금리를 낮춰서 주식시장이 흔들리는 것을 방어해 줄 테니까요. 높은 수익을 기대할 수 있고 손실이 날 듯하면 연준이 막아주는 주식 투자, 지금 들어도 매우 좋은 기회인 듯합니다.

이런 방만한 분위기 속에서 자산 가격의 버블 징후가 나타났고, 이를 제어하기 위해 연준은 기준금리 인상에 나섰지만 이번에는 Y2K라는 악재에 부딪힙니다. Y2K라는 거대한 불확실성 앞에서 연준은 기준금리 인상 속도를 늦추면서 시장이 받는 충격을 줄이고자 했죠. 이를 보면서 시장은 어떤 느낌을 받았을까요? 과도하게 오르는 자산 가격을 누르고자 연준이 근엄한 표정으로 기준금리 인상이라는 몽둥이를 들고 나타났습니다. 그런데 금융시장이 약간의 충격만 받아도 화들짝 놀라자 몽둥이를 내려놓고 달래주는 겁니다. 그 모습을 보니 연준의 금리 인상과 같은 긴축 정책을 크게 걱정하지 않아도 되겠다는 생각이 들죠. 이를 '연준 풋(Fed Put)'이라고 합니다. 시장이 위험해질 때 언제든 금리 인하 등의 경기 부양을 통해 충격을 최소화하려고 쩔쩔매는 연준의 모습을 담은 단어라고 할 수 있죠.

'연준 풋'을 확인한 시장의 자신감은 하늘을 찌르게 됩니다. 신경제에 대한 기대감, 그리고 혹여나 각종 악재가 나타날 때에는 언제든 밑을 탄탄하게 받쳐주는 연준의 존재……. 자산 가격의 상방은 '신경제'로 열리고 하방은 '연준 풋'으로 막으니 두려울 것이 없습니다. 자산시장, 특히 기술주 중심의 미국 나스닥 지수는 더욱 강한 상승세를 보이게 됩니다. 당시 나스닥 지수 그래프를 보시죠.

그래프 8 **나스닥 지수와 미국 기준금리 추이(1995~2001년)**

(출처: 블룸버그)

파란색 선은 나스닥 지수를, 주황색 선은 미국 기준금리 추이를 나타냅니다. 1998년 러시아 위기 및 LTCM 파산 이후 나스닥 지수가 급락하는 등 불안한 흐름이 나타났죠. 이에 연준은 기준금리를 낮추면서 대응합니다. 이후 자산시장은 안정을 찾았고, Y2K를 전후한 불안감이 고조되고 있을 당시에도 소극적인 금리 인상으로 대응하는 연준에 대해, 이른바 '연준 풋'에 대한 기대를 안고 주식시장은 기록적으로 강한 상승을 이어가며 닷컴 버블을 만들게 됩니다.

먼저 〈그래프 8〉의 1998년 시기를 보시죠. 러시아 경제위기와 LTCM 파산 사태 직후 주식시장이 흔들리는 듯했지만, 이후 이어진 기준금리 인하로 연준 풋을 체험한 나스닥 지수의 상승세가 보다 가팔라졌음을 알 수 있습니다. 그리고 기준금리 인상이 시작된 1999년 하반기 이후 되려 주가 상승폭이 더욱 높아지고 있습니다. '지금 당장은 인상하더라도 금융시장이 스트레스를 받거나 실물경기가 둔화되면 금리 인상을 멈출 거야'라는 시장의 자신감이 강했던 겁니다. 시장은 이렇게 말하고 있었던 것이죠. "Y2K 앞두고 금리 인상을 못하잖아. 이게 연준 풋의 증거 아니겠어?"라고요.

이런 생각이 들면 머뭇거릴 필요가 없습니다. 모두가 끊임없이 오르는, 그리고 하락할 위험은 막혀 있는 주식 투자에 올인하면 되겠죠. 주식시장은 1999년 이후 더욱 과열 양상을 보였고, 그 흐름은 새천년인 2000년 3월까지 이어졌습니다. 당시 기사 제목 보시죠.

• '금리야, 비켜라' 나스닥 지수 5000 선 바짝

《한국경제》, 2000. 3. 5

• 미국 증시 '신경제' 이동, '나스닥 5000 시대'

《한국경제》, 2000. 3. 10

그런데 영원할 것 같았던 나스닥의 상승세가 2000년 3월 10일을 기점으로 무너지기 시작했습니다. 당시 5000 선 밑으로 떨어져 내린 나스닥 지수가 다시금 5000포인트를 등정한 것은 2015년 3월이었습니다. 거의 15년의 시간이 필요했죠.

그래프 9 **나스닥 지수 추이 (1980~2020년)**

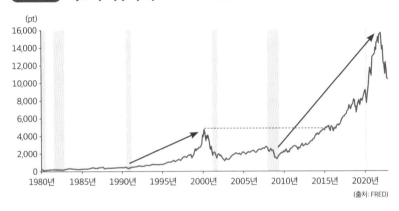

(출처: FRED)

1990년대 초 500포인트 수준에 불과했던 나스닥이 2000년 즈음에 열 배 가까이 상승해 5000포인트까지 급등하고, 이후 큰 폭으로 하락하면서 2015년이 되어서야 5000포인트 선을 회복합니다. 2000년 3월 10일 고점을 기록한 나스닥 지수는 2002년 10월 1100포인트 수준까지 하락했습니다. 고점 대비 78퍼센트 하락한 것이죠. 이렇게 '신경제'에 대한 확신을 갖고 불타오르던 닷컴 버블이 허무하게 무너져 내렸던 겁니다.

　나스닥 지수의 급등 분위기에 편승해 많은 미국의 개인들이 주식 투자에 참여했지만 대부분이 큰돈을 날릴 수밖에 없었습니다. 자산 가격의 급락은 당연히 실물경제에 부담을 주었고, 이는 실물경기의 침체로 이어졌죠. 그래프를 보시면 중간중간 회색으로 세로선이 그어져 있는 것을 볼 수 있습니다. 이 회색 선은 경기 불황을 나타내는데요, 2020년에 그려진 얇은 회색 선이 코로나19 불황을 뜻합니다. 2008년에는 상당히 두꺼운 회색 선이 보이는데, 이는 금융위기를 나타내죠. 2001년 즈음에도 회색 선이 그어져 있는데요, 닷컴 버블 붕괴 이후 찾아온 경기 불황을 보여주고 있습니다.

　이번 챕터에서는 나스닥 버블의 형성 과정을 설명했습니다. 미국 신경제의 성장은 주가를 밀어 올리는 호재였고, 그 사이에 등장했던 악재들은 연준의 경기부양책을 끌어들여 또한 호재였습니다. 좋은 소식과 나쁜 소식 모두가 호재라면, 주식 투자는 투자계의 사기 캐릭터라고 할 수 있겠죠. 그런데 사기 캐릭터가 무너지기 시작했던 겁니다. '신경제와 함께 크게 비상하던 나스닥 지수가 왜 하락했을까, 왜 닷컴 버블이 무너지게 되었을까'라는 궁금증이 생기실 텐데요, 다음 챕터에서 2000년 이후의 상황을 상세히 다루어 보겠습니다.

08

닷컴 버블의 붕괴

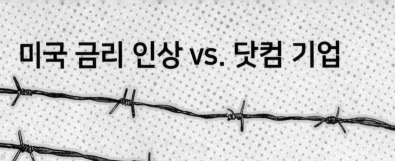

미국 금리 인상 vs. 닷컴 기업

금리를 인상해도 기술주는 큰 문제 없을 겁니다.

IT 산업은 계속해서 성장할 테니까요! 기술 혁명으로 생산성이 높아지면 물가도 오르지 않아요. 그게 바로 신경제(New Economy)!

주식 투자자

강세장에 취해 있던 투자자들은 2000년 초 연준이 빅스텝(0.5퍼센트) 금리 인상을 예고했음에도 불구하고 장밋빛 미래를 그려 나갔다. 그러던 2000년 3월, 나스닥 지수가 5100포인트를 넘기며 정점을 기록한 이후 급락하며 닷컴 버블 붕괴가 시작된다.

펑

다음 해 실적 악화

4분기 실적 악화

3분기 실적 악화

닷컴 버블의 선물

닷컴 버블은 투자자들에게 '투자 실패'라는 시련을 주기도 했지만 '빠른 기술 발전'이라는 선물을 주기도 했다.

여러분 이게 뭐게요?

이것은 바로 1997년에 출시된 '시티폰'!!!

발신만 되는 전화인데, 당시에는 고급 인기템 중 하나였죠.

불과 몇 년 만에 모든 사람들이 기술의 발전을 누릴 수 있었던 건

IT 기업에 집중되었던 적극적인 투자 덕분 아닐까요?

Hi

무료 국제 전화

MP3

해외 배송

저는 뼛속까지 문과 출신이어서 그런지 어린 시절에도 새로운 전자 기기에 열광하지 않았던 것 같습니다. 물론 처음 PC를 살 때 오락실에서나 하던 게임을 집에서 할 수 있다는 데 열광했지만, 컴퓨터 바이러스라는 걸 경험하고, 컴퓨터를 포맷하는 등 홍역을 치르고 나서는 그 역시 시들해졌죠. 1997년 대학에 입학한 이후 컴퓨터 관련 수업을 들을 때 넷스케이프를 통해서 인터넷에 연결하는 실습을 했던 기억이 납니다. 당시에는 인터넷이 무엇인지, 그리고 무슨 의미가 있는지 전혀 감을 잡지 못했습니다. 하지만 지금은 모두가 너무나 익숙하게 사용하는 도구가 되었죠.

    1990년대 말 이런 변화는 정말 빠르게 진행되었습니다. 제가 대학교 신입생이던 1997년에는 시티폰이라는 게 있었습니다. 공중전화 박스에 붙어 있는 기지국 밑에서 전화 통화를 할 수 있는 휴대용 전화기인데 이걸 갖고 있는 친구들이 무척 부러웠던 기억이 있습니다. 무선호출기(다른 말로 삐삐)로 호출이 오면 긴 공중전화 박스 줄을 서서 통화해야 했는데, 몇몇 친구들은 시티폰으로 통화를 하곤 했죠.

다만 시티폰도 무선 핸드폰 앞에서는 맥을 못 추었습니다. 벽돌처럼 큰 핸드폰이었는데, 그걸 갖고 다니는 친구들은 그야말로 부자집 자제들이었던 것으로 기억나네요. 그런데 부자들의 전유물이었던 핸드폰을 불과 2~3년 만에 모두가 갖고 다니는, 그것도 벽돌처럼 큰 게 아니라 작고 예쁜 핸드폰을 모두가 갖고 다니는 세상이 열린 겁니다. 그리고 인터넷으로 국제 전화를 무료로 할 수 있는 사이트가 등장했고, 아마존을 통해 인터넷으로 책을 살 수 있는 시대가 열렸죠. 그리고 MP3의 등장에 이르기까지……. 지금 돌아보면 올드한 기술인 것 같지만 당시에는 적응이 안 될 정도로 빠른 변화였습니다.

1997년 출시된 시티폰과
2010년 출시된 아이리버 MP3

출처: 위키피디아

이런 빠른 변화의 중심에는 IT 기술이 있었습니다. 다만 저는 이런 변화를 그냥 바라만 보았습니다. 말씀드린 것처럼 뼛속까지 문과라서 그런지, 이런 기술에 우선적으로 흥미를 느끼는 얼리어답터와는 거리가 멀었죠. 당시 저는 철학이나 역사 관련 책을 읽고 토론하는 데 관심을 쏟았고, 신기술이 만들어 내는 사회의 변화 혹은 금융 시장의 변화에는 둔감했습니다. 그런 저에게 많은 자극을 준 친구들이 있었죠. 이 친구들은 당시 국내 주식에 투자해서 큰돈을 벌었는데요, 앞으로 우리가 만날 미래 사회에서는 소크라테스가 돈을 벌어주지 않으니 주식 투자에 관심을 가지라고 저에게 조언하곤 했습니다. 한편으로는 친구인 저를 챙겨준다는 점에서 고마웠지만, 다른 한편으로는 저의 관심 분야를 폄하하는 것 같아서 반감이 생기기도 했죠. 그래서 더더욱 주식 투자를 멀리했던 것 같습니다.

그렇게 대학을 졸업하고 저는 2001년 초에 입대를 했죠. 전역할 즈음인 2003년에 다시 그 친구들을 만날 기회가 있었는데, 그땐 아무도 주식 투자를 하고 있지 않았습니다. 그리고 술자리에서도 다들 애써 주식 이야기를 피하려는 듯하여 저 역시 눈치껏 함구했죠. 주가를 모니터링하지는 않았어도 주식 버블이 터져서 많은 개인들이 피해를 보았다는 이야기 정도는 알고 있었습니다. 이번 챕터에서는 그렇게 뜨거웠던 주식시장이 왜 무너졌는지를 살펴보도록 하죠.

연준의 긴축 정책 강화

/

1999년 말 금리 인상을 시작했음에도 불구하고 엄청난 강세를 이어가는 주식시장을 보면서 당시 연준 의장이었던 앨런 그린스펀 (Allen Greenspan)은 우려의 시선을 감추지 못했죠. 연준의 제1목표는 물가의 안정입니다. 자산 가격이 너무 오르게 되면 자산을 소유한 개인들이 자산 가격의 상승분만큼 소득이 늘어났다는 확신을 가지면서 소비를 늘리게 됩니다. 이는 제품 수요의 증가로 이어지면서 제품 가격의 상승, 즉 인플레이션을 촉발합니다. 연준의 제1목표인 물가 안정을 위협하게 되는 것이죠. 몇 차례 금리 인상에도 불구하고 주식시장의 낙관론은 여전히 강했습니다. 이에 그린스펀은 의회에서 다음과 같이 증언하게 되죠. 인용합니다.

> 앨런 그린스펀 미 연준리(FRB)의장은 13일 "미국에서는 아직도 수요가 공급을 초과하고 있다"며 "만약 FRB가 금리를 추가로 올리지 않으면 이 같은 초과 수요는 바로 인플레이션을 일으킬 수 있다"고 경고했다.
> 그린스펀은 이날 상원 금융위원회 청문회에 출석, "최근 나스닥을 중심으로 증시가 동요하고는 있지만 주식 투자로 돈을 번 소비자들의 수요는 여전히 공급을 뛰어 넘는 수준"이라며 조만간 또 한 차례 금리를 인상할 것임을 강력히 시사했다.
>
> 《한국경제》, 2000. 4. 14

두 번째 문단에 핵심이 나옵니다. '주식 투자로 돈을 번 소비자들의 수요가 강해서 공급을 뛰어넘는다'는 내용입니다. 공급을 넘어서는 수요, 이는 인플레이션을 촉발하게 되죠. 이를 제압하기 위해서는 수요를 식혀줄 필요가 있고, 수요를 식히기 위해서는 추가적인 긴축, 즉 금리 인상을 단행할 수밖에 없습니다.

그린스펀은 추가 금리 인상을 강하게 시사합니다. 그동안 이어져 왔던 베이비스텝, 이른바 0.25퍼센트 금리 인상만으로는 그 효과가 약하다고 생각했기에 0.5퍼센트 금리 인상에 대한 고민을 시작하게 됩니다. 2000년 5월 16일 예정된 연준의 FOMC에서 0.5퍼센트 금리 인상 가능성이 크게 높아진 것이죠. 1999년 4.75퍼센트에 머물러 있던 미국의 기준금리가 빠르게 인상되면서 어느덧 6퍼센트까지 인상된 상황이었는데, 여기서 0.5퍼센트를 추가로 인상하게 되면 6.5퍼센트가 되겠죠. 금리 수준도 높지만 금리 인상 폭도 예상을 뛰어넘는 0.5퍼센트이기에 주식시장도 어느 정도 긴장감을 느낄 수밖에 없었을 겁니다. 그런데요, 워낙 오랜 기간 강세장에 취해 있던 투자자들은 0.5퍼센트 인상 예고에도 그리 크게 반응하지 않았습니다.

FOMC를 앞두고 있었던 2000년 5월 16일, 당시 있었던 설문조사 응답에 따르면 '차라리 빨리 0.5퍼센트를 인상해라'라는 답이 주를 이뤘다고 합니다. 이는 '찔끔대며 인상하지 말고 화끈하게 인상한 다음에 빨리 기준금리 인상을 끝내 달라. 그게 차라리 홀가분하다'라는 뜻과 같다고 보입니다. 0.5퍼센트 인상은 금리 인상이 거의 끝나간다는 기대감을 키우기에 적합했고, 주식시장이 더욱더 강해질 수 있다는 시장의 분위기가 형성되었죠. 이런 분위기는 다음의 기사에서도 비슷하게 나타납니다.

> 월가의 분석가들은 '그동안 증권 관계자들은 FRB가 16일 금리를 0.5퍼센트포인트 인상할 것이란 전제하에 주식 거래를 해왔다'며 '금리가 인상되더라도 주식시장에 악영향을 미치지는 않을 것'이라고 전망했다.
> 《동아일보》, 2000. 5. 16

'이미 0.5퍼센트 인상을 예상하고 있기 때문에, 실제로 0.5퍼센트 인상이 되더라도 별로 두려울 것이 없다'라는 이야기죠. 그리고 금리 인상 상황에서도 당시 과열 양상을 보였던 기술주가 받는 영향은 그리 크지 않을 것이라는 논리도 찾아볼 수 있습니다.

기업이 자금을 조달할 때에는 대출을 받거나(부채로 조달) 혹은 투자를 받는 방법(자본으로 조달) 중 하나를 선택합니다. 당시 기술 기업들은 기존 전통 산업 분야의 기업들과는 달리 은행에서 대출을 받거나 채권을 발행하는 등 부채로 자금을 당겨오지 않았죠. 벤처캐피탈(Venture Capital)을 통해 투자금을 받거나 일정 수준 성장을 하면 IPO(기업공개)나 유상증자를 통해 주식시장에서 투자금을 끌어왔습니다. 이는 대출이 아니기에 금리가 오르더라도 기업의 이자 부담이 늘어날 리 없죠. 그래서 연준의 금리 인상이 기술주에 주는 타격은 그리 크지 않을 수 있다는 겁니다. 전반적으로 주식시장에 대한 낙관적인 논리가 지배적이었기에 5월 16일 FOMC에서 0.5퍼센트 기준금리 인상이 단행된 당일 주식시장은 되려 강세를 보였죠. 금리 인상 직후 주식시장의 분위기를 묘사한 기사를 함께 읽어보시죠.

미국 연방준비제도이사회(FRB)가 16일 단기금리를 최근 5년간 가장 큰 폭인 0.5퍼센트포인트 인상키로 한 것은 FRB가 그동안의 점진적인 금리 인상 정책 대신 공격적인 정책을 선택함으로써 경기과열 차단에 대한 적극적인 의지를 표현한 것으로 평가된다.

(중략) 뉴욕 증시의 한 관계자는 투자자들 사이에서 "FRB가 이번 0.5퍼센트포인트 금리 인상을 통해 일련의 금리 인상을 마무리지으려 하는 것이 아

이미 0.5퍼센트 인상에 대한 부담이 주식시장에 알려져 있고 주식시장이 이를 소화한 만큼 금리 인상이 현실화되어도 큰 문제가 없다는 논리 속에 금리 인상 당일 주식시장은 큰 폭으로 강세를 보였습니다. 그렇지만 그런 강세는 오래 가지 못했고, 불과 3일 정도 지난 이후 나스닥 시장은 하락세로 전환하게 되죠.

여기서 기술주가 정말로 금리 인상의 영향을 크게 받지 않는지를 잠시 짚어보고 가죠. 물론 자금 조달의 방법이 매월 이자를 부담해야 하는 부채, 즉 빚으로 조달하지 않고 투자금을 받는 방식으로 조달하기에 금리가 인상되더라도 그 타격이 적다는 것은 맞는 이야기입니다. 그런데요, 주가는 단순히 기업이 부담하는 이자 비용만으로 결정되지는 않죠. 이자 비용이 크게 증가하지 않더라도 금리 인상으로 인해 실물경기가 둔화된다면, IT 제품에 대한 소비자들의 수요가 줄어들 것입니다. 비용의 지출은 크지 않아도 판매가 되지 않기 때문에 어려운 상황에 처할 수 있습니다.

또한 IT 기업들에게 투자금을 제공하는 벤처캐피탈의 경우 어딘가에서 돈을 빌려 와서 투자를 하기 때문에 전반적인 금리 인상은 벤처캐피탈의 자금 조달을 어렵게 하죠. 벤처캐피탈의 자금이 말라붙게 되면 IT 기업들에게 이어지던 자금 공급이 줄어들게 될 겁니다. 당연히 타격을 받게 되겠죠.

마지막으로 IT 기업의 주식을 사는 투자자들의 입장입니다. 이들 투자자들은 낮은 금리에 돈을 빌려서 큰 금액을 투자하곤 하는데, 금리가 올라버리면 아무래도 주식 투자를 과거와 같이 과감하게 진행하지 못하겠죠. 이자 비용 이외에도 금리 인상이 IT 기업에 미치는 영향을 다각도로 볼 필요가 있습니다.

나스닥 지수의 하락세 시작

/

앞서 설명한 이유들로 인해 여전히 뜨거웠던 주식시장의 이면에는 실리콘밸리를 중심으로 자금 조달에 어려움을 겪던 IT 기업들이 있었습니다. 당시 자금 조달이 힘들어지면서 미국에서 가장 크게 성장했던 캘리포니아 경제에 냉각 조짐이 있었고, 시장이 큰 타격을 입게 될 것이라는 전망이 퍼지기 시작했습니다.

닷컴 버블 시기에는 기업 이름에 '닷컴'이라는 단어만 붙어 있어도 주가가 급등하곤 했습니다. IPO를 할 때에도 닷컴 기업이 상장을 하면 엄청난 자금이 몰리곤 했습니다. 그렇지만 나스닥 시장이 흔들리고 금리가 인상되면서 시중 유동성이 부족해지자 성황리에 마감되던 닷컴 기업들의 IPO도 시들해지기 시작했죠. 자금을 구하기가 어려워지자 IPO를 준비하던 많은 기업들이 상장을 철회합니다. 닷컴 투자 과열을 믿고 상장을 준비했다가 유동성 위축으로 인해 상황이 여의치 않음을 알고 IPO를 취소했던 겁니다. 당시 샌프란시스코 연방준비은행의 전문가가 실리콘밸리 기업들의 자금 조달이 어려워지고 있으며 해당 지역의 경제가 향후 타격을 입게 될 것임을 전망하는 인터뷰 기사가 나오기도 했습니다. 당장의 주식시장 상승이나 하락과는 달리 그 이면에서 조금씩 닷컴 투자 붐이 식고 있었던 겁니다.

2000년 3월 10일 고점을 기록하고 일정 수준 하락했음에도 시장의 자신감은 여전했습니다. 그 또한 이해가 되는 것이 1990년대 초반 이후 꾸준히 주가가 상승했기 때문이죠. 중간중간 아시아 외환위기, LTCM의 파산, 러시아 모라토리엄, 중남미 국가의 외환위기, Y2K의 위협 등에도 약간의 흔들림이 있었을 뿐 꾸준한 상승세가 이어졌고, 특히 막판에는 드라마틱한 강세를 보였기 때문입니다. 그리고 닷컴 기업들의 기술은 전 세계로 퍼져 나갈 것이기에 IT 산업 성장에 대한 기대감은 여전했습니다. 5000포인트 등정 후 약 30~40퍼센트 주가가 급락했음에도, 중장기 투자를 이어갈 경우 1만 포인트를 넘볼 수 있다는 장밋빛 전망을 담은 2000년 7월 5일 기사를 인용합니다.

• 나스닥 2005년 1만 포인트
"기술주에 걸어라." "최근 조정 국면은 무시하고 사서 기다리는(Buy and hold) 장기 전략을 고수하라." 파이낸셜 뉴스 네트워크 부사장인 폴 페럴(Paul

Farrell)은 4일 CBS 마켓워치의 칼럼에서 "나스닥 지수가 2005년에 1만 포인트를 돌파하고, 다우존스 공업 평균 지수도 2008년 4만 선을 넘어설 것"이라며 이런 투자 전략을 제시했다.

그는 전문가들의 시장 전망을 인용해 "앞으로 25년간은 세계적인 경제 호황의 시대가 될 것"이라며 "대부분의 분석가들이 장기적으로 주가가 상승할 것으로 확신하고 있다"고 말했다. 페럴은 첨단 기술이 세계 경제를 이끌고 있다고 전제, 기술주에 주목하면 조만간 상승장을 목격할 것이며 그 가능성은 피델리티 실렉트 일렉트로닉스(FSELX) 등 유명 기술주 펀드의 눈부신 실적에서 확인되지 않았느냐고 반문했다. (중략)

물론 패럴은 연방준비제도이사회(FRB)의 추가 금리 인상, 큰 폭의 변동성, 증시보다 불안정한 정치, 닷컴(.com) 회의론 등 우려해야 할 점이 많다고 지적했다. 하지만 윌리엄 오닐이 쓴 '주식 투자로 돈 벌기(How to make money in the stock market)'의 한 대목을 인용하며 "당장 오늘부터 적극적인 자세를 가져라"고 주문했다.

"지난 100년간 25차례 이상의 침체(Slump)가 있었다. 이는 직전까지 강한 상승장에 따른 정상적인 조정이었다. 그러나 놀랍게도 시장은 이후 회복돼 새로운 고점(高點)을 만들어 냈다." 오닐의 지적이다. 패럴은 나이트 키플링어의 'World Boom Ahead'도 인용했다. "기술, 경영, 마케팅, 사회 관습, 인구 이동 등에 닥칠 변화를 목격하는 사람이나 기업에게는 무한한 기회가 열려 있다. 근본적인, 그리고 급속한 변화의 불가피성을 수용하지 못할 경우 위험에 압도당할 수밖에 없다. 변화에 대비하고, 사고방식과 세계관을 이에 맞추면 큰 번영을 누릴 수 있다."

《머니투데이》, 2000. 7. 5

매우 낙관적인 전망을 담고 있죠. 2005년에는 나스닥 지수가 2000년 3월의 5000포인트를 훌쩍 넘어 1만 포인트에 도달할 것이라는 전망입니다. 여전히 기술주의 실적은 양호한 편이고 향후 25년간 경기 호황이 지속될 것이기에 주식 투자는 유망하다고 합니다. 마지막 문단을 보시면 수많은 침체가 있었어도 결국에는 새로운 고점을 만들어 냈음을 언급하고 있죠. 결국 나스닥 지수는 1만 포인트를 훌쩍 뛰어넘었습니다. 단지 그 시기가 2005년이 아니라 코로나19 직후 거대한 부양책에 힘입어 나스닥 급등이 나왔던 2020년에야 가능했다는 점이 오류라고 할 수 있죠.

기술주가 큰 폭으로 하락했다고 해서 일방적인 하락세가 이어진 것은 아닙니다. 결국에 기술주가 반등한다는 강한 기대를 머금고, 하락장 속에서도 수시로 강한 반등세를 나타내곤 했습니다. 그런 내용을 다룬 기사 하나를 추가로 인용해 봅니다.

> 기술주 랠리에 대한 투자자들의 기대가 다시 살아나면서 나스닥 지수는 10일 이후 꾸준한 오름세를 보였다. 대표적인 기술주 낙관론자인 메릴린치의 제프 바렌버그는 8월 31일자 '세계 증시 전략' 보고서에서 지금 막 시작된 (미국의) 경기 연착륙 초반의 6개월간은 첨단기술 산업이 지속적인 상승세를 탈 것이라고 내다봤다. '전반적인 경기 둔화와 첨단기술 업체들의 실적 호조가 공존할 수 있다'는 발상은 주요 선진국들에서 기술 제품 수요의 증가율이 경제성장률을 상회하고 있다는 사실이 뒷받침한다.
>
> 《동아일보》, 2000. 9. 3

당장 기술주가 큰 폭으로 하락해서 힘겹기는 하지만 기술 기업들이 벌어들이는 실적이 여전히 양호하기 때문에, 그리고 주요 국가들에서 첨단 기술 제품을 더 많이 사들이려는 수요는 여전하기 때문에 주식시장은 향후 6개월 동안 꾸준한 상승세가 나타날 것이라는 전망을 담고 있습니다. 나스닥이 고점 대비 큰 폭으로 하락한 상황에서, 향후 꾸준한 상승이 가능하다고 본다면 저렴해진 가격에 주식을 살 수 있는 지금이 기회가 되는 거겠죠. 1990년대 이후를 보면 이런 상황에서는 결국 주가가 큰 폭으로 상승하곤 했습니다. 10년의 주가 상승이 만들어 낸 관성, 당시 투자자들은 이 관성에서 쉽게 벗어나지 못했던 것 같습니다.

연준의 강한 긴축으로 인한 유동성 위축에도 불구하고 나스닥 강세에 대한 관점을 버리지 못하면서 수시로 반등을 만들어 냈죠. 다음 쪽에서 나스닥 지수의 수시 반등을 보여주는 〈그래프 10〉을 보시죠.

그리고 이런 낙관적인 기대는 보다 구체적으로 당시 기술주의 대장이라고 할 수 있는 인텔(Intel)에 쏠렸습니다. 나스닥 지수가 전반적인 하락세를 보이는 상황에서 인텔 주가는 강한 회복력을 보여주었고, 금리 인상이 있다 해도 나스닥의 대장은 건재하다는 인식을 심어주었죠. 당시 투자자들은 큰 폭으로 하락세를 보이던 다른 종목보다 강한 회복력을 보이는 인텔을 선호했을 것이고, 투자자금이 인텔로 많이 몰렸을 겁니다. 그리고 이렇게 몰린 투자자금은 인텔 주가가 더욱 견고히 버티게 만드는 밑거름이 되었겠죠. 관련 기사를 잠시 보시죠.

종목별로 살펴보면 인텔이 단연 돋보이고 있다. 리먼브라더스의 댄 나일스(Dan Niles) 애널리스트가 반도체 제조회사에 대한 긍정적인 전망을 내놓으면서 인텔주가 강세를 띄고 있다. 인텔의 주가는 현재 2.5달러 오른 73달러를 기록 중이며 필라델피아 반도체 지수도 이에 힘입어 7일째 상승세를 타고 있다.

《머니투데이》, 2000. 8. 21

당시 인텔의 강세를 설명해 주는 2000년 8월 21일 기사입니다. 그렇지만 불과 1개월 후에 이런 분위기는 크게 반전됩니다.

> 22일 뉴욕 주식시장에서 인텔의 실적 부진 전망에 따른 투매 물량이 쏟아지면서 나스닥 지수가 개장 몇 분 만에 5퍼센트 이상의 폭락세로 출발했다. (중략) 이날 개장 직후 폭락을 몰고 온 주인공인 인텔은 현재 23퍼센트 급락한 47.63달러에 거래되고 있다. 이는 인텔 역사상 최대의 낙폭으로 시가 총액상 무려 970억 달러가 허공에 날아간 것이다. 거래량도 1억 1500만 주 이상을 기록하며 활발하게 거래되고 있다.
>
> 《머니투데이》, 2000. 9. 22

그래프 10 **닷컴 버블 붕괴 당시 나스닥 지수의 반등과 하락**

(출처: 블룸버그)

2000년 닷컴 버블의 정점 이후 나스닥 지수 흐름입니다. 고점(2000년 3월 10일) 대비 저점(2002년 10월)은 78퍼센트 수준으로 하락했지만 그 과정에서 수시로 반등이 나타났습니다. 중간 저점에서 그런 되돌림의 강도가 상당했는데요, 20퍼센트 이상의 반등만 서너 차례 나타났습니다. 전반적 버블 붕괴 상황에서도 저점 매수에 대한 기대는 여전히 남아 있었던 겁니다.

2000년 9월 22일 기사입니다. 믿었던 인텔의 실적마저 꺾일 것이라는 전망이 나오면서 잘 버텨오던 인텔 주가가 큰 폭으로 하락했습니다. 인텔 주가는 당일 23퍼센트 급락했고, 인텔이 포함되어 있는 나스닥 지수는 5퍼센트 하락했다는 내용입니다. 풀려 있던 주식 투자 자금들이 인텔로 몰렸다가 인텔마저 무너지자 빠져나오고 있다고 볼 수 있겠죠.

인텔의 실적마저 악화되면서 꾸준히 고수해 오던 '기술주의 실적은 양호할 것'이라는 전망도 힘을 잃기 시작합니다. 2000년 11~12월 기사 두 개를 함께 읽어보시죠.

최근 주식시장의 요동은 예년보다 많은 24개 기업이 4분기 예상 실적을 발표했고, 그중 월드컴, 프라이스라인닷컴 등 59.7퍼센트가 기대에 못 미치는 실적 전망을 내놓았기 때문이다. 또 애널리스트들이 4분기와 2001년 1분기 기업들의 순익 증가율을 삭감한 것도 한 원인이다. 애널들은 한 달 전 올 4분기 순익 증가율이 15.6퍼센트에 달할 것으로 예상했으나 최근 11.2퍼센트로 하향 조정했다. 또 내년 1분기 순익 증가율 전망도 당초의 19.1퍼센트에서 12.6퍼센트로 내렸다.

《머니투데이》, 2000. 11. 17

9월에 인텔 등의 간판 기술주들이 잇달아 3/4분기 실적 둔화 우려를 경고하면서 시작된 기술주 추락은 4/4분기 실적 경고로 이어지면서 좀처럼 끝날 기미를 보이지 않고 있는 것이다. 특히 이날 월스트리트에서 가장 영향력 있는 애널리스트인 골드만삭스의 애비 조셉 코언이 나서서 현재 주가는 매수하기에 매우 매력적인 상태며 S&P500 주가 전망치도 1650포인트로 기존과 변함없다는 희망적인 메시지를 던졌으나 투자자들은 들은 척도 하지 않았다.

《머니투데이》, 2000. 12. 1

앞서 제시한 11월 17일 기사에서는 많은 기술 기업들이 기대에 못 미치는 실적을 보여주자 분석가들(애널리스트)이 기업 실적에 대한 기대를 낮추고 있다는 내용이 담겨 있습니다. 2000년 4분기의 실적뿐 아니라 그다음 해인 2001년 1분기에도 기업 실적이 실망스러운 흐름을 이어갈 것이라는 내용입니다.

두 번째 기사는 조금 더 우울하죠. 3분기 인텔의 실적 악화와 더불어 기술주의 4분기 실적 역시 회복될 기미가 없다는 기사입니다. 당시 유명 애널리스트였던 애비 조셉 코언이 주식 투자를 해도 괜찮을 것이라는 낙관적인 전망을 제시했음에도 투자자들은 크게 반응하지 않는 모습입니다. 기술주의 실적마저 흔들리면서 주가 급락이 이어지자 그해 12월, 10년 동안 익혀왔던 주가 상승에 대한 낙관적 기대 역시 한풀 꺾였습니다.

꺾이지 않을 것 같았던 나스닥 지수의 강한 상승세도 결국 연준의 과격한 금리 인상에 반응하기 시작했습니다. 너무 많이 오른 주가, 거기에 1994년 이후 처음으로 단행된 0.5퍼센트 금리 인상이 겹쳐지면서 나스닥 시장은 크게 흔들리기 시작했죠. 10년 동안 이어온 상승에 대한 기대감이 남아 있기에 수시로 저가 매수의 희망을 머금고 강한 반등이 나오기는 했지만 꾸준한 회복과는 거리가 멀었습니다. 결국 2000년 말, 나스닥 지수는 형편없는 성적표를 받아들게 되죠. 2000년의 마지막 날인 12월 31일 기사를 읽어보시죠.

2000년 나스닥 지수는 30년 만에 최악의 하락세를 보이면서 연간 39퍼센트 폭락을 기록했습니다. 한때 5000 선을 넘어섰던 나스닥 지수는 그해 말 2500 선을 무너뜨리고 하락했습니다. 2000년 1월 대비로는 39퍼센트 하락, 그리고 2000년 3월 기록했던 고점 대비로는 50퍼센트 이상의 하락 폭을 기록한 겁니다. 그리고 기술주 불패의 신화 역시 막을 내리게 되죠.

정리해 봅니다. 기세등등하게 상승세를 이어가던 나스닥 지수는 Y2K를 무사히 넘긴 후 본격적인 금리 인상으로 대응해 온 미국 연준의 강한 긴축으로 인해 2000년 3월 10일 정점을 기록하고 무너지기 시작했습니다.

그러나 하락장의 초반에는 연준의 긴축이 오래 가지 않을 것이라는, 연준은 긴축에 대한 두려움이 커서 결국 괜찮아질 거라는 시장의 자신감에 계속해서 강한 상승과 하락을 반복했죠. 그리고 조금이라도 더 안전한 주식으로의 자금 쏠림이 나타나면서 기술주 중 인텔 같은 대형주는 정점을 기록하기도 했습니다.

그러나 2000년 4분기로 접어들면서 높아진 금리로 인한 경기 둔화 부담과 과도하게 비싸진 주가 등을 배경으로 하락 추세로 전환되고, 나스닥 지수는 2000년 연말에 연중 기록했던 고점 대비 반토막을 기록하게 됩니다.

이번 챕터 서두에서 주가의 상승이 해당 주식을 보유하고 있는 개인들의 소득 증가로 이어지게 되고, 이런 소득 증가가 소비를 자극하며 물가 상승 압력을 키울 수 있다는 이야기를 했었죠. 물가 상승세를 제압하기 위해 연준은 적극적 금리 인상으로 대응했고 이는 나스닥 거품 붕괴의 직접적 원인으로 작용했습니다.

그런데요, 현실적으로 주가가 이렇게 큰 폭으로 하락하게 되면 어떻게 될까요? 연준의 스탠스도 변하게 되지 않을까요? 그 이야기를 다음 챕터에서 이어가겠습니다.

위기의 역사

09

금리 인하로도
해결할 수 없는 것

기준금리를 1퍼센트로 인하했음에도 살아나지 못하는 주식시장

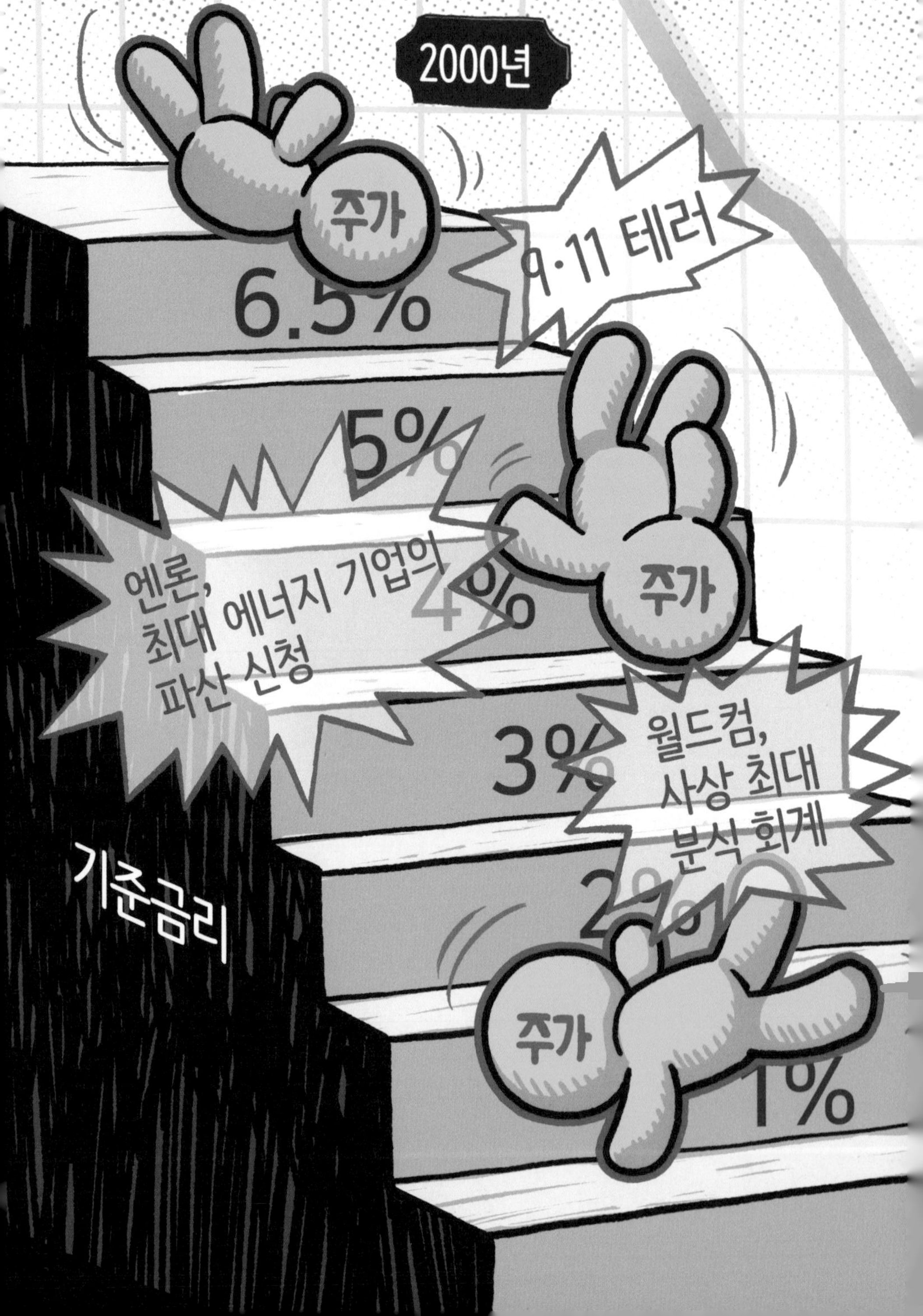

물가는 어느 정도 안정된 것 같으니 경기 침체를 막기 위해 금리를 인하해야겠군.

앨런 그린스펀
Alan Greenspan
(당시 연준 의장)

2003년

주가

오~ 필승 코리아!

2002년을 떠올리면 제일 먼저 생각나는 태극 전사들!

그들이 보여준 4강 신화는 우리의 가슴을 뜨겁게 달궜다.

한편, 지구 반대편에도 우리만큼 뜨겁게 달아오른 이들이 있었는데……

왜 이렇게 계속 떨어지는 거야!

분노하는 미국인 투자자

2000년, Y2K나 노스트라다무스의 예언 등 두려움도 있었지만 새 천년의 시작이었던 만큼 사람들은 매우 활기찼던 것 같습니다. 2000년 새해 맞이 재야의 종 행사를 직접 보러 광화문에 나가고 싶었지만 사람들이 너무 많을 것 같아서 포기했던 기억이 나네요. 새천년 맞이 행사였기 때문에 평소보다 볼거리가 많았습니다.

저는 이듬해인 2001년 초에는 군대를 가야 했기에 그해 겨울에는 친구들과 술자리를 많이 가졌었죠. 당시 친구들은 두 부류가 있었던 것 같습니다. 한 부류는 취업을 준비하는 친구들이었죠. 상식 공부를 해두어야 한다, 영어 점수가 높아야 한다, 예전보다 취업 난도가 엄청 높아졌다 등을 이야기하면서 군대 생활하는 동안 멍 때리고 있지 말고 취업 준비를 함께 병행하라는 조언을 해주었죠. 조언은 고마웠지만 군대를 가야 한다는 부담으로 가득 차 있던 저는 그런 준비를 병행하는 것이 일종의 사치라고 생각했습니다.

다른 한 부류는 벤처 기업에서 아르바이트 형태로 일을 하는 친구들이었죠. 해당 기업에서 마케팅 아이디어를 제시하거나 리서치를 하는 등의 일을 도왔던 것 같은데 이 친구들은 벤처 기업 붐에 적극적으로 올라타는 얼리버드 성향을 가지고 있었습니다. 자기가 기반을 잘 닦아두고 있을 테니 나중에 군대 생활 마치고 나오면 같이 큰 그림을 그려보자는 이야기를 했었죠. 반신반의했지만 군대 생활 이후를 걱정하지 않아도 된다는 기대감에 기분은 좋았던 것 같습니다.

실제로 군대 생활을 하면서는 무언가 다른 공부를 해야겠다는 엄두를 내지 못했죠. 경제, 영어, 벤처 산업 동향 등을 공부하는 것보다는 군대 생활과 관련된 시사 정보들에 흥미를 많이 느꼈던 것 같습니다. 그리고 그런 상황에 정점을 찍은 사건이 있었는데요, 바로 9·11 테러였습니다.

제2차 세계대전 당시에도 공격받지 않았던 미국 본토, 그것도 뉴욕의 심장부를 타격한 테러……. 처음 그 장면을 TV를 통해 보았을 때는 '이건 영화야……'라는 생각을 했고요, 그 이후에는 바로 '이러다 전쟁 나는 거 아냐, 설마……'라는 두려움이 엄습했습니다. 당시 조지 부시(George W. Bush) 행정부하의 강한 대외 정책을 반영하듯 곧바로 아프간 전쟁이 일어났죠. 그리고 2002년 초 부시 대통령의 그 유명한 '악의 축(Axis of Evil)' 발언이 나왔습니다. 그리고 이런 미국과 중동 국가들의 크고 작은 분쟁은 제가 군대 생활 마무리를 준비하던 2003년 초 제2차 걸프 전쟁의 발발로까지 이어졌죠.

물론 이런 이야기들에만 관심을 가졌던 것은 아닙니다. 9·11 테러 및 아프간 전쟁보다 훨씬 더 관심을 가졌던 것은 2002 한일 월드컵의 조 편성이었죠. 당시 조 편성 발표 때 피구가 있는 포르투갈과

전 세계에 큰 충격을 줬던 2001년 9·11 테러

출처: 위키피디아

같은 조가 되면서 엄청나게 실망했던 기억, 그리고 4강까지 진출하는 과정에서 군대 동료들과 함께 얼싸안고 기뻐했던 기억……. 돌아보면 모두 좋은 추억입니다.

정작 그 때에는 닷컴 버블 붕괴, 9·11 테러 등의 이야기가 글로벌 경제와 금융시장에 엄청난 영향을 주었다는 것을 전혀 체감하지 못했죠. 당시 발생했던 사건들을 돌아보며 닷컴 버블의 마지막 챕터를 시작해 보겠습니다.

연준의 통화 정책과 주식시장의 상관관계

/

　새천년의 꿈을 머금고 상승하며 출발했던 나스닥 지수는 2000년 3월을 고점으로 큰 폭으로 하락했죠. 최초로 5000 선을 넘어섰지만 2000년 말이 되었을 때는 반토막 수준인 2500 선으로 마감했습니다. 당시 개인투자자들이 선호했던 기술주 투자 붐의 붕괴를 알리는 신호탄이었죠. 이렇게 되면 2000년 초 연준 의장인 그린스펀의 코멘트는 반대로 뒤집어져야 합니다. 당시 그린스펀은 주식시장의 강세에 힘입어 소득을 늘린 가계가 소비를 늘리면서 인플레이션 압력을 높였다고 말했죠. 그리고 현실화된 인플레이션 압력을 제어하기 위해 금리 인상 기조를 강화해야 함을 강조했습니다. 그리고 이는 2000년 5월 16일 0.5퍼센트 금리 인상으로 이어졌죠.

　주식 폭락으로 자산 가격이 크게 하락했으니 개인투자자들의 투자 손실이 상당했을 겁니다. 그렇다면 당연히 소비 경기가 둔화되면서 인플레이션 압력이 크게 낮아지지 않았을까요? 인플레이션 압력이 완화되면 물가보다는 경제 성장에 초점을 맞춰야 할 겁니다. 이미 꺾여버린 물가를 바라보면서 계속 고금리 기조를 이어가게 되면 물가뿐 아니라 실물경제 성장의 싹을 잘라버리는 우를 범할 수 있기 때문이죠. 이에 그린스펀은 다음과 같은 코멘트를 합니다. 기사 보시죠.

그린스펀 의장은 이날 미국 지역 은행가 회의에 참석, 이례적으로 '주가 급락'을 언급하며 미국 경제 성장세가 급격히 둔화할 위험이 있다고 지적했다. 그는 '자산 가치 하락과 금융시장의 과도한 우려가 소비 및 기업 투자를 지나치게 떨어뜨릴 수 있다'며 은행들에게 신용 기준을 너무 강화하지 말라고 주문했다.

《머니투데이》, 2000. 12. 6

2000년 12월 6일에 실린 기사입니다. 그린스펀 연준 의장의 발언 분위기는 그해 4월의 코멘트와는 사뭇 달랐습니다. 주가 하락을 언급하며 소비가 둔화할 수 있음을, 그리고 이런 소비 둔화가 기업의 매출을 꺾어버리면서 기업이 투자를 줄이게 될 수 있음을 경고하고 있죠. 기업 투자가 줄어들게 되면 당연히 고용이 위축될 겁니다. 자산 가격은 하락하고, 금리는 높고, 기업의 자신감이 위축되고, 실업자가 크게 늘어나는 세상……. 연준은 이런 세상으로 치닫는 것을 좌시할 수 없었겠죠.

마지막 문장에서 그린스펀 의장은 은행들에게 대출을 늘리면서 실물경제에 유동성을 지원해 줄 것을 주문하고 있습니다. 은행에게는 돈을 공급하라고 하면서 연준은 금리 인상으로 긴축을 하는 엇박자 행보를 이어갈 수는 없었겠죠. 네, 연준의 금리 인하가 가시화되기 시작합니다. 금리 인상으로 신음하던 금융시장은 이런 분위기를 환영합니다. 환호성을 지르며 강한 반등세로 화답했죠.

그린스펀의 발언이 있었던 2000년 12월 5일 주식시장은 큰 폭으로 상승했습니다. 특히 가장 부진한 흐름을 이어갔던 나스닥 시장은 사상 최대 폭으로 반등하면서 회복의 기대감을 높이기 시작했죠. 그리고 이듬해인 2001년 1월 3일 연준은 긴급 회의를 열고 0.5퍼센트 긴급 금리 인하를 단행합니다. 2000년 5월 16일 0.5퍼센트 인상을 마지막으로 금리 인상 사이클은 멈춰 섰고, 2001년 1월 초부터 금리 인하가 시작된 것이죠. 6.5퍼센트였던 금리는 6.0퍼센트로 낮아졌고 간만에 금리 인하라는 단비를 만난 금융시장은 더욱 크게 환호하게 됩니다. 그날의 분위기를 전해 드리죠.

2000년 12월 말 주식시장이 2500 선을 밑돌면서 마감을 했는데, 그 이듬해 주식시장 개장과 함께 날아온 0.5퍼센트 금리 인하라는 낭보에 주식시장은 다시 한번 사상 최대 폭으로 상승합니다. 앞서 인용했던 2000년 12월 5일의 사상 최고치 상승 폭을 바로 다음 달인 1월 3일에 경신해 버린 겁니다. 그렇게 기다리던 금리 인하가 시작되었으니 이제 본격적인 반등에 돌입하게 되는 걸까요? 그런데요, 금리 인하에도 불구하고 이런 상승세는 1개월 후쯤 멈춰 서게 되었고, 주식시장은 다시금 무너져 내리기 시작했습니다.

'금리가 인하되면 주식시장은 상승하는가?'라는 질문에 답하기는 참 어렵습니다. 왜냐하면 주가를 결정하는 요인에는 금리 이외에도 수많은 요인들이 얽혀 있기 때문입니다. 이 질문은 뒤집어 말하면 '금리를 인상하면 주가는 하락하는가?'라는 질문이 될 수 있죠. 마찬가지로 금리 이외에도 주가를 결정하는 다양한 요인이 있기에 답하기가 참 어렵습니다.

예를 들어보죠. 어떤 기업에 투자를 하면 매년 30퍼센트의 수익을 얻을 수 있다고 가정합니다. 투자금을 구하기 위해 대출을 받아야 하는데 대출 금리는 5퍼센트 정도 되죠. 투자금을 5퍼센트에 빌려서 30퍼센트 수익을 낸다면 이건 해볼 만한 투자가 될 겁니다. 그런데 대출을 며칠 앞둔 어느 날 은행에서 전화가 온 거죠. 죄송하지만 금리가 올라서 5퍼센트가 아닌 6퍼센트로 대출을 받으셔야 한다는 겁니다. 금리가 올랐으니 투자를 포기해야 하나요? 금리가 올랐다고 해도 올라버린 금리 이상의 수익을 기대할 수 있다면 금리 인상은 투자의 걸림돌이 될 수 없습니다. 그리고 높은 수익은 결국 기업이나 경제의 성장이 강해질 때 가시화될 겁니다. 금리가 인상되어도 경기가 뜨겁고 기업의 성장세가 강하다면 주가는 상승할 수 있죠.

이 이야기는 그대로 금리 인하에도 적용이 될 수 있습니다. 성장세가 유지되고 있는 상황에서 금리 인하가 이루어지면 그야말로 날개를 달 수 있죠. 앞선 챕터에서 LTCM 사태 당시 미국의 금리 인하 사례를 말씀드렸던 바 있습니다. 미국 경제 성장세는 뜨거운데 다른 국가, 혹은 금융기관의 파산 등이 미칠 역풍을 우려해서 금리를 인하하게 되는 경우죠. 성장세는 유지되는데 금리를 인하하니 자산시장이 뜨겁게 반응했습니다. 그렇지만 성장의 동력이 무너지면서 성장세가 크게 위축되고 있는 상황이라면, 그래서 금리가 낮아지는 폭과 속도보다 성장이 주저앉는 정도가 더 크다면 주식시장은 부진한 모습을 보일 수 있습니다.

과도하게 올랐던 나스닥 지수의 하락은 그린스펀 의장이 걱정할 정도로 실물경기의 빠른 냉각을 가져왔습니다. 그리고 그런 냉각을 막고자 금리 인하에 나섰던 겁니다. 그렇지만 금리 인하의 힘보다 경기의 둔화의 속도가 보다 빨랐던 것으로 보입니다. 금리 인하 발표 이후 반짝 상승세를 보이던 주식시장은 금세 주저앉고 말았죠. 호기롭게 시작했던 2001년, 그해 1분기 주식시장의 성과를 결산한 기사를 인용해 봅니다.

올 들어 세 차례 금리 인하에도 불구하고 1/4분기 증시가 내리막길을 걸었던 것은 바로 기업들의 실적 악화였다. "모든 투자전략가들은 1월 3일 금리 인하 직후 향후 1년간의 주가 (상승) 전망을 내놓았다. 두 번째, 세 번째 금리 인하 때도 마찬가지였다. 하지만 우리의 낙관과 달리 주가는 하락세를 멈추지 않았다." 도이체 뱅크 알렉스 브라운의 수석투자전략가 에드 야데니의 고백이다.

금리 인하 효과를 잠재운 기업 실적 경고는 지난 3개월간 증시에서 1조 8000억 달러를 허공으로 날려 보냈다. 나스닥 지수는 1분기 중 25.5퍼센트 떨어지며 1840.26으로 마감했다. 이로서 나스닥 지수는 1983년 6월~1984년 6월 이후 처음으로 4분기 연속 하락했다. 1년간 하락 폭은 59퍼센트에 달한다. (중략) ING 베어링의 존 모로사니는 "역대 가장 부진한 분기 중 하나였다"며 "1998년부터 지난해 초까지 쌓은 과잉 (투자) 문제가 노출된 결과였다"고 지적했다.

《머니투데이》, 2001. 4. 1

1분기에 이루어졌던 연준의 금리 인하는 1월 초 0.5퍼센트에 그치지 않았습니다. 이후 있었던 두 차례 FOMC에서 추가 금리 인하가 이어졌음에도 금융시장은 부진에서 벗어나지 못했죠. 첫 번째 문단에 나온 그대로입니다. 시장의 낙관과 달리 주가는 하락세를 멈추지 않았던 겁니다. 그리고 그 원인에는 금리 인하로도 메워지지 않는 기업들의 실적 둔화, 즉 성장 부진이 있었던 거죠. 2500 선을 힘차게 돌파하면서 2001년을 시작했던 나스닥은 2001년 3월 말 1840포인트까지 추가 하락하면서 4분기 연속 하락의 부진을 이어갔습니다.

모든 내용을 다 다룰 수는 없기 때문에 이후에 있었던 이정표 격인 사건들의 기사 제목만 인용해 보겠습니다.

- 미국 심장부서 사상 초유 동시 다발 테러 발생

  《연합뉴스》, 2001. 9. 12

- 미 최대 에너지 기업 엔론 파산 신청

  《동아일보》, 2001. 12. 4

- 美 분식회계 도마 위에⋯파산 엔론社 부실 감사 불똥

  《한국경제》, 2002. 1. 14

- 美 월드컴, 사상 최대 분식 회계⋯38억 불 규모⋯세계 금융시장 대충격

  《한국경제》, 2002. 6. 27

- 월드컴 사태로 본 美 기업 회계 부정 현황

  《연합뉴스》, 2002. 7. 22

9·11 테러는 모두가 기억하실 겁니다. 이날 뉴욕 증권거래소는 사상 초유의 사태에 거래 중단을 선언했고 주식시장은 큰 폭의 하락세를 보였죠. 호황이 이어질 것이라는 기대와는 달리 지속적인 자산 가격의 하락과 경기 침체가 현실화되자 기업들의 사정도 악화되기 시작합니다. 그 와중에 분식 회계 사건이 터져 나오는데, 당시 세계 최대 에너지 기업이었던 엔론과 거대 통신사 중 하나였던 월드컴의 회계 부정 사건이었습니다. 회계 장부는 기업들의 재무 상황, 그리고 지난 1년 동안의 성과 등을 공개하면서 투자자들에게 올바른 투자의 정보를 제공하기 위해 존재하죠. 그런 회계 장부에 의도적으로 잘못된 정보를 올려서 투자자들을 속였던 겁니다. 금융은 돈을 융통한다는 뜻이죠. 누군가에게 돈을 빌려주거나 받는다는 의미일 텐데요, 신뢰가 사라진 세상에서는 금융이 강하게 위축되기 마련입니다.

9·11 테러라는 사상 초유의 사태와 이후 이어졌던 아프간 전쟁으로 인해 글로벌 성장에 대한 불안감이 커지게 되었죠. 여기에 엔론 및 월드컴 사태가 터지면서 미국 주식시장에 대한 신뢰 역시 무너져 내립니다. 그리고 2003년 초의 제2차 이라크 전쟁까지……. 금융시장에 악재가 너무나 많았었죠. 이런 악재에 대응하기 위해 연준은 기준금리를 지속적으로 낮춰 주었습니다. 주가를 다시 밀어 올리는 데는 실패했지만 적어도 무너지는 실물경기를 받쳐주면서 충격을 최소화하는 데에는 도움을 주었죠.

이후의 흐름을 그래프를 보면서 이야기해 보겠습니다. 다음 쪽에 있는 〈그래프 11〉을 보시죠.

주황색 선은 미국의 기준금리이고, 파란색 선이 나스닥 지수입니다. 주황색 선이 계단식으로 낮아지기 시작했던 시점이 바로 연준의 0.5퍼센트 금리 인하가 단행되었던 2001년 1월 3일이죠. 검은색 화살표로 표시된 부분을 보시면 아시겠지만 첫 금리 인하 이후 나스닥 지수는 강하게 튀어 올랐습니다. 그렇지만 이후 다시금 큰 폭으로 하락하면서 부진에 부진을 거듭했죠.

나스닥 지수의 하락에만 주목하실 게 아니라 기준금리도 보실 필요가 있습니다. 2000년 5월 6.5퍼센트로 정점을 기록했던 미국 기준금리는 이후 빠르게 인하되면서 2002년 말에는 1퍼센트 수준으로 내려왔죠. 6.5퍼센트의 금리가 1퍼센트대로 낮아졌으니 약 5.5퍼센트의 금리 인하를 했음에도 불구하고 나스닥 지수의 버블 붕괴를 막을 수는 없었던 겁니다.

그래프 11 닷컴 버블 당시 미국 기준금리와 나스닥 추이

(pt)

(%)

— 나스닥(좌)   — 미국 기준금리(우)

(출처: 블룸버그)

여기서 잘못된 해석은 이런 겁니다. '금리 인하가 나스닥 지수를 끌어 내렸다'라는 결론이죠. 이 그래프만 보면 그런 결론에 도달할 수 있습니다. 이 경우 '금리 인하는 주식시장에 악재'라는 잘못된 법칙을 만들어 낼 수 있습니다. 하지만 그보다는 '이렇게 빠르고 깊은 금리 인하에도 불구하고 성장의 둔화가 워낙 심각했기에 나스닥의 하락을 막지 못했다'는 논리가 보다 설득력 있을 듯합니다. 뒤집어 말하면 저 정도의 깊은 금리 인하로 하단을 받쳐줬기에 저 정도 하락에 그칠 수 있었다는 해석도 가능하겠죠.

금리 인하로도 해결할 수 없는 것   **223**

여기서 잠시 연준의 통화 정책과 주식시장의 관계를 정리해 보죠. 1998년 러시아의 모라토리엄 선언 및 LTCM의 파산 당시 연준은 발빠른 금리 인하를 통해 금융시장을 혼란에서 구해 낼 수 있었습니다.

이후 연준 풋에 대한 확신을 갖고 있었기에 Y2K를 앞두고 금리 인상을 몇 차례 멈추어 설 때에도 금융시장은 환호하곤 했죠. 그리고 2001년 연초 경기 둔화에 대한 두려움을 감안하여 진행된 금리 인하 초기에도 시장은 환희에 넘쳤었습니다. 네, 금리 인하가 하나의 만병 통치약처럼 인식되었습니다. 적어도 버블이 강해질 당시에는요.

그런데 신경제에 대한 기대감이 실망감으로 바뀌고, 영원히 강할 것 같았던 주식시장이 방향을 바꾸게 되자, 금리 인하로도 막을 수 없는 장기 하락장이 이어졌던 겁니다.

닷컴 버블 붕괴가 불러온 실물경기 둔화

/

닷컴 버블이 정점을 기록했던 2000년 3월 10일 이후 3년이 지난 시점에 「기술주 버블 붕괴 3년, 그 역사는」이라는 기사가 나왔습니다. 인용해 보겠습니다.

　나스닥 지수는 고점 대비 78퍼센트 하락했음을 알 수 있죠. 다만 과열 양상을 보였던 기술주만 하락한 건 아닙니다. 당시 자산 가격의 상승에 힘입어 이어진 미국의 강한 소비, 이에 기반한 미국 경제의 강한 성장을 반영하면서 강세를 이어가던 다우존스 지수 및 S&P500 지수 역시 나스닥 지수만큼의 낙폭은 아니지만 고점 대비 큰 폭으로 하락했습니다. 그리고 이런 하락은 자산 가격의 하단을 탄탄히 받쳐 준다는 연준 풋으로도 막지 못했죠. 다음 쪽 〈그래프 12〉를 한번 보시죠.

　다우존스 지수는 미국 내 전통의 강호 기업 30개를 지수로 만들어 놓은 겁니다. S&P500은 미국 대기업 500개를 지수화한 것이라고 보면 되고요. 나스닥은 기술주를 중심으로 한 미국 기업들을 모아놓

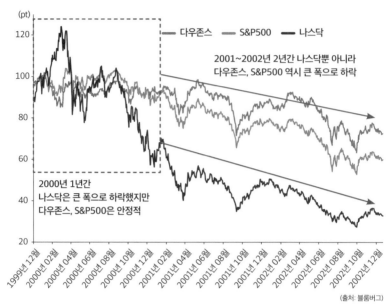

그래프 12 닷컴 버블 당시 미국 주요 지수 비교

2001~2002년 2년간 나스닥뿐 아니라
다우존스, S&P500 역시 큰 폭으로 하락

2000년 1년간
나스닥은 큰 폭으로 하락했지만
다우존스, S&P500은 안정적

(출처: 블룸버그)

2000년부터 2002년까지 닷컴 버블 붕괴 시기의 미국 3대 주가 지수의 추이입니다. 2000년
1월 1일을 100으로 두고 세 지수를 비교했는데, 2000년 3월부터 나스닥(검은색 선)의 하락세
가 두드러집니다. 2000년 1년간 다우존스(파란색 선)와 S&P500(주황색 선)은 큰 움직임을 보이
지 않았는데, 2001년 들어서면서부터 세 지수가 동반 하락하며 2002년 말에는 고점 대비 다
우존스는 약 40퍼센트, S&P500은 약 50퍼센트, 나스닥은 약 80퍼센트 하락했죠.

은 지수입니다. 닷컴 버블 당시 기술주만의 버블이었다면 나스닥 지
수만 큰 폭으로 하락하고 그런 기술주의 비중이 높지 않은 다우존스
지수나 S&P500 지수의 충격은 크지 않았을 겁니다. 적어도 이런 설
명이 2000년에는 맞아떨어졌죠. 그래프에서 보시는 것처럼 2000년
1년만 본다면 큰 폭으로 상승했던 나스닥이 크게 하락하는 것은 확
인할 수 있지만 다우존스나 S&P500 지수는 큰 충격을 받지 않은 것
으로 나타납니다. 하지만 나스닥 등 당시 개인투자자들이 선호했던

주요 종목이 무너진 이후 실물경기의 침체가 나타나자, 다우존스나 S&P500 지수에 속한 전통의 강호들도 경기 침체 우려를 반영하면서 큰 폭으로 하락했죠.

닷컴 버블은 단순히 비싼 기술주들의 하락에 그쳤던 것이 아니라 1990년대 내내 10년간 강한 성장세를 이어오던 미국의 실물경기 둔화를 초래한 사건이었습니다. 잠시 미국 실업률 그래프를 하나 보겠습니다.

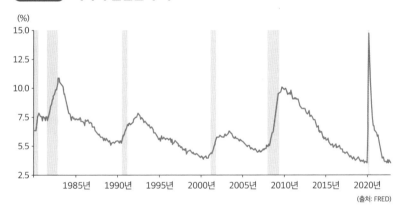

그래프 13 **미국의 실업률 추이(1980~2020년)**

(출처: FRED)

상기 그래프의 파란색 선이 미국의 실업률입니다. 회색 세로선은 미국의 경기 침체 시기를 나타낸 것인데요, 2000~2005년 사이를 보면 회색 선이 하나 그어져 있는 것이 눈에 띄죠. 실업률이 낮아질수록 실업자 수가 감소함을 의미하기에 실물경기가 탄탄하다는 것을 반증합니다. 2000년 직후를 보면 실업률이 매우 낮음을 알 수 있죠. 그러나 회색선이 시작됨과 동시에 실업률이 빠르게 오르면서 고용이 악화되고 있다는 점도 아울러 보실 수 있을 겁니다. 네, 닷컴 버블 이후의 충격으로 미국 경제가 경기 침체를 맞았던 것이죠. 다만 경기 침체를 나타내는 회색 선의 두께가 다른 시기보다 다소 얇습니다. 그리고 실업률이 크게 오르긴 했지만 다른 시기보다는 그 상승폭이나 높이가 상대적으로 낮다는 점에도 주목해야 합니다. 당시의 경기 침체는 다른 시기보다는 다소 약한, 그리고 짧은 침체였다고 할 수 있죠. 어울리는 표현일지는 모르겠지만 '마일드한 경기 침체'라는 단어가 적절할 듯합니다. 2010년 직전의 회색 선을 보면 경기 침체의 지속 기간(회색 선의 두께)이나 실업률의 레벨(파란색 선의 높이) 등이 매우 길고 높다는 점이 눈에 띄죠.

일반적으로 경제위기에 대해 논할 때 2000년대 초반의 닷컴 버블은 좀처럼 언급되지 않습니다. 앞의 그래프에서 보신 것처럼 마일드한 침체에 그쳤기 때문이라고 할 수 있습니다. 그렇다면 이른바 100년 만의 위기라고 불렸던 심각한 침체, '글로벌 금융위기'와는 어떤 면에서 차이가 있었던 것일까요? 이에 대해 2006년부터 2014년까지 연준을 이끌며 글로벌 금융위기에 맞서 싸웠던 벤 버냉키(Ben Bernanke) 전 연준 의장의 저서에서 그 힌트를 찾을 수 있습니다. 조금 길고 어려우실 수 있겠지만 해설을 해드릴 테니 읽어보시죠. 두 파트로 나누어 가겠습니다.

1999년, 2000년, 그리고 2001년에 주가가 급등한 적이 있습니다. 급등한 주가에는 닷컴주나 기술주의 거품 가격이 포함됩니다만,

이들 닷컴주나 기술주에만 국한하여 주가가 급등했던 것은 아닙니다. 주가는 2000년과 2001년에 급락했고 이에 따라 장부상 부의 상당 액수가 공중으로 사라지고 말았습니다.

사실 닷컴주 및 여타 주식의 가격 하락으로 사라진 장부상 부의 규모는 주택 버블이 꺼지면서 사라진 부의 규모와 크게 다르지는 않았습니다. 그렇지만 닷컴 붕괴는 완만한 경기 침체로 이어졌을 뿐입니다. 겨우 8개월짜리 경기 침체에 불과했지요. 실업률이 상승하긴 했지만, 1980년대처럼 혹은 보다 최근처럼 극적으로 상승했던 것은 결코 아니었습니다. 그러므로 우리는 주가의 거대한 과열 및 붕괴를 겪었습니다만 이로 인해 금융 시스템이나 실물경제에 그다지 심각하거나 지속적인 피해가 야기되지는 않았던 것이지요.

_벤 S. 버냉키, 김홍범·나원준 옮김,

『벤 버냉키, 연방준비제도와 금융위기를 말하다』, 미지북스, 2014, p.91

첫 문단을 보시면 닷컴 버블에 대해 언급하고 있습니다. 주가의 급락과 함께 상당한 부가 사라졌다고 합니다. 두 번째 문단을 보시면, 당시 닷컴 버블로 인한 자산 가치의 하락 및 그 규모는 금융위기를 만들어 냈던 주택 가격의 붕괴 규모에 못지 않았다고 나오죠. 핵심은 그렇게 많은 부가 사라졌음에도 그로 인한 충격은 8개월 정도의 단기 침체에 불과했다는 점입니다. 거대한 주식 버블의 붕괴가 경제에 남긴 상흔은 금융위기 당시의 그것에 비해 매우 작습니다. 그렇다면 금융위기는 닷컴 버블과 비슷한 수준의 자산 가격 하락으로 도대체 어떤 충격을 주었길래 이른바 '100년 만의 위기'로 불릴까요? 뒤의 문장을 조금 더 인용하겠습니다.

주택 가격 하락은 주식 가격 하락(IT 버블)이 초래했던 충격보다 훨씬 더 큰 충격을 금융시스템과 실물경제에 안겼습니다. 이 점을 이해하기 위해서는 기폭제와 취약성 개념을 구분하는 것이 중요합니다. 주택 가격의 하락과 주택담보대출의 손실은 하나의 기폭제였습니다. 불쏘시개 위로 던져진 성냥 같다는 뜻이지요. 바싹 마른 상당량의 가연성 소재가 주변에 놓여 있지 않았더라면, 대형 화재는 나지 않았을 것입니다.

최근 금융위기의 경우는 어떤 의미에서 주택시장 붕괴의 불똥이 경제에 그리고 금융 시스템에 내재한 취약성으로 옮겨 붙으면서 큰 화재로 번진 것입니다. 다시 말해서, 그다지 심하지 않은 경기 침체를 겪는 것으로 지나갈 수도 있었을 일이 금융 시스템의 약점들 때문에 훨씬 더 격렬한 위기로 변형되었다는 것이지요.

_벤 S. 버냉키, 김홍범 · 나원준 옮김,

『벤 버냉키, 연방준비제도와 금융위기를 말하다』, 미지북스, 2014, p. 91

금융위기는 주택 가격 하락이 하나의 기폭제가 되어 은행의 부실, 즉 금융 시스템의 부실에 불을 붙인 거죠. 닷컴 버블의 붕괴나 금융위기 당시 주택 가격의 하락을 불이 나는 것으로 본다면 주변에 불이 옮겨 붙을 것들이 있었는지 아닌지가 상당한 차이를 만들었다는 이야기입니다. 금융위기 때에는 주변에 가연성 높은 소재들이 많았기에 그 불이 크게 옮겨 붙은 것이지만, 닷컴 버블 당시에는 그런 소재들이 없었기에 단기적인 침체로 마무리된 겁니다.

꼬리에 꼬리를 무는 느낌이지만 이런 궁금증이 생기지 않나요? 가연성 높은 소재라는 게 도대체 무엇일까, 그게 금융기관들의 부실과 연결이 된다고?

우리는 2008년을 글로벌 금융위기(Global Financial Crisis)로 기억하고 있습니다. 다음 장에서는 금융위기에 대해 이야기해 보겠습니다.

HISTORY

OF THE

제3장

금융
위기

CRISIS

10

두 번의 클라이맥스

진정한 안전자산, 달러

외환위기 vs. 금융위기

금융시장 분석 관련 업무를 하다보면 여러 가지 사건들을 만나게 됩니다. 자연재해부터 시작해서 각종 경제위기 상황에 이르기까지 전혀 예측할 수 없는 상황에서 일어나는 다양한 사건들에 놀라곤 하죠. 그리고 그런 놀라움을 넘어 거의 멘탈이 무너지는 수준으로 말려들어가는 상황도 있습니다. 제가 마켓을 모니터링했던 2004년부터 이 책을 쓰고 있는 2023년까지, 금융시장이 무너지는 이른바 셀링 클라이맥스(Selling Climax)를 두 차례 경험했습니다. 하나는 3년이라는 긴 기간 동안 전 국민이 마스크를 써야만 했던 코로나19 사태(2020년 3월)였고요, 다른 하나는 100년 만의 위기라고 불리던 2008년 9월의 글로벌 금융위기 때였습니다. 그 외에도 크고 작은 위기 상황을 경험해 본 적은 있지만 이 두 가지 위기 국면의 아우라에 범접할 수 없었죠.

둘 다 느낌은 비슷했던 것 같습니다. 코로나19 때에는 바이러스가 어떻게 확산될지, 언제까지 이어질지 아무도 알 수 없었죠. '미국에 상륙했다, 미국에 확진자가 나왔다……'라는 소식 하나 하나가 상당한 두려움으로 다가왔고, 글로벌 금융시장이 하릴없이 녹아내렸던 기억이 납니다. 연준에서 금리 인하 등의 경기 부양에 나서기는 했지만 그야말로 언 발에 오줌 누기 분위기였죠. '금리를 인하해 준다고 해서 바이러스가 치유되겠는가!'라는 비난에 연준의 부양 정책 효과는 바로 사라져 버렸습니다.

글로벌 금융위기에는 신흥국에 투자했던 외국인들이 대탈출을 시도하면서 신흥국의 자산을 매각했죠. 이 과정에서 신흥국의 주식, 채권, 그리고 통화가치까지 모두 무너져 내리는 트리플 약세를 만나게 됩니다. 다음 쪽에 당시 상황을 나타낸 〈그래프 14〉와 〈그래프 15〉가 있습니다. 같이 보시죠.

글로벌 금융위기는 '대공황 이후 찾아온 최대의 위기'라는 수사를 얻었습니다. 당시 자주 오르내리던 단어가 '서브프라임 모기지론'과 '파생상품'이었습니다. 서브프라임 모기지론을 바탕으로 다양한 파생상품을 만들어 냈는데, 그 파생상품이 어디에 어느 정도로 투자가 되어 있는지를 알 수 없었다는 것이 문제였습니다. 코로나19 때와 상당히 비슷하지 않나요? 바이러스가 언제 어떻게 전개되며 어느 정도까지 충격을 줄지를 전혀 알 수 없었던 것처럼, 금융위기 역시 파생상품이 미친 충격이 어느 정도인지 알 수 없기에 막연한 두려움이 더욱 컸던 겁니다.

물론 저는 외환위기를 직접 현장에서 겪어본 적이 없기에 그때를 경험한 선배들에게 지금(2008년)의 위기에 대해 물어봤습니다. 대답은 너무 무서웠습니다. 외환위기는 한국만의 위기였고, 당시 미국은

그래프 14 **금융위기 당시 코스피, S&P500 지수 추이(2008~2009년)**

(출처: 블룸버그)

금융위기를 전후했던 2008년 1월부터 2009년 말까지 한국 코스피 지수와 미국 S&P500 지수의 흐름을 나타낸 그래프입니다. 코스피 지수는 2007년 10월 사상 최초로 2000 선을 넘어섰는데요, 2008년 1년간 큰 폭으로 하락하면서 그해 10월에는 900 선이 무너지는 등 극도의 부진을 이어갔죠. 미국 역시 이런 금융위기의 충격에서 자유롭지 못했습니다. 1500포인트 수준을 넘었던 S&P500 지수는 2009년 3월 700 선 아래로 하락하게 됩니다.

거의 피해를 받지 않았기 때문에 글로벌 전체로 보면 큰 충격이 아니었지만 지금(2008년) 위기는 전 세계 경제의 핵심인 미국의 위기이기 때문에 비교 자체가 안 된다는 답이었습니다. 예측할 수 없는 충격이 미국을 덮친다……. 다시 들어도 무섭네요.

당장의 충격이 어느 정도인지, 그리고 우리는 지금 어디쯤 와 있는지 알 수가 없으니 그냥 하루하루 급락을 거듭하는 자산시장을 바

금융위기 당시 달러·원 환율 및 한국 기준금리 추이

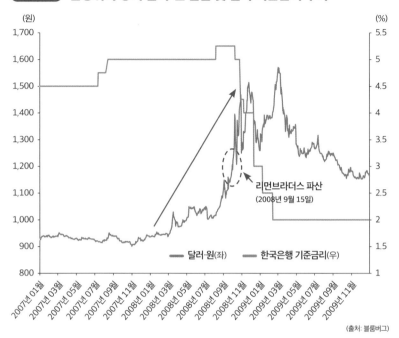

(출처: 블룸버그)

2007년 1월부터 2009년 말까지 달러·원 환율 및 한국 기준금리 추이를 나타낸 그래프입니다. 이전 챕터에서 살펴본 <그래프 12>의 닷컴 버블 당시 미국의 주식시장 부진과 마찬가지로 원화 가치는 큰 폭으로 하락했습니다. 2007년 10월 달러당 900원 수준을 기록했던 달러·원 환율이 2009년 2~3월 달러당 1600원 수준으로 급등하는 등 1997년 외환위기 이후 가장 높은 수준의 환율 급등(원화 가치 하락)을 보였죠. 금융위기 당시 국내 주식, 채권, 통화 세 가지가 모두 약세를 보이며 트리플 약세가 심화되었습니다.

라보면서 한숨만 쉬던 시기였습니다. 그리고 이는 비단 주식시장만의 문제는 아니었습니다. 외환시장에서는 달러 부족을 호소하는 기업과 금융기관들이 크게 늘었죠. 달러를 사두려는 현상이 강해지면서 달러 품귀로 인해 환율이 급등했습니다. 그리고 오랜 기간 살아남기 위해서는 '현금이 왕'이라는 인식이 생겨나면서 돈이 묶이는 채권을(설령 국채라 할지라도) 피하는 현상도 나타났었죠.

당장의 상황도 안 좋은데 금리가 뛰면서 대출을 쓰고 있는 가계의 이자 부담이 크게 늘었고, 환율이 뛰면서 외국에서 수입하는 제품의 가격도 크게 올랐습니다. 금융위기 당시 저의 첫째 아이가 태어나서 유아차를 사야 했는데요, 이 유아차가 수입 제품이었습니다. 아이가 태어나기 전에는 27만 원 정도 했는데, 출산 후에는 환율이 급등하면서 45만 원으로 가격이 크게 올라 황당했던 기억이 생생합니다.

이 모든 사건의 시작, 미국의 대형 투자은행 리먼브라더스가 파산한 2008년 9월의 이야기부터 좀 더 자세히 적어보겠습니다.

실물경기 붕괴의 신호탄, 리먼브라더스 파산

2008년 9월 15일 일요일, 믿기 힘든 일이 일어났습니다. 먼저 150년 역사에 빛나던 리먼브라더스가 파산 신청을 합니다. 이 일은 상당히 의외였는데요, 그 이유는 리먼브라더스가 파산 위험에 처해 있다는 이야기가 이미 수개월 전부터 돌고 있었지만 어떤 방식으로든 구제가 될 것이라는 전망이 지배적이었기 때문입니다.

2008년 3월로 시곗바늘을 돌려 보면 베어스턴스라는 당시 미국 5위의 투자은행이 무너졌었죠. 베어스턴스 역시 1929년 대공황도 견뎌냈던 대형 투자은행이었던 만큼 베어스턴스의 위기가 시장에 주는 충격은 상당히 컸습니다. 그래서 미국 정부에서는 JP모건이라는 대형 은행이 베어스턴스를 인수하도록 조치를 취합니다. JP모건 입장에서는 당연히 부실 금융기관인 베어스턴스를 인수하기가 싫었겠지만, 미국 정부는 피해를 최소화할 수 있는 여러 가지 방안을 제시하면서 베어스턴스 인수를 설득했습니다.

베어스턴스 사례처럼, 최악의 경우라 해도 리먼브라더스 역시 다른 대형 은행에 의해 인수가 되면서 잘 해결될 것이라는 예상이 강했습니다. 하지만 리먼브라더스는 파산하게 됩니다. 그리고 같은 날 메릴린치라는 미국 내 3위 투자은행은 뱅크오브아메리카에 인수되었고, 당시 세계 1위 보험회사였던 AIG 역시 구제금융을 받지 않으면 파산 신세를 면할 수 없는 상황에 처하게 되었죠. 리먼브라더스, 메릴린치, AIG라는 이름은 금융을 모르는 사람들이라도 한 번쯤은 들어봤을 대형 금융기관들이었습니다. 그런데 이렇게 거대한 세 기업이 9월 15일, 하루에 무너지는 모습에 금융시장은 상당한 충격을 받게 됩니다.

리먼브라더스 같은 대형 은행도 파산할 정도인데 다른 작은 은행들은 어땠을까요? 혹은 리먼브라더스에 돈을 빌려주면서 거래를 했던 은행들이라면요? 가뜩이나 지금 시장에서 돈을 구하기 힘든데 만약 리먼브라더스 등에 돈을 빌려준 금융기관이라면 더욱 불안해지지 않았을까요? 당연히 그런 금융기관들은 '내 돈이 물려 있습니다'라고 말하지 않겠죠. 투자자들은 누가 언제 어떻게 리먼브라더스처럼 무너지게 될지 너무나 무서운 상황에 내몰리게 된 겁니다. 서로가 서로를 믿지 못하게 된, 마치 농담처럼 '내가 아직도 OOO로 보이니?'라고 말하는 귀신을 언제 만날지 모르는 그런 상황이었던 것이죠.

제가 은행을 운영한다고 가정해 보겠습니다. 제 친한 친구인 찰스가 운영하는 대형 은행이 저에게 돈을 빌려달라고 합니다. 원래 은행끼리는 서로가 서로를 워낙 신뢰하기 때문에 담보 같은 것 없이도 돈을 편하게 빌려줍니다. 이를 콜 대출(Call Loan)이라고 합니다. 그런데 지금은 상황이 조금 다릅니다. 3위인 메릴린치, 4위인 리먼브라더스, 5위인 베어스턴스가 모두 불귀의 객이 된 상황에서 누구도 믿을 수 없죠. 이런 상황에서 만약 제가 누군가에게 대출을 해줬는데, 상대가 그 돈을 머금고 파산하게 되면 저는 그 돈을 날리는 겁니다. 안 그래도 자금이 부족한 상황인데 말이죠. 게다가 돈을 날리는 것도 문제지만, 파산한 은행에 돈을 빌려준 은행이라는 소문이 나게 되는 순간, 사람들이 저에게 달려올 겁니다. 예금했던 돈을 인출하려고 달려오는 것이죠. '뱅크런(Bank Run)'이 발생할 겁니다. 이렇게 되면 저 또한 파산을 면할 방법이 없겠죠.

이런 상황이다 보니 은행들 역시 서로를 믿지 못하기 때문에 돈을 빌려주지 않을 겁니다. 돈은 사람으로 따지면 혈액과 같죠. 실물경제의 혈액 격인 돈이 흘러야 실물경제가 원활하게 돌아가는데 돈이 막혀버립니다. 이를 '신용 경색'이라고 합니다.

다시 설명해 볼까요. 은행은 실물경제에 돈을 공급하는 기관입니다. 사람으로 따지면 혈액을 신체 전체에 뿜어주는 심장과 같은 기관이 바로 은행이죠. 그런 은행이 큰 손상을 입으면서 위축되면 실물경제 전체에 돈이 돌 수 없겠죠. 혈액이 돌지 않는 신체 부위는 썩어버립니다. 그리고 무너져 내리게 되죠. 금융기관의 위기가 실물경제의 위기로 이어지게 되는 것입니다.

실제로 대형 금융기관이 무너지며 생긴 금융위기가 실물경기의 붕괴를 낳으며 급격한 경기 침체를 일으켰습니다. 미국의 실업률이 순식간에 10.3퍼센트로 뛰어올랐고, 수많은 기업들이 파산 위기에 몰리게 되었죠. 기업들이 파산하면 해당 기업들에 대출해 준 은행들이 다시 한번 충격을 받게 됩니다.

그러면 은행들은 어떤 선택을 해야 할까요? 이때는 국채보다 현금이 왕입니다. 어느 은행이건 현금을 확보하는 게 가장 중요해집니다. 생각해 볼까요? A은행이 아주 안전한 집을 한 채 갖고 있다고 가정해 봅시다. 이 집을 담보로 대출을 받을 수 있죠. 그런데요, 시중에 돈이 돌지 않고 다들 현금을 쟁이고 싶어하니 이 집을 담보로 대출받을 방법이 없는 겁니다. 그렇다면 집을 팔아야 하는데, 담보로 대출도 안 해주는 상황에서 누가 집을 사주겠어요……. 정말 헐값에 내놓으면 팔리기는 하겠지만 은행이 감당해야 할 손실이 너무나 커집니다. 손실이 커지면 은행의 향후 존속 가능성에 대한 시장의 두려움이 보다 커질 수 있습니다. 그래서 아무리 좋은 집을 갖고 있더라도 현금을 구할 방법이 없는 겁니다.

이때 누가 A은행에 찾아와서 현금을 달라고 하면 어떻게 될까요? 돈이 모자라니 당황할 수밖에 없겠죠. 현금을 받지 못한 그 사람이 은행을 나서며 'A은행에서 예금을 못 돌려준다네요. 현금이 없는 것 같아요……'라고 말하는 그 순간, A은행은 뱅크런을 맞게 될 겁니다.

주식 하락, 금리 급등 상황에서의 물가 상승

/

위와 같은 시기에는 안전자산으로 알려진 미국 국채도 위험해집니다. 예금을 인출하러 온 예금자에게 국채를 잘라서 줄 수는 없겠죠. 이걸 현금화해서 줘야 하는데, 누구나 현금을 쟁이고 싶어 하기에 10년 만기 국채를 사주지 않습니다. 이런 상황에서 10년 만기 국채를 팔려면 아주아주 낮은 가격에 파는 방법밖에 없지 않을까요? 결국 큰 손실을 보면서 10년 국채를 팔고 현금을 받아와야 합니다.

이렇게 국채의 인기가 떨어졌습니다. 국가가 돈을 빌리려면 더 높은 금리를 주는 수밖에 없겠죠. 국채의 인기가 떨어지면 국채의 가격이 하락하게 되고, 이는 더 높은 금리를 주면서 돈을 빌릴 수밖에 없음을 뜻하기 때문입니다. 금융위기 당시, 미국 장기국채마저도 가격이 크게 하락하면서 금리가 뛰어오르는 균열 현상이 나타났습니다. 일반적인 위기 상황에서는 다른 금융시장이 흔들려도 미국 장기국채로는 자금이 몰리곤 했습니다. 안전한 장기국채로 돈이 몰리게 되면 장기국채의 인기가 크게 높아지게 되고, 낮은 금리를 부르면서 돈을 빌릴 수 있죠. 때문에 위기 상황에서는 일반적으로 미국 장기국채금리가 큰 폭으로 떨어지곤 합니다. 그렇지만 극단의 위기, 즉 현금이 왕이 되는 금융위기와 같은 상황에서는 장기국채 역시 내던짐의 대상이 되었습니다. 장기국채금리가 뛰어올랐죠. 이런 비슷한 상황이 한 번 더 있었는데, 짐작이 가시나요? 네, 코로나19 때였습니다. 먼저 금융위기 당시의 금리 변화를 그래프로 확인해 보시죠.

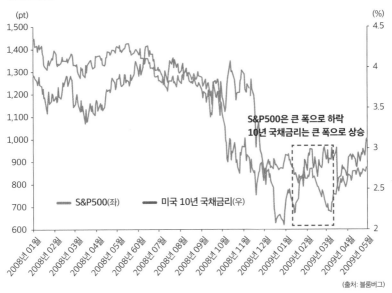

금융위기 당시 S&P500 지수와 미국 10년 국채금리 추이

(pt)   (%)

S&P500은 큰 폭으로 하락
10년 국채금리는 큰 폭으로 상승

— S&P500(좌)　　— 미국 10년 국채금리(우)

(출처: 블룸버그)

2008년 1월부터 2009년 5월까지 미국 10년 국채금리와 S&P500 지수 흐름입니다. 보통 미국 국채는 안전자산으로 간주되어서 위험한 국면에서는 미국 국채로 돈이 몰리며 국채금리가 하락(파란색 선 하락)하곤 합니다. 그런데 2009년 1~3월(자주색 점선 박스)에는 미국 주식시장이 무너지는 상황에서도 안전자산인 미국 국채금리가 오르는 기현상이 나타납니다. 달러 부족이 극에 달하자 10년간 달러 현금이 묶이는 걸 피하려는 움직임이 나타난 겁니다. 주가 급락과 국채금리 급등이 함께 나타나는 상황, 즉 극단적 위기 국면으로 볼 수 있습니다.

    미국 장기국채도 돈이 묶이니 다들 피하는 상황입니다. 미국의 은행들은 자신들이 죽을지 모르니 달러 현금을 확보해 두고 싶어 하죠. 그러면 외국에 투자한 자산을 어떻게든 팔고 조금이라도 현금을 더 쌓아두려고 합니다.

    A은행이 한국에 투자했던 자산이 있다고 가정을 해봅니다. A은행은 일단 한국의 주식, 채권, 부동산을 모두 내던질 겁니다. 물론 대부분 팔리지 않겠지만 정말 낮은 가격에 던지면 팔릴 수 있죠. 그렇게

코로나19 시기 S&P500 지수와 미국 10년 국채금리 추이

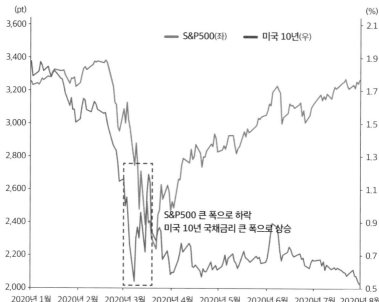

(출처: 블룸버그)

금융위기와 같은 극단적인 위기 국면에서는 주가 지수 급락과 함께 국채에 대한 인기도 줄어들게 되면서 국채금리도 함께 급등한다는 점을 <그래프 16>에서 확인할 수 있었습니다. 비슷한 흐름이 2020년 3월 코로나19 사태로 인한 주가 급락 국면에서도 재연되었죠. 자주색 점선 박스를 보시면 S&P500(주황색 선)이 급격하게 하락하는 상황에서 미국 10년 국채금리(파란색 선)가 크게 뛰어오르는 것을 볼 수 있습니다. 코로나19 사태 당시의 혼란이 금융위기의 혼란과 비슷한 수준이었음을 알 수 있죠.

팔고서 받은 한국의 원화를 모두 달러로 환전을 합니다. 그리고 얻은 달러를 갖고 한국에서 빠져나와서 미국으로 향할 겁니다. 이 과정에서 한국의 주식, 채권, 부동산 가격은 하락하게 되겠죠. 채권 가격이 급락한다는 이야기는 한국 채권의 인기가 사라져서 한국이 돈을 빌리기 어렵다는 이야기입니다. 그렇지만 한국도 어떻게든 돈을 빌려야 하니 당연히 더 높은 금리를 부르면서 떠나는 외국인들을 잡으려

할 겁니다. '채권 가격 급락'이라고 쓰고 '한국의 금리 급등'이라고 읽으시면 됩니다. 주식, 채권, 부동산 등 자산들을 매각하고, 원화를 전부 달러로 환전하니 원화 가치가 큰 폭으로 하락하면서 달러·원 환율이 뛰어오릅니다. 2007년 10월 달러당 900원을 찍었던 달러·원 환율이 2009년 3월에는 달러당 1570원까지 뛰어오르게 되죠. 달러 초강세 현상이 나타난 겁니다.

참고로 이때는 어떤 기업의 주식이 얼마나 좋은지, 얼마나 비전이 있는지 이런 말들이 전혀 의미없게 됩니다. 당장 망할 것 같으니 얼굴이 하얗게 질려서 어떻게든 현금을 만들려고 주식을 팔고 있는데, '이 주식은 좋은 주식인데 왜 팔아요?'라는 질문에 공감하기는 어려울 겁니다. 그냥 현금화할 수 있는 자산은 무차별적으로 팔게 되면서 국내 주식시장에서는 삼성전자와 같은 대기업을 포함해 모든 기업들이 하한가를 찍는 진풍경이 펼쳐졌습니다.

미국 은행들이 힘들었던 만큼 국내 은행이나 국내 기업들도 자금 구하기가 만만치 않았을 겁니다. 앞으로 더욱 돈 구하기가 어려워질 것 같으면 당장 조금이라도 더 현금을 챙겨놓아야 하지 않을까요? 방법은 간단합니다. 남들보다 높은 금리를 제시해서 먼저 자금을 확보하는 거죠. 외국인 자금이 이탈하면서 시중에 자금이 모자라는 상황에서, 서로 현금을 확보하려고 합니다. 돈의 공급은 크게 줄어드는데, 돈에 대한 수요는 폭발적이죠. 그럼 돈의 가격, 즉 금리가 올라갈 겁니다. 네, 금융위기 당시 시장금리가 큰 폭으로 뛰기 시작했습니다. 잠시 당시 기사들을 체크해 보시죠.

> - 저축은행, 예금금리 최고 年 7.6%
>
> 《서울경제》, 2008. 9. 28
>
> 최근 은행들이 달러뿐 아니라 원화 확보에도 혈안이 돼 있다. 채권시장에서 자금 조달이 어려워지자 예금금리를 최고 7퍼센트대까지 올리는 등 시중자금을 끌어 모으기 위해 총력을 기울이고 있다.
>
> 《연합뉴스》, 2008. 10. 12

리먼 파산 직후였던 2008년 9월 말, 시중은행 1년제 정기예금 금리는 6퍼센트 후반대를 기록했고, 저축은행 금리는 7.6퍼센트를 넘어서고 있었습니다. 그렇지만 10월로 접어들어도 자금 부족 현상은 완화되지 않았죠. 이에 금리가 더 뛰기 시작합니다.

> - 저축은행 예금금리 연 8% 눈앞
>
> 《한국경제》, 2008. 10. 9
>
> - 한은 금리 내렸어도, 은행 자금 빡빡…예금금리 안 내려
>
> 《한국경제》, 2008. 10. 9

2008년 10월 9일에 나온 기사 제목들입니다. 저축은행 금리가 8퍼센트를 바라보고 있다는 내용이네요. 한국은행이 기준금리를 인하해도 이 문제는 해결되지 않았습니다.

한국은행이 금리를 내렸다는 건 무슨 뜻일까요? 한국은행의 기준금리는 7일짜리 단기금리입니다. 그리고 우리는 누구도 한국은행 통

장을 가지고 있지 않습니다. 한국은행 금리는 한국은행이 시중은행과 거래할 때 적용하는 초단기금리라고 보시면 됩니다.

상황이 좋지 않으니 한국은행이 금리를 낮췄는데 이런 온기가 금융시장 전반으로 퍼질 기미가 전혀 보이지 않는 겁니다. 예금금리가 이 정도라면 대출금리는 어떨까요? 당연히 훨씬 더 높게 뛰어올랐겠죠. 대출금리가 높으면 당연히 부동산 시장이 위축될 수밖에 없었을 겁니다. 수도권 아파트의 매매가와 전세가가 동시에 하락한 케이스는 매우 드물다고 하는데요, 금융위기 당시에 매매가와 전세가가 동시에 무너지면서 부동산 시장 역시 공포에 휩싸였죠.

외환시장에서의 환율 급등은 수입 물가를 밀어 올리면서 인플레이션 압력을 높이게 됩니다. 보통 금융위기와 같은 커다란 사건이 벌어지거나 경기 침체가 찾아오면 사람들의 소득이 줄어들기 때문에 소비가 위축됩니다. 소비의 위축은 수요의 감소와 함께 제품 가격의 하락을 의미하는 디플레이션을 만들어 내죠. 소득은 줄어들었지만 제품 가격이 하락하는 디플레이션과 맞물리기에 가격 부담은 한결 덜할 수 있습니다.

그런데 금융위기 당시 환율의 급등이 인플레이션을 만들었기 때문에, 당시 한국을 비롯한 신흥국들은 경기 침체와 금리 급등 상황에서 불구하고 물가 상승까지 경험하게 되었습니다.

디레버리징의 혼란을 막은 통화 스와프

/

　지금까지 금융위기 당시 왜 미국의 은행들이 급격하게 외국의 자산을 매각해서 본국으로 되돌아갔는지와 그 과정에서 우리나라에 나타났던 현상들을 자세히 설명해 드렸습니다. 돈을 빌려서 투자하는 것을 '레버리지(Leverage)'라고 합니다. 반대로 이런 레버리지 투자를 끝내기 위해 다른 자산을 매각해서 현금을 받고, 받은 현금으로 기존의 레버리지 대출을 갚는 것을 '디레버리징(Deleveraging)'이라고 하죠. 미국 금융기관들의 디레버리징이 낳은 혼란을 한국에 있던 제가 고스란히 겪었던 겁니다. 이런 내용을 담은 당시 기사를 하나 읽어보시죠.

> 　미국 서브프라임 모기지 사태가 터졌던 지난 하반기에 상승세를 유지했던 이머징 마켓 주가가 올해 큰 폭으로 하락한 것은 글로벌 금융기관들의 레버리지 축소 때문이라는 분석이 나왔다.
>
> 　한국은행은 30일 발간한 '통화신용정책 보고서'를 통해 "미국 서브프라임 모기지 부실의 영향으로 올해에도 일부 금융기관이 유동성 문제에 봉착했다"며 "신용 리스크 증대에 대응해 글로벌 금융기관들이 자산을 매각하는 등 디레버리징(Deleveraging)에 나서면서 신용 공급이 위축되는 결과가 초래됐다"고 설명했다.
>
> 　한은은 "특히, 서브프라임 모기지 관련 손실은 금융기관의 자본 부족으로 이어지면서 신용 공급을 한층 더 축소하는 요인이 됐다"고 강조했다. 이어 "이처럼 글로벌 금융기관들이 레버리지 축소에 나서면서 아시아 국가를 중심으로 신흥 시장국에서 외국인 주식 투자자금 이탈이 뚜렷해졌다"며 "이 때문에 신흥시장국 주가가 올 들어 상당 폭으로 하락했다"고 말했다.
>
> 《이데일리》, 2008. 9. 30

기사가 잘 읽히시나요? 첫 문단에 글로벌 금융기관들의 레버리지, 즉 빚을 내서 하는 투자를 축소한 것이 원인이라는 이야기가 나옵니다. 이를 디레버리징이라고 하는데, 그 과정에서 글로벌 금융기관들이 외국의 자산을 매각할 수밖에 없었고 이게 한국을 비롯한 신흥국에서의 외국인 자금 이탈로 이어졌다는 분석을 담고 있죠. 이런 상황이 이어진다면 한국 등 이머징 마켓(Emerging Markets: 자본시장 부문에서 새로이 급성장하고 있는 국가들)에서는 계속해서 달러 자금이 이탈하게 될 겁니다. 달러 자금이 이탈하게 되면 나중에는 국내에 달러가 부족해지게 되고, 만약 단기외채가 있을 때 달러가 부족해지면 이를 갚지 못하는 상황이 되니까……. 그럼 외환위기가 되는 것 아닌가요?

네, 그렇게 전개될 수 있습니다. 그러니 달러 자금이 빠져나가지 못하도록 최선을 다해 막아야 합니다. 외국인 자금이 빠져나가지 못하게 하려면 금리를 높게 유지해 주는 게 답이겠죠. 1997년 외환위기 직후 금리를 크게 높였기에 외국에서 국내로 자금 유입이 강하게 일어났던 전례가 있죠. 이런 때에는 금융위기 등으로 국내 실물경제가 아무리 어려워도 금리를 높게 유지할 수밖에 없습니다. 어설프게 금리를 낮추게 되면 가뜩이나 도망치려고 하는 외국인들에게 더 빨리 이탈할 빌미를 제공하는 셈이 되니까요.

아이러니하지만 이렇게 어려운 상황에서도 금리를 높게 유지해야 하고, 물가도 높은 수준을 보이니 실물경제의 타격이 깊어지게 됩니다. 그런데 그렇게 되면, 한국을 비롯한 신흥국 경제가 무너질 가능성이 더 높아지니까 더 많은 자금이 이탈하게 되는 것 아닐까요?

신흥국의 달러 부족 현상이 심화될 것이 불을 보듯 뻔합니다. 그래서 금융위기 당시 단순히 리먼브라더스나 메릴린치와 같은 미국 금융기관들의 파산뿐 아니라 수많은 신흥국들의 줄도산 우려 역시 함께 부각되었습니다. 이렇게 어려운 상황이니 신흥국의 중앙은행이 금리인하를 통해 경기 부양에 나서는 것은 더더욱 불가능하겠죠. 불안한 국가인데도 그나마 높은 금리를 주니까 외국 투자자들이 머물러 있는데, 금리까지 낮춘다고 하면 불 난 곳에 기름을 붓는 격이 될 겁니다. 정말 어려운 상황이었는데요, 어떻게 벗어날 수 있었을까요?

2008년 10월 말 낭보가 들려옵니다. 바로 한미 통화 스와프 체결 소식이었죠. 기사 인용하겠습니다.

> • 한-미 원·달러 통화 교환 300억 달러 체결
> 《연합뉴스》, 2008. 10. 30
> • 한미 스와프 300억 弗, 수시 인출 '급전'
> 《연합뉴스》, 2008. 10. 30
> • 한은 총재 '통화 스와프 외환보유액 확충 효과'
> 《연합뉴스》, 2008. 10. 30

한국 내에 달러 부족 현상이 심해지면 외국인들의 불안감이 더 커지며 더욱더 많은 자금이 이탈하고, 외환위기 가능성을 높게 됩니다. 그런 상황에서 국내에 달러가 충분하다는 것을 보여주면 분위기가 바뀔 수 있죠. 달러가 부족할까 봐 불안해서 이탈하려는 외국 투자자들이 안심하게 되지 않을까요?

문제는 달러를 구할 방법이 없다는 겁니다. 한국은행은 원화를 찍을 수는 있어도 달러화를 찍을 수는 없기 때문이죠. 그런데 이때 한국은행이 미국 연준과 계약을 하나 맺습니다. 한국은행이 300억 달러 수준의 원화를 찍고 그 원화를 바로 연준에게 빌려주면, 이를 받은 연준은 300억 달러를 찍어서 한국은행에게 빌려주는 계약이죠. 이걸 원화와 달러화라는 통화를 서로 바꾸는 '통화 스와프'라고 합니다. 물론 영원히 바꾸는 것은 아닙니다. 일정 기간(예를 들어 6개월, 혹은 1년) 이후 한국은행은 300억 달러를 미국 연준에 돌려줘야 하고, 연준은 한국은행에서 받은 원화를 되돌려 줘야 합니다.

　한국은행이 달러가 필요할 때 원화를 찍고, 연준에서 달러화를 300억 달러 범위 내에서 받아오는 계약이 한미 통화 스와프 계약이죠. 직관적으로 은행의 마이너스 통장과 같은 것이라 생각하시면 됩니다. 한국이 달러 저축을 갖고 있는데, 이게 아슬아슬하게 제로로 떨어지고 있는 상황에서 300억 달러만큼 마이너스 통장을 쓸 수 있게 된 겁니다. 한숨 돌릴 수 있게 되겠죠.

　한국은행은 이렇게 통화 스와프로 공급받은 달러를 일단 외환보유고에 쟁여둡니다. 당장 외환보유고를 늘려주는 효과가 생겨날 겁니다. 그리고 필요한 만큼 달러를 시중에 공급할 수 있으니 달러 가뭄이 해소되겠죠. 달러의 수요는 넘치는데 달러의 공급이 부족해서 고공비행을 하던 달러·원 환율이 통화 스와프 소식에 큰 폭으로 하락(달러 약세 및 원화 강세)하게 됩니다. 그리고 달러 가뭄으로 인해 무너질 것이라던 기업들이 기사회생할 수 있다는 기대감에 주식시장도 반색을 하죠. 당시 기사 조금만 더 인용합니다.

- 환율 10년 9개월 來 최대 낙폭…1200원 중반으로 폭락

  《한국경제》, 2008. 10. 30

- '통화 스와프'의 힘 115P 밀어 올려…외환위기 우려 씻어내 코스피 화끈한 회답

  《국민일보》, 2008. 10. 30

자, 그럼 이제 달러 부족에서 조금은 벗어난 걸까요? 외국인들이 빠져나가는 것도 통화 스와프로 인해 어느 정도 진정된 듯합니다. 그러면 무너지는 실물경제를 구하기 위해 금리를 조금 낮춰줘도 되는 것 아닐까요? 네, 한미 통화 스와프가 체결된 이후 이제는 금리를 낮춰도 달러 자금 이탈이 어느 정도 진정될 수 있다는 자신감이 생겼기 때문에 한국은행은 적극적으로 기준금리를 인하하게 됩니다. 한국은행 기준금리는 2008년 8월 5.25퍼센트를 기록한 이후 빠르게 인하되면서 2009년 초, 당시로서는 사상 최저 수준인 2퍼센트로 낮아지게 되죠. 당시 기준금리 그래프를 체크해 보시죠.

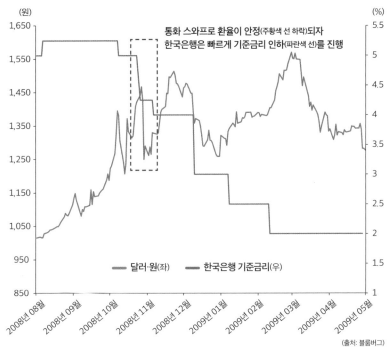

금융위기 당시 달러·원 환율과 기준금리 추이

(원)

통화 스와프로 환율이 안정(주황색 선 하락)되자
한국은행은 빠르게 기준금리 인하(파란색 선)를 진행

1,650
1,550
1,450
1,350
1,250
1,150
1,050
950
850

(%)
5.5
5
4.5
4
3.5
3
2.5
2
1.5
1

── 달러·원(좌)　　── 한국은행 기준금리(우)

2008년 08월　2008년 09월　2008년 10월　2008년 11월　2008년 12월　2009년 01월　2009년 02월　2009년 03월　2009년 04월　2009년 05월

(출처: 블룸버그)

금융위기의 충격으로 국내 경기가 불안했지만 한국은행은 환율 급등 및 물가 불안으로 인해
기준금리 인하에 신중했습니다. 2008년 10월 말 통화 스와프로 환율이 큰 폭으로 하락(원화
강세)하며 안정되자 빠르게 금리 인하를 단행하면서 적극적인 경기 부양 스탠스를 보였습니다.

　국내 달러 자금 이탈 우려로 금리를 높게 유지해야 하는 상황에서 풀려났기 때문에 시중 금융기관들도 높은 금리를 유지할 필요가 없었겠죠. 이때부터는 한국은행의 기준금리 인하에 발맞추어 시중은행 예금금리 역시 빠른 속도로 낮아지게 됩니다. 2009년 1월 기사를 인용해 보죠.

깜짝 놀라지 않으셨나요? 2008년 10월에 7퍼센트에 달하던 금리가 불과 수개월 만에 4퍼센트대로 떨어진다고 나오니까요. 기사 본문을 조금만 더 읽어보시죠.

시중은행의 대표 수신상품인 1년짜리 정기예금 금리가 연 4퍼센트대로 떨어질 전망이다. 금융통화위원회의 기준금리 인하를 앞두고 시장금리가 급격히 하락함에 따라, 은행들이 예금금리 내릴 준비를 하고 있다.

9일 금융권에 따르면 시중은행들은 이르면 이날부터 수신상품 금리를 인하할 계획이다. 시중은행 관계자는 "이날 예정된 정책금리 인하 폭에 따라 달라지겠지만 이미 시장금리가 크게 하락해 수신금리를 상당 폭 조정할 수밖에 없다"면서 "적게는 0.5퍼센트포인트 많게는 1퍼센트포인트까지 조정 범위를 검토하고 있다"고 말했다.

이에 따라 현재 연 5퍼센트 초중반 금리를 제공하는 1년짜리 정기예금 금리는 줄줄이 4퍼센트대로 진입할 것으로 보인다. 연 4퍼센트대의 금리는 1년 5개월 전 수준이다.

1년제 정기예금 금리는 지난 2007년 8월까지 4퍼센트대를 기록하다 그 이후 상승세를 나타냈고 지난해 9월 리먼브러더스 사태 이후로 연 7퍼센트까지 치솟은 바 있다.

《이데일리》, 2009 .1 .9

불과 수개월 만에 예금금리가 확 주저앉으면서 이에 따라 대출금리도 내려오고 실물경기의 위축도 어느 정도 제어되기 시작했습니다. 환율이 하락하면서 수입 물가도 안정되기 시작했고요. 뒤에서 보다 상세히 설명드리겠지만 이 추세가 상당 기간 이어지면서 '저금리·저물가의 시대'가 열리게 됩니다.

우리는 금융위기 당시의 분위기를 크게 바꾸었던 한미 통화 스와프를 한 번 더 본 적이 있습니다. 네, 2020년 3월 코로나19 사태 때입니다. 당시에도 너도나도 달러 부족을 외쳤었죠. 국내 달러 자금 부족 현상이 가속화되면서 달러·원 환율이 달러당 1300원 수준까지 치솟자 다음과 같은 뉴스가 터져 나왔습니다.

> ● 한미 통화 스와프 체결…600억 달러 규모
>
> 한국과 미국 간 통화 스와프 계약이 체결됐다. 한국은행은 19일 오후 10시 미국 연방준비제도(연준·Fed)와 양자 간 통화 스와프 계약을 600억 달러 규모로 체결하기로 했다고 밝혔다. 기간은 최소 6개월(2020년 9월 19일)까지다. 한은은 "이번 통화 스와프 계약은 상설계약으로 맺어진 미 연준과 5개국 중앙은행 통화 스와프 계약에 더해 최근 급격히 악화된 글로벌 달러 자금시장의 경색 해소를 목적으로 한다"고 밝혔다. 연준은 캐나다, 영국, 유럽(ECB), 일본, 스위스 등 6개국 중앙은행과 통화 스와프 계약을 맺은 상태다.
>
> 한은은 "통화 스와프를 통해 조달한 미 달러화를 곧바로 공급할 계획이며 이는 최근 달러화 수급 불균형으로 환율 급상승을 보이고 있는 국내 외환시장 안정화에 기여할 것으로 기대한다"고 말했다. 이어 "앞으로도 주요국 중앙은행들과의 공조를 통해 금융시장 안정화 노력을 지속해 나갈 예정"이라고 덧붙였다.
>
> 한편 연준은 한국 이외에도 덴마크, 노르웨이, 스웨덴, 호주, 뉴질랜드, 브라질, 멕시코 중앙은행 및 싱가포르 통화청과도 동시에 스와프 계약을 체결한다고 발표했다.
>
> 《연합뉴스》, 2020. 3. 19

2020년 3월 19일 기사입니다. 당시에 600억 달러의 통화 스와프 자금을 확보한 바 있습니다. 물론 연준의 통화 스와프가 바이러스를 치료하지는 못하지만 바이러스 공포로 인해 나타난 외국인 자금 이탈, 그리고 이로 인한 달러 부족으로 외환위기를 겪을 수 있는 신흥국들을 일정 기간 보호해 줄 수는 있었습니다.

연준은 유럽, 일본, 영국 등 주요 국가들과는 상시로 통화 스와프를 맺고 있습니다. 그리고 금융위기나 코로나19 같은 극단적 위기 상황에서는 통화 스와프의 대상국을 크게 늘리곤 했죠. 위의 인용 기사 맨 밑 문단에 나오는 연준이 한국 이외의 국가들과도 통화 스와프를 맺었다는 내용이 이를 보여주고 있습니다.

앞서 제가 겪었던 두 번의 경제위기에 대한 이야기를 해보았습니다. 위기의 극단에서는 모든 자산을 내던지는 이른바 '셀링 클라이맥스'가 나타나는데, 그때의 분위기를 함께 전해 드렸죠. 금융위기의 한복판에서는 단순히 주가만 하락하는 것이 아니라 환율 및 금리의 급등, 그리고 극단적인 달러 현금 선호가 나타나게 됩니다. 이런 위기를 직접 겪어보신 분들은 '달러가 무섭다'는 말에 공감하실 겁니다. 그래서 달러가 약세를 보이는 시기에 달러를 조금씩 사 모아두곤 하죠. 위기 상황에서 제대로 빛을 발하는 안전자산인 달러화에 대한 예비 수요가 외환위기, 금융위기, 그리고 코로나19 등을 거치면서 조금씩 더 강해진다는 생각이 듭니다.

금융위기가 어느 정도 충격이었는지 이해가 되셨나요? 금융위기의 충격 자체를 보는 것도 중요하지만 이 정도 강한 충격을 만들어낸 금융위기가 어떻게 발생하게 된 것인지, 왜 100년 넘게 이어오던 미국의 금융기관들이 줄도산을 했는지에 대해서도 살펴볼 필요가 있겠죠. 다음 챕터부터는 금융위기의 원인에 대해 알아보겠습니다.

11

도미노 붕괴의 시작,
서브프라임 모기지 사태

저는 2004년부터 시장 움직임에 관심을 가지고 주가, 금리, 환율 등을 유심히 관찰했습니다. 사실 초반에는 그 흐름을 제대로 이해하기 어려웠습니다. 2004년 6월, 미국이 2000년 5월 이후 처음으로 기준금리 인상에 나선다는 소식을 접했을 때에도 그게 시장에 어떤 영향을 주는지에 대한 명확한 판단을 하기 어려웠죠.

기준금리 17차례 연속 인상 후 이어진 '서브프라임 모기지론'

2004년 6월 당시 1퍼센트였던 미국의 기준금리는 2006년 6월 미국 FOMC까지 열일곱 차례 연속으로 0.25퍼센트씩 인상이 되면서 5.25퍼센트에 도달했습니다. 미국의 기준금리가 인상되던 시기에 시장 참여자들은 3퍼센트, 4퍼센트, 5퍼센트로 기준금리가 인상될 때마다 '이제 거의 다 온 것 아니냐'라는 기대를 가졌습니다. 그러다가 여지없이 기대가 깨지면 주식시장이 휘청하곤 했죠.

FOMC는 거의 45일에 한 번씩 열립니다. 기준금리가 1퍼센트 오를 때마다 주식시장이 조금씩 흔들린다고 가정을 하면, 0.25퍼센트씩 네 번 인상되었을 때마다 주식시장이 흔들렸겠죠. 날짜로 계산하면 약 180일(45일×4회=180일), 개월 수로는 6개월 정도가 될 겁니다. 거의 6~8개월에 한 번씩 주식시장이 휘청거린 것입니다. 그렇지만 조금 시간이 지나면 언제 그랬느냐는 듯 회복하면서 다시금 상승 궤도로 복귀하곤 했습니다.

그중에 2006년 5월의 하락장이 조금 매서웠던 것으로 기억합니다. 그때 자산시장이 한차례 크게 휘청이자 미국 연준은 5.25퍼센트까지 기준금리를 인상하기로 한 2006년 6월 FOMC를 마지막으로 기준금리 인상을 멈추었죠. 미국 기준금리 인상 중단을 위안 삼아 주식시장이 다시금 회복 궤도에 오르기 시작했습니다. 다음 쪽 〈그래프 19〉에서 당시 주가 상황을 살펴볼 수 있습니다.

그런데요, 〈그래프 19〉에서 2007년 이후를 보면 분위기가 사뭇 다르다는 점을 알 수 있습니다. 2007년 2~3월 사이에 시장이 휘청했고, 2007년 8월에 한 번 더 흔들렸습니다. 이후에도 과거 패턴처럼 상승으로 복귀하나 싶었는데 2007년 11월을 기점으로 주식시장은 방향을 반대로 틀어버렸죠.

2007년 8월에 가장 문제가 되었던 것이 바로 서브프라임 모기지론이었습니다. 그리고 이와 연계된 부채담보부증권(CDO, Collateralized Debt Obligation), 신용부도스와프(CDS, Credit Default Swap) 등이 문제가 되면서 미국의 대형 투자은행뿐 아니라 보험사와 같은 대형 금융기

그래프 19 **S&P500 지수와 미국 기준금리 추이**(2004~2008년)

(출처: 블룸버그)

2004년 6월부터 2008년 7월까지 S&P500 지수(파란색 선)와 미국 기준금리(주황색 선)의 추이를 나타낸 그래프입니다. 닷컴 버블 이후 1퍼센트라는 사상 최저 기준금리를 유지하던 미국 연준은 2004년 6월부터 기준금리 인상(주황색 선 계단식 상승)에 나서게 되죠. 그러나 기준금리 인상에도 불구하고 미국 주식시장은 상당히 안정된 모습을 보였습니다.

관들의 대규모 부실이 현실화될 것이라는 경고가 이어졌습니다. 약간 지저분하게 느끼실 수 있겠지만 2007년 8월 당시 서브프라임 모기지 부실로 인해 헤지펀드 몇 개가 파산 위기에 몰리자 바퀴벌레 이야기가 돌기 시작했습니다. 부엌에 가보니 바퀴벌레가 2~3마리 정도 보였다는 것이죠. 이 바퀴벌레들을 제거하면서 문제가 해결되었다고 생각했지만, 실제 상황은 전혀 달랐습니다. 부엌 찬장 안쪽에 얼마나 많은 바퀴벌레들이 있는지 꿈에도 생각하지 못했던 거죠. 그리고 바퀴벌레들이 마구잡이로 쏟아져나오기 시작했던 시기가 바로

2008년이었습니다. 〈그래프 19〉에서 보이는 것처럼 2008년에는 지속적으로 자산시장이 무너져 내렸습니다.

'어떻게든 잘 해결될 거야……'라는 막연한 낙관론에 사로잡혀 있던 시장은 리먼브라더스 파산을 시작으로 금융위기까지 치닫는 클라이맥스에 녹다운이 되어버렸습니다. 저 역시 당시에 계속해서 흘러나오는 불안한 소식들, 그런 불안한 이슈에 미국 연준이나 백악관 등의 정책 당국이 대응하는 과정을 하나하나 분석하느라 바빴죠. CDO, CDS 등의 단어가 참 복잡하다는 생각을 했고요. (이 단어들은 뒤 챕터에서 더 자세하게 설명하겠습니다.)

다양한 문제점들을 해결하기 위해 연준은 더욱 복잡한 대응에 나섰습니다. TAF, TSLF, PDFC, AMLF 등등. 지금이야 무엇인지 감을 잡을 수 있지만 당시에는 너무 새로워서 '이게 뭐지'라면서 분석하느라 밤을 새게 만들었던 대응책들이었습니다. 그리고 그런 반응들을 분석하고 있다가 리먼브라더스의 파산과 함께 찾아온 금융위기를 맞이했던 겁니다. 저처럼 마켓 분석하시던 분들에게는 참 악몽과 같은 시기가 아니었을까 싶습니다. 당시 어떤 상황이었는지, 그리고 위기가 어떻게 전개되었는지 살펴볼까요.

닷컴 버블 이후에 불어온 전 세계적 저성장의 늪

닷컴 버블의 붕괴 이후 미국 경제는 짧은 경기 침체를 겪었습니다. 경기 침체를 전후해서 9·11 테러와 엔론 및 월드콤의 파산 등 굵직한 이슈를 함께 거치게 되는데, 이 과정에서 자산시장은 크게 무너졌습니다. 당연히 미국의 소비가 둔화될 수밖에 없었죠. 1990년대 중반 이후 멕시코, 태국, 인도네시아, 한국, 러시아, 브라질, 아르헨티나 등의 신흥국이 무너지면서 신흥국 시장은 침체 일로에 있었습니다. 이 상황에서 유일하게 성장을 이어갈 수 있는 국가는 미국이었죠. 그런 미국이 경기 침체를 겪게 되니 전 세계에서 성장을 만들어낼 희망을 찾기 어려웠던 것이 사실입니다. 닷컴 버블 직후 경제 리포트들을 읽어보면 전 세계의 장기 침체 가능성을 매우 높게 보고 있었죠. 이에 각국은 기준금리를 인하하는 등 유동성 공급 확대를 통해 저성장의 늪에서 벗어나려는 시도를 하게 됩니다. 기사 인용합니다.

• 전 세계 금리 동반 인하 움직임…'침체 경제 살릴 구원투수는 금리'

《한국경제》, 2003. 4. 27

　　세계가 6개월 만에 또다시 금리 인하 도미노에 휩싸이고 있다. 경기 회복이 예상보다 지연되고 디플레 우려가 높아지자 미국 유럽을 중심으로 세계 각국이 금리를 앞다퉈 내리고 있다.
　　미국 연방준비제도이사회(FRB)는 25일(현지 시간) 연방기금 금리(콜 금리)를 0.25퍼센트포인트 인하, 45년 만에 최저 수준인 연 1.0퍼센트로 끌어내렸다. FRB는 금리 정책 기구인 연방공개시장위원회(FOMC) 회의를 끝낸 뒤 발표한 성명을 통해 "미 경제가 아직 지속 가능한 성장세를 보이지 않고 있어 보다 팽창적 통화 정책이 필요하다"고 그 이유를 설명했다. 이로써 FRB는 2001년 1월 불경기로 빠져들던 경제를 살리기 위해 금리를 내리기 시작한 이후 지금까지 13차례에 걸쳐 모두 5.5퍼센트포인트를 인하했다.
　　미국에 이어 노르웨이, 폴란드, 체코도 이날 침체된 경기를 부양하기 위해 일제히 금리를 내렸다. 노르웨이가 기준금리를 6퍼센트로 1퍼센트포인

2003년 상반기에 이미 전 세계 국가들은 기준금리 인하 기조에 접어들고 있었습니다. 그리고 미국 연준은 2003년 6월 기준금리를 당시로서는 사상 최저인 1퍼센트까지 인하하게 됩니다. 2000년 5월 FOMC에서 6.5퍼센트까지 인상했던 금리를 2003년 6월에 1퍼센트로 낮춘 겁니다.

미국뿐 아니라 전 세계가 금리 인하 행렬에 동참했는데요, 특히 버블 붕괴로 인해 신음했던 일본은 전 세계 최초로 제로 금리와 양적 완화 정책을 도입하면서 본격적인 돈 풀기 정책을 이어갔죠. 그리고 1퍼센트까지 기준금리를 낮춘 연준 역시 최악의 경우 일본처럼 제로 금리까지 금리를 인하할 수도 있다는 코멘트와 함께 강한 경기 부양 의지를 드러냈습니다. 당시 기사 제목 몇 개만 인용하겠습니다.

여기까지 읽으셨으면 일단 전 세계적으로 유동성이 크게 확대되었다는 점을 확인하실 수 있을 겁니다.

세계적으로 확대된 유동성, 돈이 향하는 곳은 어디?

/

기본적으로 은행은 예금을 받아서 대출을 해주면서 수익을 내는 사업 구조를 갖고 있습니다. 개인의 예금은 은행 입장에서는 채무가 됩니다. 개인은 예금자이자 은행에 대한 채권자가 되는 것이죠. 일반적인 채권자와 달리 은행의 채권자, 즉 예금을 하는 사람들은 전문 채권 투자자가 아닌 평범한 개인입니다. 그렇기에 은행의 채권자, 즉 예금자들에 대한 보호는 필수입니다.

은행의 예금자를 보호하는 방법은 우선 은행의 자본을 두텁게 쌓는 것입니다. 어느 기업이든 파산했을 때 우선적으로 주주들의 자본이 사라지고, 그 이후에 채권자들이 손실을 입게 됩니다. 하지만 은행의 자본이 두텁게 쌓여 있다면 문제가 생기더라도 자본이 하나의 강한 쿠션이 되어주면서 예금자들을 보호해 주는 역할을 할 수 있죠. 또 하나의 방법은 예금을 받은 은행이 위험한 곳에 대출을 해주거나 투자를 하지 못하게 당국이 규제를 가하는 것입니다. 만약 은행들이 투자 및 대출을 잘못 해주었다가 큰 손실을 보게 되면 은행이 위기에 몰리게 되고, 은행에 돈을 빌려준 예금자들이 그 피해를 고스란히 덮어 쓰게 될 테니까요.

좀 멀리 가는 느낌은 있지만 1929년 대공황 때로 가보죠. 당시 미국의 은행들은 방만한 투자를 진행하곤 했습니다. 1920년대 초중반에는 경기가 매우 좋았기 때문입니다. 그런데 1920년대 말에 접어들면서 경기가 급격히 식어버리는 문제에 봉착하게 됩니다. 당연히 위험한 투자나 대출을 했던 은행들이 무너지기 시작했고, 이로 인해 상당 수의 은행이 줄도산을 하는 금융위기가 현실화되었죠. 이후 대공황의 재현을 막기 위해 미국 정부는 미국의 은행들이 위험한 투자나 대출을 하지 못하도록 강한 규제를 가하게 됩니다. 미국의 은행들이 증권사에서나 할 수 있는 투자를 하지 못하게 묶어둔 것인데, 이를 글래스·스티걸법이라고 불렀습니다.

시간이 흘러 1990년대에 들어서자 '글래스·스티걸법이 낡은 유물이 아니냐'라는 논란에 휩싸이게 됩니다. 대공황과 같은 위기를 방지하겠다는 취지는 좋지만 전 세계 금융산업이 1920년대에 비해 크게 성장한 상황에서 당시와 같은 규제를 이어가는 것은 적절치 않다는 논리였죠. 그리고 이런 강한 규제를 유럽의 은행들은 받지 않는데 미국 은행들만 유지하고 있으면, 미국 은행들의 경쟁력이 떨어져서 중장기적 성장 동력인 금융산업이 좌초할 수 있다고 주장했습니다. 꽤 설득력 있게 들리죠? 이에 1999년 10월, 대공황 때 제정되었던 글래스·스티걸법이 폐지되고 미국의 상업은행들이 보다 활발한 투자 업무를 할 수 있는 길이 열리게 됩니다. 당시 기사를 인용해 보겠습니다.

미국의 여야가 마침내 은행법 개정에 합의함으로써 전 세계 금융계를 선도하고 있는 미국은 이제 대공황 시대의 낡은 족쇄를 풀 현대화된 금융 체제로 더욱 강력한 경쟁력을 갖추게 됐다. 20년 진통 끝에 탄생되는 새 은행법은 뭐니뭐니 해도 금융권 간의 벽을 허물었다는 것이 특징이다.

우리나라도 이미 몇 년 전부터 시행하고 있는 은행, 증권, 보험 등 금융권 간 상호 진출이 금융 최선진국인 미국에서 이제야 이루어지게 된 사실이 의아하기까지 하지만 어쨌든 금융권 간 상호 진출을 막았던 지난 1933년의 글래스·스티걸법과 1956년의 은행지주회사법은 이번에 종말을 고하게 됐다.

이로써 은행, 증권, 보험 등 금융기관들이 서로 다른 업종에 진출할 수 있는 길이 열려 하나의 상호로 여러 금융기관을 설립, 은행 계좌 개설에서 증권 투자, 채권 매매, 보험 가입은 물론 부동산 개발까지 다양한 업무를 처리할 수 있게 됐다.

《연합뉴스》, 1999. 10. 24

마지막 문단이 확 와닿지 않으시나요? 은행이 증권 투자, 채권 매매, 보험 가입은 물론 부동산 개발까지 할 수 있게 되었습니다. 전 세계적인 금리 인하로 유동성이 크게 풀려나온 상황에서 규제가 풀린 만큼 은행들은 보다 적극적인 투자에 나설 수 있게 된 겁니다.

미국뿐이 아니죠. 당시 중국은 세계의 공장으로 발돋움하면서 수출을 통해 상당히 많은 달러를 벌어들였습니다. 그리고 국제유가가 크게 오르면서 산유국들의 달러 벌이 역시 크게 늘었죠. 중국을 비롯한 수출 공업국들과 산유국들은 벌어들인 달러를 어딘가에 투자하고자 하는 움직임을 보였습니다. 그리고 2000년대부터 크게 늘어난 은퇴자들로 인해 연기금(연금을 지급하는 원천이 되는 기금)의 규모 역시 기하급수적으로 증가하게 되죠.

길게 설명했지만 결국 전 세계적으로 유동성이 크게 확대되었다는 한마디로 정리하면 될 듯합니다. 그리고 이런 유동성들은 위험한 자산들에도 일부 흘러들어 가겠지만 상당 부분은 우량한 채권에 투자되곤 하죠. 우량한 채권에 대한 수요가 크게 늘어난 겁니다.

우량 채권의 대표로 신용도가 높은 국가나 회사의 채권을 꼽을 수 있겠죠. 최고 신용등급인 AAA 등급의 채권에 대한 수요가 커졌습니다. 문제는 이런 채권의 공급이 매우 부족해졌다는 데서 생깁니다. 잠시 기사 하나 읽어보고 가시죠.

• 미국 초우량 기업 '멸종 위기'

최상위 신용등급인 '트리플A(AAA)'를 받는 미국 초우량 기업들이 급감하고 있다. 글로벌 경쟁에 대응하기 위해 리스크(위험)를 감수하면서 새로운 사업에 진출해야 하는 사례가 늘면서 신용등급 하향 압력이 커지고 있기 때문이다.

월스트리트저널(WSJ)은 16일 "신용등급이 AAA인 미국 기업은 '희귀 동물'처럼 멸종 위기에 처했다"며 "채권투자자들이 미 금융시장에서 AAA 등급 회사채를 찾기란 '하늘의 별따기'가 됐다"고 보도했다. 현재 신용평가회사 스탠더드앤드푸어스(S&P)와 무디스가 AAA 등급을 부여하고 있는 비금융 부문 미국 기업은 엑슨모빌, 제너럴일렉트릭(GE), 존슨앤드존슨, 화이자, UPS, 오토매틱데이터프로세싱 등 6개사뿐이다. (중략)

신용평가회사들이 엔론의 파산을 예상하지 못했다는 비난을 받은 이후 기업 평가에서 종전보다 훨씬 더 '보수적'으로 변한 것도 원인으로 작용하고 있다. S&P는 지난 2002년 사상 최대치인 652개사의 신용등급을 무더기로 하향 조정했다. 이는 등급을 상향 조정한 기업 수보다 5배나 많은 것이다. 무디스 역시 2001년 사상 최대 규모인 771개 기업의 신용등급을 낮췄다.

《한국경제》, 2005. 5. 16

인용문 첫 문단에 보시면 AAA 등급 회사채가 빠르게 줄어들고 있

다고 나오죠. 두 번째 문단에서는 희귀 동물처럼 멸종 위기에 처했다고 하는데, 최고 등급 채권은 그야말로 귀하신 몸이 되었습니다. 미국 내에 불과 여섯 개 회사만이 AAA 등급이니까요.

가장 큰 이유는 2001년 미국 경제가 경기 침체를 겪었고, 당시 엔론이나 월드콤 같은 대기업들의 분식 회계로 인해 벌어진 사건들 때문에 다른 업체의 신용을 평가하는 회사들이 매우 보수적으로 변했기 때문입니다. 아주 보수적으로 신용등급을 부과하다 보니 최고 등급인 AAA를 찾기가 어려워진 것이죠. 위의 기사는 2005년 5월의 기사였는데요, 그로부터 1년여가 지난 2006년 10월에도 상황은 크게 바뀌지 않았습니다. 다른 기사를 하나 더 읽어보시죠.

• AAA 회사채 씨 마른다…'위험해도 고수익이 좋아'

초우량 기업들의 회사채는 점차 줄어드는 반면 리스크가 높은 회사채는 홍수를 이루고 있다. 우량채를 늘리기 위해 신용평가 기준을 완화해야 한다는 목소리까지 나오고 있다. 파이낸셜타임스는 메릴린치 보고서를 인용, 글로벌 채권 시장에서 AAA 등급의 회사채가 차지하는 비중은 1990년대 중반 15퍼센트 수준이었지만 현재 8퍼센트로 줄었다고 12일 보도했다. (중략) 메릴린치는 "현재 투자자들은 비우량채에 대해 어떤 조건이라도 인수하려는 분위기"라며 "비우량채는 부족하지 않지만 AAA 등급의 회사채 발행은 사상 최저치 수준이다"라고 설명했다.

이처럼 우량채의 씨가 마르다 보니 신용평가 기준을 완화해야 한다는 의견도 나오고 있다. 현재 무디스 평가 기준으로 미국내 AAA 기업은 네슬레, MBIA 등 7개에 불과하다. 대니얼 커리 무디스 인베스터 서비스 기업금융 대표는 "AAA 등급에 대해 같은 수준에서 정량적인 기준을 유지하는 것이 적당한지 의문이다"고 말했다. (중략)

《이데일리》, 2006. 10. 12

첫 문단에서 글로벌 채권 시장에서 AAA 등급 회사채의 비중이 크게 줄었고, 새롭게 AAA 등급 기업들이 회사채를 발행하는 규모 역시 사상 최저 수준이라는 점을 확인할 수 있죠. AAA 등급 회사채의 '귀하신 몸' 상황이 2006년 10월에도 그리 바뀌지 않았다는 겁니다. 급기야 다음 문단에서는 등급을 평가해서 부여해 주는 신용평가회사들에게 너무 보수적으로 평가하지 말고 기준을 조금 완화시켜 적용해 달라는 말을 하고 있죠. 기준을 엄격하게 적용하지 말고, 조금 느슨하게 적용해서 AAA 등급 채권의 공급이 늘어나게 해줘야 하는 것 아니냐는 제언이라고 해석할 수 있을 겁니다.

유동성이 확대되며 AAA 등급 회사채에 대한 수요는 크게 늘었죠. 문제는 AAA 등급 회사채의 공급이 턱없이 부족했다는 겁니다. 그렇다면 우량 채권의 공급을 늘릴 방법이 없을까요? '수요가 있는 곳에 공급이 있다'라는 이야기가 있죠. 우량 채권에 대한 수요가 그렇게 크다면 어떻게든 찾아야 합니다. 만약 찾지 못한다면? 만들기라도 해야 하지 않을까요? 네, AAA 채권 만들기가 시작되는 겁니다. 지금까지 살펴본 상황을 유재수 님의 저서 『다모클레스의 칼』에서는 이렇게 설명하고 있습니다.

금융의 역사에서 전례 없는 엄청난 글로벌라이제이션의 여파로 갈 곳 없는 자금이 투자처를 찾아 나섰다. 하지만 최우량 트리플A 채권은 수요에 비해 부족했고 무엇으로든 이를 메워야 했다. 이를 해결해 준 것이 서브프라임 모기지 채권과, 트리플A 신용등급을 가진 그리스 등의 국채였다. 시장은 수요를 맞추기 위해 가짜 트리플A 채권을 만들어 냈다. 자연은 빈 공간을 싫어한다. 시장도 그렇다.

_유재수, 『다모클레스의 칼』, 삼성경제연구소, 2015, p.367

(베어스턴스 전 CEO 앨런 슈왈츠의 말을 인용한 부분)

'가짜 AAA 채권을 만들어 냈다'는 표현이 나오죠. 이를 어떻게 만들게 되는지 살펴보겠습니다. 내용이 복잡하기는 하지만 아주 간결하게 정리된 당시 기사를 하나 인용합니다. 꼼꼼히 읽어보시죠.

> 와중에 월스트리트가 몇 해 전부터 주목하기 시작한 곳이 주택시장이다. 정부가 주택 보급률을 높이고자 부동산 대출과 관련한 규제를 없앴다. 집값은 지난 5년 동안 꾸준히 올랐다. 파생상품이 창궐할 최적의 조건이 만들어졌다. 은행들은 대출 제한 규정을 크게 낮추었다. 소득이 불분명하고 변제 능력이 의심스러운 사람들에게 주택을 담보로 집값의 90퍼센트나 되는 돈을 빌려주었다. 이른바 서브프라임 모기지 상품이다. 월스트리트는 이 담보 대출에 기초해 모기지담보증권(MBS), 채권담보부증권(CBO), 부채담보부증권(CDO) 같은 온갖 변종 상품들을 쏟아내 주택시장에 돈을 공급했다. 부동산시장에 자금이 풍부해지자 집값은 다시 올랐다.
>
> 《시사저널》, 2008. 10. 21

우량한 채권이 되기 위한 전제 조건은 그 채권의 기초가 되는 자산의 안전성입니다. 안전한 자산이라면 어떤 것이 떠오르시나요? 주식이라고 하기는 어려울 겁니다. 아무리 우량주라고 해도 2000년대 초반 닷컴 버블의 붕괴를 겪으면서 우량주 중심의 다우존스 지수도 거의 40퍼센트 가까이 하락했었죠. 그러니 이런 자산들이 중심이 될 수는 없을 겁니다. 당시 미국에도 주식보다는 부동산이, 부동산 중에서도 거주지로서 사람들의 수요가 가장 많은 주택이 안전하다는 인식이 강했던 것 같습니다. 미국의 주택 가격 흐름을 보여주는 케이스실러 주택 가격 지수를 잠시 보고 가시죠.

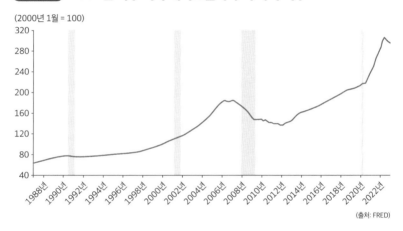

그래프 20 **1987년 이후 미국 케이스실러 주택 가격 지수**

(2000년 1월 = 100)

(출처: FRED)

1987년부터 금융위기 직전이었던 2006년까지, 부동산 시장은 흔들림 없이 꾸준한 상승세를 보여줍니다. 앞서 인용한 기사의 첫 문단에 부동산 가격이 최근 수년간 꾸준히 올랐다는 내용이 담겨 있었죠. 꾸준한 상승세 이후 2000년 초반에는 주택 가격 상승세가 더욱 두드러지기 시작합니다. 주식시장이 크게 무너진 데 반해 주택시장은 탄탄한 상승 흐름을 이어가니 부동산 투자는 안전하다는 인식이 보다 강해졌을 겁니다.

신용이 낮아도 좋고, 원금 상환을 하지 않아도 좋다는 '주택담보대출'

／

금리가 낮아진 상황입니다. 그리고 미국의 은행들은 규제 완화 이후 보다 적극적으로 대출이나 투자를 늘리려고 하고 있죠. 그리고 주택시장은 안전하다는 인식이 강합니다. 이런 배경하에 당시 주택시장에는 '닌자론(NINJA Loan)'이 유행하게 됩니다. 닌자? 일본의 그 닌자를 떠올리실 텐데요, 그 이미지 그대로입니다.

닌자론은 '소득, 직업 또는 자산 없음(No Income, No Job or Asset)'의 앞글자를 따서 만든 신조어입니다. 일반적으로 미국에서 대출을 받기 위해서는 일자리가 있어야 하고, 소득이 있어야 합니다. 그리고 일정 규모의 자산이 있어야 좋은 조건에 대출을 받을 수 있죠. 그런데 닌자론은 말 그대로 소득이 없어도, 그리고 일자리나 특별히 보유하고 있는 자산이 없어도 주택담보대출을 받을 수 있게 해준 것입니다. 신용도가 낮은 사람이 쉽게 대출을 받을 수 있게 된 거죠.

사실 신용도와 상관없이 큰 금액을 빌려서 집을 사는 것은 부담스럽습니다. 당시에는 그런 걱정을 할 필요가 없었던 것이 경기 침체로 인해 미국 연준이 기준금리를 1퍼센트로 낮춘 상황이었고, 전 세계적으로 자금의 공급이 쏟아지니 돈의 공급이 많아 금리가 오를 가능성이 높지 않다는 인식이 강했습니다. 그리고 대출 조건도 환상적이었는데요, 원금을 상환하지 않고 10년간 이자만 내는 구조였습니다. 금리가 낮은 데다 원금은 나중에 갚아도 됩니다. 당장의 부담이 거의 없으니 큰 금액을 대출 받아 집을 사도 이자를 갚는 데 무리가 없겠죠. 마지막으로 주식시장의 붕괴에도 불구하고 안정적인 상승 흐름을 이어가는 주택 가격을 보면 조금 무리해서 대출을 받아 집을 사는 것이 합리적인 선택처럼 보였을 겁니다.

이렇게 신용도가 높지 않은 사람들에게도 대출이 풀리면서 낮은 등급, 즉 서브프라임(Subprime) 등급의 대출이 크게 늘어난 겁니다. 주택 구입의 증가는 주택 수요의 확대를, 주택 수요의 확대는 주택 가격의 추가 상승을 부릅니다. 네, 서브프라임 모기지 대출의 확대는 주택 가격의 꾸준한 상승세에 더욱 힘을 실어주었습니다. 아무리 신용도가 낮은 사람들에게 대출을 해준 서브프라임 모기지 대출이라고 해도 그 담보가 되는 주택 가격이 계속 오른다면 대출을 떼일 가능성이 매우 낮겠죠. 상승 일변도의 주택시장과 부실화될 가능성이 매우 낮게 여겨지는 서브프라임 모기지 채권을 바탕으로 AAA 등급의 채권이 만들어지게 됩니다. 이 과정이 다소 복잡하게 느껴질 수 있는데요, 최대한 직관적으로 이해하실 수 있도록 다시 한번 설명을 해보겠습니다.

서브프라임 모기지 대출이 AAA 채권이 되는 과정

A라는 은행이 있습니다. 그 은행에서는 100명에게 주택을 담보로 대출을 해줬죠. 대출을 해준 다음에 대출을 받은 사람들 한 명 한

명에게 그 대출에 대한 차용증을 받았을 겁니다. 차용증을 갖고 있는 채권자는 나중에 이 차용증을 제시하면서 원금과 이자를 갚으라고 할 수 있죠. 차용증 자체가 채권인 겁니다. 그러니까 A은행은 100명에게 주택을 담보로 한 채권을 갖고 있는 거죠. 그런데 고민이 있습니다. 주택시장이 워낙 좋으니 A은행은 다른 사람들에게도 추가로 대출을 해 주고 싶은데, 은행에 돈이 모자랍니다. 어떻게 하면 좋을까요?

이때 모기지(Mortgage) 회사가 등장합니다. 모기지 회사는 A은행이 갖고 있는 100개의 주택담보대출 채권, 즉 모기지 채권을 사들이게 되죠. 원래 A은행은 100개의 모기지 채권 하나하나를 통해 대출이자를 받을 수 있었습니다. 그런데 이 채권들을 모기지 회사에 팔면서 목돈을 현금으로 받았습니다. A은행은 이렇게 받은 현금으로 새로운 대출을 해줄 수 있게 됩니다. 반면에 100개의 채권을 사들인 모기지 회사는 이 채권들을 하나의 채권으로 합치게 됩니다. 그러면 한 명 한 명에게 따로 이자를 받는 작은 금액의 채권 100개가 아니라 100명의 이자를 합쳐서 받는 매우 큰 금액의 채권 하나로 탈바꿈되겠죠. 이렇게 모기지 대출 채권들을 모아서 만든 채권을 주택저당증권(MBS, Mortgage Backed Securities)이라고 합니다.

여기서 끝나는 게 아니죠. 모기지 대출이 100개만 있는 것은 아닐 겁니다. 많은 모기지 채권을 B, C, D…… 은행에서 사들이게 됩니다. 그러면 수많은 모기지 채권을 만들어 낼 수 있을 겁니다. 대출을 해주고 나서 현금이 모자랐던 은행들은 모기지 회사에 대출 채권을 팔고 현금을 받았으니 추가로 상당한 양의 재원이 생겼고, 이를 통해 새로운 사람들에게 주택담보대출을 해줄 수 있겠죠. 모기지 채권을 많이 사들인 모기지 회사는 이런 채권들을 계속해서 합쳐 수많은 MBS를 만들게 됩니다. MBS는 나름 큰 금액의 모기지 채권입니다. 주택 시장이 안정적이라면 주택담보대출에 기반해서 만들어진 MBS 역시 안전하겠죠. 안전한 채권 투자를 원하는 투자자들에게 이 MBS를 판매하면 됩니다.

합성채권으로 이어지는 MBS

여기까지가 MBS에 대한 설명인데요, 여기서 끝나지 않습니다. 이제 합성채권인 부채담보부증권(CDO)으로 이어집니다. 그런데 이 개념이 상당히 복잡합니다. 하지만 2008년 12월 23일에 게재되었던 《경향신문》 기사 내용을 참고해서 설명하면 쉽게 이해하실 수 있으리라 생각합니다. 이어가 보죠.

모기지 회사가 1000개의 MBS를 만들었고 이를 한 번에 '갑' 회사로 넘겼다고 가정해 보겠습니다. '갑' 회사에서는 1000개의 MBS를 합쳐서 AAA 등급의 우량 CDO 채권을 만드는 작업을 합니다.

MBS 채권 각각에서 매월 일정한 이자 금액이 들어오겠죠. 이걸 하나로 합쳐버리게 되면 합쳐진 금액만큼의 이자가 들어올 겁니다. 그런데요, 이 중에 일부 채권이 망가질 가능성이 있지 않을까요? 네,

주택담보대출을 받은 사람들 중 일부가 연체를 할 수 있습니다. 그러면 이자를 지불하지 못하게 될 것이고, 정상적인 MBS뿐 아니라 이렇게 연체가 된 MBS까지 합쳐놓은 채권을 안전하다고 할 수는 없겠죠.

그렇지만 이런 채권을 여러 등급으로 나누어 버릴 수 있습니다. 1000개의 MBS로 100개의 새로운 채권을 만든다고 가정해 보죠. 그리고 100개의 채권마다 등급을 달리 부여하는 겁니다. 1000개의 MBS에서 들어오는 이자를 100개 중 1순위 채권에 먼저 지급해 주는 거죠. 그리고 1순위 채권이 받을 이자를 제대로 받으면 그때 2순위 채권에게 이자를 주는 겁니다. 그리고 2순위가 이자를 받으면 3순위, 4순위…… 이렇게 계속 넘어가게 되는 거죠.

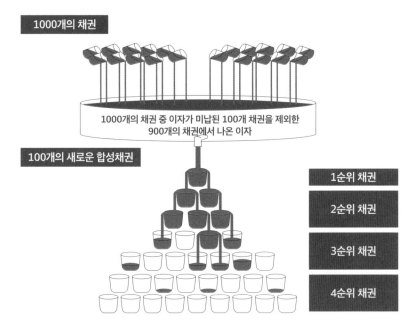

'이런 짓을 왜 할까……'라고 생각하실 수 있습니다. 1000개의 MBS 중에 제대로 이자가 들어오는 MBS도 있겠지만 그렇지 않은 MBS도 있겠죠. 대출을 받은 사람 중에 연체를 하는 사람들이 당연히 있을 테니까요. 이들 때문에 1000개의 MBS 중에 100개의 MBS는 제대로 이자가 들어오지 않는다고 가정해 보는 겁니다. 그럼 1000개 중 900개의 MBS에는 이자가 들어오고 있겠죠. 그걸 100개의 채권에 1순위부터 이자를 지급해 준다고 가정하면, 1위부터 90위의 채권은 우선적으로 이자를 받을 수 있을 겁니다.

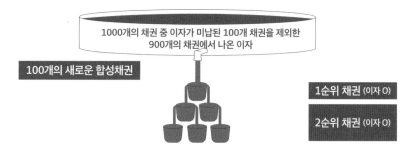

반면 100개 채권 중 맨 뒤 10개의 채권은 이자를 받을 수 없겠죠. 이 채권은 이자가 지급되지 않는 부실 채권이 되는 겁니다.

여전히 1순위 채권은 안전하게 살아남아 있습니다. 정말 안전한 채권 아닌가요? 조심스럽게 AAA 등급을 줘도 되겠다는 생각이 들지 않나요? 네, 이렇게 순위가 높은 선순위 채권들은 매우 높은 신용등급을 받게 됩니다. 반면 후순위 채권들은 아무래도 선순위보다 많이 위험할 수 있겠죠. 특히 100개의 채권 중 가장 순위가 낮다면 10개의 MBS만 연체를 시작해도 부실 채권이 될 수 있는 겁니다. 이런 채권들은 신용등급도 매우 낮을 겁니다. 그렇지만 신용등급이 낮은 위험한 채권인 만큼 더 높은 금리로 투자자들에게 판매가 되겠죠. 안전한 국채는 금리가 낮지만 위태위태한 회사의 회사채 금리는 매우 높은 것과 동일한 원리라고 보시면 되겠습니다.

자, 1000개의 MBS로 어떻게 AAA 등급의 합성채권을 만들어 내는지를 설명해 드렸습니다. 이제 이런 설명의 기반이 되어준 기사를 직접 읽어보시죠.

> CDO는 '소시지 증권'으로 불린다. 맛없는 고기라도 당근이나 양파를 섞어 맛깔나는 소시지로 탈바꿈시킨 것과 같다고 해서 붙여진 별칭이다. CDO 상품은 여러 종류의 상품으로 재가공할 수 있다.
> 1000잔의 커피를 양동이에 부었다가 다시 100잔으로 나눌 때, 커피를 동시에 고루 나누는 것이 아니라 차등을 두면 된다. 종이컵을 피라미드 모양으로 쌓아서 커피를 부으면 맨 윗줄의 컵이 모두 채워지고 넘치면 아랫줄의 컵이 채워지는 식이다. 만약 자판기가 고장 나 처음의 1000잔 중 10잔이 비어 있었다면 피라미드의 100잔 가운데 가장 아랫줄에서 1잔은 완전히 비게 될 것이다. 거꾸로 처음의 1000잔 중 900잔이 비었더라도, 맨 윗줄의 10잔은 가득 채울 수 있으므로 안전하다. 이런 원리로 위험을 맨 아랫줄의 종이컵에 몰리게 한다.

앞의 이미지를 다시 보면서 기사를 읽으면 이해가 훨씬 더 쉬우실 것이라 생각합니다. 고도의 수식이 들어가거나 복잡한 개념 설명 없이 직관적으로 이해하기에는 이 기사의 흐름을 따라가는 것이 가장 좋지 않을까 싶네요.

이렇게 상위 등급의 선순위 채권을 무디스 인베스터스 서비스나 스탠다드 앤 푸어스(S&P), 그리고 피치 레이팅스(Fitch) 등의 신용평가 회사들이 AAA로 평가하게 되죠. 주택시장이 활성화되고 대출 채권이 늘어나게 된 만큼 MBS의 숫자도 크게 늘었을 겁니다. 그리고 이런 MBS로 선순위 CDO 채권도 만들어졌겠죠. AAA 채권이 크게 늘어나기 시작한 겁니다.

보험사의 보증까지 곁들이게 된 CDO

여기서 조금 더 들어가서 신용부도스와프(CDS)까지 설명을 드리죠. CDS는 그냥 보험료라고 생각하시면 됩니다. 홍길동이라는 사람이 1억 원의 돈을 빌렸다고 가정합니다. 홍길동이 돈을 못 갚게 되면 내가 대신 돈을 갚아주는 보증을 서준다고 가정하죠. 보증은 절대 서면 안 된다고 생각하지 마시고, 보증을 서주기는 하는데 소정의 수수료를 받는다고 가정해 보는 겁니다. 만약 홍길동이 돈도 잘 벌고 믿음직스럽다면, 그리고 1억 원 정도는 절대 떼먹을 리 없는 사람이라면 보증을 해줘도 문제가 되지 않을 겁니다. 낮은 수수료를 받고 보증을 서줄 수 있겠죠. 적은 수수료를 받고 보증을 서주는 CDS 계약을 할 수 있는 겁니다. 반면 홍길동을 믿을 수 없다면, 그리고 매우 불안하다면 어떨까요? 일단 보증을 해주기가 너무 부담스러울 것이고, 어쩔 수 없이 서줘야 한다면 아주 높은 수수료를 받아야 할 겁니다. CDS 수수료가 아주 높은 케이스라고 보시면 되겠죠.

여기서 앞서 설명한 AAA급 합성채권에 대한 보증을 한다면, 즉 이 채권에 대한 CDS 보장 계약을 한다면 수수료는 어떨까요? 믿음직스럽기 때문에 적은 수수료를 받고, 아무 부담 없이 보장을 해줄 수 있을 겁니다.

이번에는 '가'라는 보험사를 가정해 보죠. '가' 보험사는 기업들이 부도가 났을 때 그 기업에 대출을 해준 사람들에게 대신 돈을 갚아주는 보증보험 회사입니다. AAA급 CDO는 큰 부담 없이 낮은 수수료에 보증을 서줄 수 있겠죠. 다만 수수료가 낮은 만큼 큰돈이 되지 않을 겁니다. 그렇지만 걱정하지 않아도 됩니다. 수수료는 낮지만 여러 개의 AAA급 CDO에 보증을 서준다면 보증 수수료 수입이 꽤 늘어나게 될 테니까요.

자, 이제 정리를 해보죠. 주택담보대출, 즉 모기지 대출을 여러 개 모아서 주택저당증권(MBS)을 만들게 됩니다. 그리고 여러 개의 MBS 를 모으고 난 후, 차등의 순위를 두어서 선순위와 후순위 부채담보 부증권(CDO)을 만들게 되는 것이죠. 선순위 CDO는 매우 안전한 채권입니다. 이런 선순위 채권에 대해 무디스와 같은 신용평가 회사는 AAA 등급을 부여하는데, 이른바 '만들어진 AAA 등급 채권'이 되는 것이죠. 그리고 이런 AAA 등급 채권을 유명 보험사가 신용부도스와프(CDS)를 통해 보증까지 해주는 겁니다. 이러면 불안할 게 하나도 없지 않을까요?

조금 과한 비유를 들자면 이렇게 정리가 될 겁니다. 1000명의 사람들에게 주택담보대출을 해준 것이죠. 이 중에 10명이 동시에 연체할 가능성은 매우 높습니다. 그렇지만 990명이 동시에 연체할 가능성은 매우 낮은 편이죠. 특히 주택시장이 이렇게 좋은데 1000명 중 990명이 동시에 연체할 리가 없을 겁니다. 홍길동이라는 투자자가 1000명 중 990명이 동시에 연체를 해야 손실이 나는 채권에 투자를 했다고 생각하시면 됩니다. 그리고 무디스가 이 채권에 AAA 등급을 부여했죠. 그리고 정말 최악의 경우 이 채권이 손실을 내게 되면 유명 보험사가 손실 난 금액을 보장해 줍니다. 2008년 금융위기를 직접 겪어봤던 저에게는 약점이 보이지만, 그런 경험을 해본 적 없는 투자자라면 이 정도 채권이 무너질 리 없다고 생각할 것입니다.

유동성이 넘쳐나면서 AAA 채권에 대한 수요가 폭발해 있습니다. 그런데 AAA 채권의 공급은 찾기 어렵죠. 이런 상황에서 AAA 채권이 마구 만들어져서 쏟아집니다. 그야말로 가뭄에 단비 아니었을까요? 규제가 풀리면서 채권을 사들일 수 있게 된 여러 대형 은행들도 부담 없이 이런 안전한 채권을 사들입니다. 그런데 수면 아래에서 무언가 분위기가 확 바뀌기 시작합니다.

주택 가격이 치솟고 물가가 오르자 시작된 기준금리 인상

/

저금리하에서 미국의 주택 가격은 너무나 빠르게 뛰어올랐죠. 주택 가격 버블에 대한 우려가 극에 달하게 됩니다. 주택 가격이 천정부지로 치솟게 되니 미국 사람들은 돈을 벌었다는 느낌을 받았고, 넉넉하게 소비를 하기 시작했습니다. 소비가 워낙에 왕성하게 이어지니 물가가 오르기 시작했겠죠. 자산 가격도 높아져서 부담스러운데 물가까지 오르기 시작합니다.

연준은 이를 제어하기 위해 2004년 6월부터 기준금리 인상에 돌입합니다. 그리고 17차례 연속으로 매 FOMC마다 0.25퍼센트씩 기준금리를 인상하면서 2006년 6월에는 5.25퍼센트로 기준금리를 끌어올리게 되죠. 그러자 높아진 주택 가격과 크게 늘어난 가계 부채, 그리고 기준금리와 함께 높아진 이자 부담까지 겹치게 됩니다.

금리는 돈의 값입니다. 가격이 높으면 당연히 수요가 줄어들겠죠. 금리가 올라가자 돈을 빌려서 투자를 하려는 대출 수요가 크게 줄어듭니다. 주택담보대출을 받아서 비싼 집을 사려는 구매자들이 크게 줄어든 겁니다.

투자는 내가 산 자산을 누군가 더 비싼 가격에 사줘야 이기는 게임이죠. 뒤에서 나보다 더 비싼 가격에 주택을 사주는 사람이 없다면 주택 가격이 추가로 상승하기는 어려울 겁니다. 조금 더 나아가면 기존에 집을 산 사람들 중에는 이자 부담이 크게 늘어나면서 집을 팔아야 하는 상황이 닥쳐올 수 있습니다. 2005년 하반기까지는 뜨거웠던 미국의 주택시장이 2006년, 미국의 기준금리 인상 영향을 반영하면서 확연히 바뀌기 시작했죠. 기사 인용합니다.

- '美 주택 거품 붕괴가 증시 거품 붕괴보다 무섭다' (CNN 머니)

  《연합인포맥스》, 2005. 7. 6
- '세계 부동산 거품 시작됐다' _NYT

  《연합인포맥스》, 2005. 7. 6
- 미국, '집값 붕괴 위기론' 확산 '53개 도시서 가격 거품'

  《한국경제》, 2005. 8. 18

2005년 7~8월 기사 제목들입니다. 전체적으로 미국 주택 가격이 많이 올랐음을 알 수 있습니다. 부동산 가격 거품이 심하다는 내용이 주를 이루고 있죠. 그리고 이런 분위기는 이듬해인 2006년 8월에 확연히 바뀝니다. 기사를 조금 더 보시죠.

2006년 5~6월을 지나면서 주택시장이 완연하게 둔화되기 시작했 죠. 그리고 뒤에 인용한 2006년 10월 27일 기사의 첫 문단을 보시면 2006년 9월 주택 가격 하락 폭이 40년 내 최대 수준이라는 점을 알 수 있습니다. 그리고 마지막 문단의 후반부를 보시면 실제 낙폭은 더 클 수 있다는 간담이 서늘한 메시지를 담고 있죠.

우리는 1997년 외환위기에서 엔화 가치의 급격한 방향 전환과 반도체 가격의 급격한 하락을 살펴보았던 바 있습니다. 무엇이든지 급격한 변화가 나타날 때에는 부작용이 생기게 마련이죠. 10년 이상 꾸준하게 이어져 온 주택 가격이 급격한 하락세로 전환됩니다. 10년 의 관성을 믿고 투자해 왔던 경제 주체들이 당황할 수밖에 없겠죠. 주택 가격이 크게 하락할 것이라는 위험을 염두에 두지 않았던 투자자들이 낭패를 보게 되는 겁니다. 그런 투자자에는 누가 있을까요? 네, 바로 앞서 말씀드린 AAA 등급의 우량 회사채 투자자가 여기에 해당됩니다.

10년간의 상승세를 멈추며 찾아온 금융위기

주택 가격의 급격한 하락 속에서 취약한 차주(빌린 사람)들이 빠르게 무너지기 시작합니다. 주택 가격의 하락은 특정한 대출자 한두 명에게 다가오는 것이 아니라 모든 차주들에게 동시에 찾아오죠. 그리고 금리의 인상 역시 한두 명의 대출자에게만 해당되는 것이 아니라 모든 대출 받은 이에게 동시에 적용되죠. 높아져 버린 금리와 무너지는 주택 가격이라는 더블 콤보 펀치를 맞자 미국의 주택담보대출 연체율이 빠르게 치솟기 시작했습니다. 그리고 수많은 사람들이 대출 이자 납입을 하지 못하고 연체의 늪에 빠지게 됩니다. 그 과정에서 무너질 가능성이 매우 낮다고 평가했던 선순위 등급의 CDO 채권 역시 충격을 받게 된 겁니다.

앞서 예로 든 이야기로 보면 1000명 중 990명 이상이 동시에 연체를 해야 손실이 나는 채권에서 실제로 손실이 발생한 것이죠. AAA 채권의 손실이 났으니, 당연히 해당 채권을 보증해 준 보험사를 찾게 되지 않을까요? 문제는 너무 많은 AAA 채권의 손실이 발생하면서 이런 채권들을 한꺼번에 보증했던 보험사 역시 무너져 버렸다는 겁니다. 이와 함께 AAA 등급을 부여했던 무디스 등의 신용평가 회사에 대한 비난이 쏟아졌죠. 잠시 기사 하나 읽어보시죠.

미국 서브프라임 부실에 따른 파장이 확대되면서 국제 신용평가사인 스탠다드 앤 푸어스(S&P), 무디스 인베스터스 서비스, 피치 레이팅스로 비난의 화살이 꽂히고 있다. 서브프라임 모기지를 담보로 발행된 자산담보부증권(CDO)에 대해 제대로 등급 평가를 하지 않아 이 같은 사태가 빚어졌다는 주장이 나오고 있는 것이다.

블룸버그 통신은 29일 서브프라임 모기지를 추적하는 ABX 지수의 300개 채권을 분석해 본 결과, 절반 이상인 190개가 등급 기준을 충족시키지 못했다고 보도했다. A등급을 받은 60개 채권 가운데 50개가 등급 기준에 못 미쳤고 AA 등급 60개 중 22개, AAA 채권 중 3개가 기준에 미달됐다. BBB나 BBB- 등급의 채권 120개 중에서는 5개 만이 등급 기준에 부합했다. (중략)

모기지론의 파산율이 10년 만에 최고 수준에 달하면서 모기지를 담보로 발행한 CDO 가격도 1달러당 50센트 이상 하락했다. 이 때문에 베어스턴스의 헤지펀드 두 개는 파산 위기에 놓였고 서브프라임 CDO에 투자한 펀드들이 잇따라 손실을 입은 사실이 밝혀지고 있다. 상황이 이처럼 악화되고 있었는데도 신용평가사들은 물이 엎질러진 다음에서야 등급 하향이나 경고에 나선 것이다.

블룸버그 통신은 이것이 시작에 불과할지 모른다고 분석했다. S&P와 무디스, 피치가 CDO 등급을 하향 조정하면서 수백 명의 투자자들은 보유하고 있던 채권 매각에 나설 것이고, 8000억 달러에 달하는 서브프라임 담보 증권시장이나 1조 달러 규모의 CDO 시장이 요동을 칠 수 있다는 것. 그라함 피셔 앤 코의 조슈아 로즈너 이사는 "은행과 보험사, 연금펀드들이 대규모 손실을 입을 것"이라며 "S&P와 무디스, 피치가 서브프라임 모기지 채권이 갖고 있는 리스크를 너무 낮게 평가했다"고 말했다.

《이데일리》, 2007. 6. 29

첫 문단에서는 CDO에 대해 AAA 등급을 부여한 신용평가 회사에 대한 비판이 담겨 있죠. 두 번째 문단을 보시면, 이런 채권들이 부실해지고 나서야 신용평가 회사가 해당 채권들의 신용등급을 낮추기 시작했다는 내용이 담겨 있습니다. 뒤늦게 신용등급을 낮추게 되면 신용등급이 강등된 채권을 보유한 투자자들, 특히 은행들은 당연히 손해를 보게 되겠죠. 안전한 줄 알고 비싼 가격에 사들였는데 안전하지 않은 채권이 된 셈이니까요. 투자자들 중에는 AAA 등급 채권이 아니면 투자를 할 수 없는 투자자들도 있었을 겁니다. AAA인 줄 알고 사들인 채권의 등급이 떨어지게 되면 당연히 해당 채권을 팔 수밖에 없겠죠. 여기서 질문 하나 드리죠. 누가 그 채권을 사들일까요? 네, 그래서 인용된 기사의 마지막 문단에는 CDO 시장이 요동칠 수 있을 것이라는 이야기와 여기에 투자한 은행 등의 금융기관 손실이 커질 수 있다고 나오죠. 그리고 이런 연쇄 충격은 현실이 되었던 겁니다.

만약 미국의 대형 은행들이 이런 채권들을 갖고 있었다면 해당 은행들이 부실의 늪에 빠지는 것은 시간 문제였겠죠. 그리고 은행들이 서로를 믿지 못하니 돈을 빌려주지 않습니다. 시중에 돈이 돌지 않는 것은 사람으로 따지면 피가 돌지 않는 것과 같죠. 피가 돌지 않는 부위의 신체가 썩듯이 돈이 돌지 않는 부위의 경제 체제나 기업, 혹은 가계가 무너지기 시작했습니다. 이게 그 유명한 금융위기였던 겁니다.

뜻밖의 사태가 걷잡을 수 없이 번지면서 대형 은행들과 보험사가 무너지게 되는데, 그날이 바로 2008년 9월 15일이었습니다. 그날의 분위기를 보시죠.

메릴린치는 당시 미국 3위의 투자은행이었고 리먼브라더스는 미국 4위의 투자은행이었습니다. 3위와 4위 투자은행이 같은 날짜에 파산한 겁니다. 당시 5위는 베어스턴스라는 회사였는데요, 6개월 이전인 2008년 3월에 무너지면서 JP모건에 흡수 합병되었죠. 리먼브라더스는 인수해 줄 투자자를 구하지 못해 파산했고, 메릴린치는 당시 뱅크오브아메리카에 인수되면서 역사 속으로 사라지게 됩니다.

AIG 역시 화두였습니다. AIG는 CDS 계약, 즉 수수료를 받고 보증을 해주는 사업을 확대했는데, 당시 4410억 달러어치의 상품을 판매했습니다. 상당한 규모의 보증이었죠. 그런데 많은 채권이 무너지게 되면서 AIG가 보증해 줘야 하는 금액이 기하급수적으로 늘어났고, 이를 감당하지 못한 AIG가 미국 정부에 구제금융을 요청했던 겁니다. 금융위기는 지금 봐도 역대급 사태로 기억될 듯합니다.

금융위기의 원인을 말할 때 지금까지 설명한 CDO, CDS 등의 파생상품 투자로 인한 금융기관의 부실을 언급하는 분들이 많습니다. 당연히 그 사건들이 직접적인 원인이 된 것이 맞습니다. 그런데 조금 다른 관점에서 금융위기를 바라보는 시각도 있습니다. '글로벌 불균형(Global Imbalance)'이란 관점인데요, 다음 챕터에서 이어가겠습니다.

12

글로벌 불균형을 부른
신흥국과 미국의 동상이몽

다시 시작된 투자 붐, 주인공은 신흥국

2013년이었죠. 제가 미국에서 MBA 유학을 하던 시절이었는데, 당시 가장 좋아했던 수업이 글로벌 매크로 경제 수업이었습니다. 물론 제가 주로 연구하던 분야를 다루는 수업이었기 때문에 편한 것도 있었지만 미국인 교수님이 워낙에 유머 감각도 뛰어나시고 강의도 탁월하게 하셨거든요. 저뿐 아니라 당시 수업을 듣던 미국 학생들에게도 인기가 정말 많으셨습니다. 그리고 CNN 같은 곳에서도 자주 인터뷰를 하는 등 대외적으로도 저명한 분이었죠. 그런데 약간 단벌 신사 느낌이 있었습니다. 체크 무늬 남방을 자주 입곤 하셨는데, 수업 중에 어떤 학생이 "왜 그 옷을 자주 입으세요? 옷이 그거 한 벌만 있는 거 아니에요?"라는 농담 섞인 질문을 한 적이 있습니다. 그때 교수님이 "브라질에 투자했다가 실패한 후 이 옷만 입어요"라고 답변을 하셔서 강의실에 있던 학생들이 전부 박장대소했던 기억이 납니다.

다시 시작된 투자 붐, 주인공은 신흥국

/

2000년대 중반 이후 전 세계적으로 투자 붐이 다시 일어나기 시작했습니다. 다만 그 대상은 1990년대 말처럼 미국의 닷컴 기업이 전혀 아니었습니다. 미국 투자는 거의 인기가 없었고, 대신 신흥국 투자 붐이 불었죠.

신흥국을 영어로 이머징 마켓(Emerging Market)이라고 합니다. 당시 투자 설명회에 가면 '선진국보다는 이머징 투자가 답이다'라는 이야기가 상식처럼 통용되곤 했습니다. 그런데 잠시 돌아보면, 2000년대 이전에는 신흥국이라는 단어가 좀처럼 사용되지 않았어요. 선진국의 반대말로 후진국, 혹은 개발도상국(개도국)이라는 단어가 주로 쓰였죠. 실제로 지금 인터넷에서 뉴스 검색을 할 때 '신흥국'을 검색창에 넣고 조회해 보면 2000년도 이전에 신흥국이라는 단어를 사용하는 기사가 그리 많지 않습니다. 반면에 개도국이라는 단어를 넣고 조회해 보면 지금 우리가 신흥국이라는 단어의 의미로 쓴 기사들을 매우 많이 만날 수 있습니다. 개도국, 혹은 후진국이라는 단어가 어감상 투자를 자극하는 느낌은 분명 아니었겠죠. 그보다는 새롭게 부상하는 국가들이라는 의미에서 신흥국이라는 단어가 유행했던 것 같습니다. 그리고 그런 신흥국 투자의 중심에는 중국을 중심으로 한 브릭스(BRICs)가 있었습니다.

브릭스는 브라질(Brazil), 러시아(Russia), 중국(China), 인도(India)의 앞 글자를 따서 만든 신조어였습니다. '전 세계에서 인구가 가장 많고, 땅덩이가 가장 큰 네 개 국가를 모아서 투자하자'라는 콘셉트를 갖고 있었죠. 앞서 언급한 것처럼 당시에는 미국 투자가 큰 인기를 끌지 못했습니다. 미국과 같은 선진국 투자는 약간 '다 자란 경제'에 투자하는 느낌이었고, 브릭스와 같은 신흥국 투자는 '이제 막 자라나는, 혹은 성장판이 크게 열려 있는 국가'에 투자하는 느낌이었습니다. 이런 프레임으로 생각해 보면 지금 봐도 신흥국 투자가 훨씬 더 매력적일 것 같다는 느낌이 드네요. 어쨌거나 이런 흐름은 글로벌 금융위기 이전에 매우 강해졌다가 금융위기 이후 크게 위축되기 시작했습니다. 그리고 2010년대 중반 중국 경제의 부채 문제가 불거지면서 신흥국 투자 붐은 사실상 사라지게 되고, 다시 미국처럼 기술 혁신을 이어갈 수 있는 잠재력을 갖고 있는 선진국 투자 붐이 불게 되었습니다.

그런데요, 여기서 이런 생각을 해보게 됩니다. 앞서 닷컴 버블이 붕괴되었던 때가 2000~2002년이었죠. 1995년 멕시코 위기를 필두로 1997년에는 태국, 인도네시아, 한국이 그리고 1998년에는 러시아, 1999년에는 브라질, 아르헨티나 등 소위 말하는 신흥국이 송두리째 흔들렸습니다. 그러고는 세계 경제 성장의 유일한 대안으로 닷컴 기업의 기술력을 앞세워 혁신적인 성장을 이어가는 미국이 꼽혔었죠. 닷컴 버블의 붕괴는 마지막 희망이었던 미국의 성장마저 무너진 사건으로 이해하시면 됩니다.

이렇게 미국을 포함한 전 세계 경제가 어려운 상황에 봉착했는데, 불과 몇 년 지나지 않은 2004~2007년 기간에는 왜 갑자기 신흥국 투자 붐이 불었던 것일까요? 이 이야기와 함께 글로벌 금융위기를 만들어 낸 또 하나의 원인인 '글로벌 불균형'에 대해 설명해 보겠습니다.

중국의 WTO 가입, 신흥국 붐을 이끌다

2000년 3월부터 시작된 닷컴 버블의 붕괴는 2001년 미국 경제에 짧은 침체를 불러왔습니다. 그리고 이런 침체기에서 벗어나지 못한 2001년 9월 11일, 미국은 테러의 충격에 휩싸입니다. 혼란과 두려움이 이어지던 2001년 12월, 중요한 뉴스 하나가 보도되었습니다.

> • 中 오늘부터 WTO 143번째 회원국…빗장 푼 대륙 세계 경제 재편
> 《국민일보》, 2001. 12. 11

2001년 12월 11일 중국이 공식적으로 세계무역기구(WTO, World Trade Organization)의 정식 회원국이 된 것입니다. WTO에 가입하게 되면서 중국은 자국의 수출품을 더 많은 국가들에 수출할 수 있는 방법을 가지게 된 거죠. 전 세계로 수출할 수 있게 된다는 것은 중국 제품에 대한 글로벌 수요가 크게 늘어나게 됨을 의미합니다.

제품을 생산할 때 필수적인 세 가지는 노동과 토지, 그리고 자본입니다. 중국은 풍부한 노동력과 저렴한 인건비, 그리고 넓은 토지와

저렴한 지대에 기반해서 대량으로 제조업 제품들을 만들어 낼 수 있었습니다. 이제 생산된 제품을 구입해 줄 수 있는 수요처가 전 세계적으로 늘어나게 되니 중국이 수년간 고성장 가도를 달리리라 예견되었습니다.

중국에서 만들어 수입되는 제품을 '메이드 인 차이나(Made in China)'라고 말합니다. 메이드 인 차이나는 고급스럽다기보다는 매우 저렴하다는 느낌을 주죠. 2000년대 초반, 전 세계로 저렴한 중국 제품이 흘러 들어가게 되면서 인플레이션의 기세가 크게 꺾이게 되었습니다. 세계적으로 물가는 안정세를 보였고 중국을 중심으로 한 신흥국들은 성장 가도를 달릴 수 있는 교두보를 확보하게 되었습니다.

그리고 거대한 부채로 인해 신음하던 신흥국들을 위해 선진국 차원의 부채 탕감 논의가 본격화되기 시작했습니다. 부채 부담을 길게 이어가 봤자 신흥국들의 성장이 위축되고, 이는 선진국에도 결코 좋은 영향을 주지 못할 것이라는 주장이 힘을 얻은 것입니다. 따라서 과도한 부채 부담을 지고 있는 신흥국들의 부채를 감면해 주려는 움직임이 나타났고, 다음과 같은 기사가 보도되었습니다.

• G7, '채무국 부채 재조정' 승인…신흥시장 금융위기 예방

《한국경제》, 2002. 4. 21

• IMF 부채 위기 해소 새 방안 마련한다

《연합뉴스》, 2002. 9. 29

선진국 7개 그룹인 G7과 국제통화기금 IMF가 신흥국의 부채를 줄여주기 위한 정책을 이어갔고, 이는 신흥국들의 성장을 끌어올리는 데 큰 도움을 줍니다.

달러 약세가 가져다준 성장 가능성

/

부채 부담을 어느 정도 줄인 신흥국들은 또 하나의 호재를 만나게 됩니다. 바로 미국의 급격한 금리 인하입니다. 앞서 닷컴 버블의 붕괴 편에서 살펴본 것처럼 2001년 초 6.5퍼센트에 달했던 미국의 기준금리는 닷컴 버블로 인한 경기 침체와 9·11 테러로 인한 충격, 엔론 및 월드컴 사태로 인한 금융시장의 혼란을 극복하는 과정에서 빠르게 인하되면서 2003년에는 1퍼센트까지 낮아지게 됩니다.

미국의 금리가 낮아지고, 미국 경제의 성장이 위축되며 미국 달러화 가치는 어떻게 변했을까요? 한 국가의 통화는 그 나라의 힘을 반영합니다. 미국의 성장이 강하고, 금리가 높다면 미국의 강한 성장과 금리의 과실을 얻기 위해 상당한 투자자금이 미국으로 유입되겠죠. 미국에 투자하기 위해서는 당연히 달러가 필요할 것이니 달러에 대한 수요가 늘어나게 되고, 달러는 강세를 보일 수밖에 없을 것입니다. 반면에 미국의 성장이 위축되고, 그런 성장 위축을 커버하기 위해 미국 금리가 빠르게 낮아지면 달러를 사들이려는 수요가 크게 줄어들게 됩니다. 네, 2000년 이후 달러화는 빠른 약세 기조로 전환됩니다. 미국 기준금리와 달러화 흐름을 나타내는 그래프를 함께 보시죠.

신흥국은 자국의 수요가 강하지 않습니다. 물건을 만들어 봤자 그 물건을 살 수 있는 경제력을 갖춘 사람이 적으니까요. 외국에 수출을 하는 것이 답입니다. 수출 제조업 제품을 만들기 위해서는 각종 기계 설비가 필요하겠죠. 이런 기계 설비를 사들이기 위해서는 달러화가 필요할 것이고, 어쩔 수 없이 신흥국의 발전 단계 초기에는 외국에서 돈을 빌려 필요한 설비를 사들여야 합니다. 외국에서 돈을 빌리는 과

그래프 21 **미국 기준금리 및 달러화 가치 추이(1998~2008년)**

(출처: 블룸버그)

1998년 1월부터 2008년 1월까지 달러 인덱스(파란색 선)와 미국 기준금리(주황색 선)의 추이를 나타낸 그래프입니다. 2001년 닷컴 버블 붕괴 및 미국 기준금리 인하로 강했던 달러화가 급격한 약세를 나타내기 시작했죠. 2004년 이후 기준금리 인상에 나섰음에도 신흥국의 성장 기대가 미국의 성장을 넘어서며 달러화는 약세 기조를 이어갔습니다.

정에서 달러 부채가 늘어날 수밖에 없는 구조입니다.

이런 상황에서 미국 금리가 낮아지고 달러가 약해지면 신흥국에선 어떤 느낌을 받을까요? 일단 달러 부채의 이자 부담이 크게 줄어들 겁니다. 그리고 향후에 달러 부채를 상환하기 위해 달러를 사들여야 할 텐데, 달러 가치가 크게 떨어지면 훨씬 적은 돈을 주고도 달러를 살 수 있으니 실질적인 부채 부담이 줄어드는 효과를 볼 수 있죠.

잠시 정리해 볼까요. 달러가 약해집니다. 그리고 미국 금리도 낮아지죠. 달러 부채 부담이 줄어든 상황에서 신흥국의 달러 부채 부담을 줄여주는 지원책도 고려됩니다. 그리고 중국의 WTO 가입 이후 신흥국이 성장할 수 있는 교두보가 마련되었습니다. 이런 상황이라면 신흥국의 성장 가능성이 크게 높아지지 않았을까요?

원자재 가격 상승은 신흥국에게 호재

/

신흥국에 좋은 상황은 여기서 그치지 않았습니다. 한동안 고전하고 있던 국제유가를 비롯한 원자재 가격이 바닥을 찍고 상승세를 보이기 시작하죠. 중국이 WTO에 가입하고 세계의 공장 역할을 하며 전 세계에서 원자재를 사들인 것이 원자재 가격 상승의 첫 번째 원인이었습니다. 그리고 미국의 금리가 인하되면서 나타난 달러화의 약세가 원자재 가격 상승을 더욱 자극하게 되죠.

대부분의 국제 원자재는 달러화로 거래됩니다. 원유 1배럴에 50

달러라고 가정해 보죠. 50개의 달러로 원유 1배럴을 살 수 있는데, 이 상황에서 달러가 약세를 보이게 됩니다. 그럼 60~70개의 달러를 줘야 원유 1배럴을 살 수 있죠. 달러가 약해졌으니 약해진 만큼 더 많은 달러를 줘야 같은 양의 원유를 살 수 있는 겁니다. 국제 원자재 가격이 달러 약세로 인해 크게 상승하게 된 거죠. 그리고 2003년 초에 있었던 미국과 이라크의 제2차 걸프 전쟁 역시 국제유가를 크게 자극하면서 국제유가를 비롯한 원자재 가격이 큰 폭으로 상승하게 됩니다.

원자재 가격 상승은 신흥국 중 자원 부국에게는 단비와 같은 소식이 되죠. 전 세계 산유량의 큰 비중을 차지할 뿐 아니라 원유 수출 의존도가 높은 러시아는 당시의 원유 가격 상승으로 상당한 부를 얻게 됩니다. 브라질 역시 자원 부국으로 유명하죠. 전 세계 철광석과 같은 각종 비철금속 생산과 옥수수와 같은 농작물 생산에서 상당 부분을 차지합니다.

달러 약세와 '세계의 공장 중국'의 가동이 이런 원자재 가격 상승을 부추겼고, 이는 러시아·브라질 등의 경기 회복에 큰 도움을 주게 됩니다. 당시 러시아와 브라질 금융시장의 회복 과정을 그린 〈그래프 22〉와 다음 쪽의 〈그래프 23〉을 함께 보시죠.

신흥국의 미국 국채 투자, 그리고 달러 유동성의 팽창

그래프 22 러시아와 브라질의 주가 추이(1996~2009년)

(출처: 블룸버그)

2000~2003년 닷컴 버블 당시 미국 연준은 5.25퍼센트에서 1퍼센트로 금리를 인하했고, 이로 인해 달러가 약세를 보이면서 원자재 가격이 급등세를 보입니다. 또한 중국의 제조업에 기반한 강한 성장까지 겹치면서 원자재 가격의 상승세는 꾸준히 이어지게 되죠. 1990년대 내내 고전하던 브라질과 러시아의 증시는 2002~2003년을 기점으로 큰 폭으로 상승합니다.

이 정도면 닷컴 버블 붕괴 직후 신흥국이 어떻게 성장의 핵심으로 급부상할 수 있었는지를 설명하는 데 부족함이 없으리라 생각합니다. 원자재 가격의 상승과 WTO로 인한 시장 개방 등으로 신흥국들은 수출을 통해 상당한 규모의 달러를 벌어들였죠. 앞서 이야기한 브릭스뿐 아니라 중동 산유국들 역시 큰돈을 벌어들이게 되면서 이

러시아와 브라질의 환율 추이(1998~2008년)

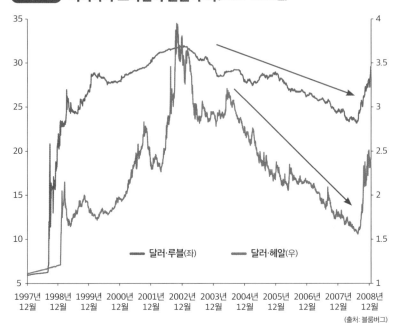

(출처: 블룸버그)

주황색 선은 브라질 헤알화, 파란색 선은 러시아 루블화의 환율 추이를 보여줍니다. 환율의 상승은 브라질, 러시아의 국가 통화 약세를 의미하고, 반대로 환율 하락은 해당 국가의 통화 강세를 뜻하죠. 닷컴 버블을 전후해 나타난 달러 강세와 원자재 가격 하락, 그리고 러시아 모라토리엄과 브라질 외환위기로 인해 양국 통화가치는 크게 하락(환율 상승)했습니다. 그러다가 2003년을 넘어서면서 나타난 달러 약세 및 원자재 가격 상승에 힘입어 통화가치 상승(환율 하락)으로 전환한 것을 알 수 있습니다.

른바 '오일머니(Oil money)'의 규모 역시 폭발적으로 늘어나게 됩니다. 여기서 질문이 꼬리를 물고 이어지죠. 신흥국이나 산유국들은 이렇게 벌어들인 달러를 어떻게 했을까요? 나라 금고에 현금으로 쌓아두면 크게 고민할 것 없겠지만 그 대신 이자 한 푼 받을 수 없겠죠. 어딘가에 예금을 하거나 투자를 해야 벌어들인 달러 자금을 더욱더 불릴 수 있지 않을까요? 네, 그래서 당시 신흥국과 산유국들은 벌어들인 달러화를 안전하면서도 일정 수준의 이자를 받을 수 있는 미국 국채에 투자하기 시작했습니다. 미국 국채에 투자한다는 것을 단순하게 설명하면 미국에 돈을 빌려주고 국가의 차용증, 즉 국채를 받는다는 겁니다. 미국 국채 투자가 크게 늘어났다는 건 비록 빌린 돈이기는 하지만 상당한 달러화가 다시 미국으로 돌아왔다는 이야기입니다. 미국 내에 돈이 넘치기 시작합니다.

연준의 금리 인하로 이미 돈이 많이 풀려 있습니다. 그리고 신흥국과 산유국의 미국 국채 투자로 인해 미국으로 자금이 밀려들었죠. 미국 내 자금 공급이 넘치게 되면 어떻게 될까요? 그 돈이 어딘가를 향하게 되지 않을까요? 네, 그 자금들은 버블 붕괴를 겪으면서 초토화되어 있던 주식시장을 외면하고 각종 규제 완화 등으로 인해 조금씩 열기를 더해 가고 있던 미국 주택시장으로 몰려들었습니다. 미국 주택 가격이 폭발적으로 상승한 것은 자연스러운 수순이었죠.

앞선 챕터에서 이런 주택 가격의 상승이 각종 파생상품을 통해 금융시장의 추가적인 과열을 만드는 쪽으로 흘렀음을 설명했습니다. 이번 챕터에서는 다른 방향에서 살펴보려고 합니다.

주택 가격이 큰 폭으로 상승하자 주택 소유자인 미국인들의 소비가 강하게 자극받게 됩니다. 만약 제가 1억 원의 빚을 내서 3억 원짜리 집을 샀다고 가정해 보죠. 그 상황에서 집값이 금세 10억 원이 되어버린 겁니다. 1억 원의 빚을 제외하더라도 이 집을 팔면 9억 원이라는 큰돈을 손에 쥘 수 있게 되죠. 당장 9억 원의 현금을 손에 쥐지는 않았지만 무언가 부자가 된 것 같은 느낌이 듭니다. 네, 자산 가격의 상승을 마치 저축이 증가한 것으로 착각할 수 있죠. 자산 가격이 상승하자 마치 주머니에 돈이 늘어난 것 같은 느낌을 가지게 된 겁니다. 그리고 돈이 많아지면 안심하고 조금 더 과감한 소비를 이어갈 수 있겠죠. 미국으로의 달러 자금 유입은 미국의 유동성 팽창을 낳았고, 주택 가격의 상승으로 이어지면서 미국인들의 소비를 더욱더 크게 늘리는 데 일조했습니다.

앞서 신흥국의 성장을 설명하는 과정에서 이런 의문이 생기셨을 수 있습니다. 중국은 제조업 제품을 만들어 수출할 수 있는 시장이 열렸고, 산유국들은 국제유가 상승 등으로 원유 수출에서 유리한 위치를 점한 것은 맞는데, 그런 원자재나 제조업 제품을 사줄 수 있는 시장이 있느냐는 의문입니다. 어느 시장이나 두 종류의 사람이 있죠. 사는 사람과 파는 사람입니다. 누군가는 팔고 누군가는 사야 할 겁니다. 물건을 팔려는 사람만 넘치고 사려는 사람이 없다면 시장 자체가 만들어질 수 없겠죠. 가격을 끊임없이 낮춰야 간신히 사려는 사람들이 한둘씩 등장하는 상황이 벌어집니다. 그런데 닷컴 버블로 인한 자산 가격의 급락으로 인해 크게 위축되었을 것으로 예상되던 미국의 가계가, 주택 가격이 큰 폭으로 상승하자 이에 힘입어 다시 소비를 늘리기 시작한 겁니다.

지금까지의 내용을 잠시 정리해 보죠. 신흥국과 산유국은 상당한 달러를 벌었습니다. 그리고 그 달러를 미국에 빌려주고 국채를 받았습니다(미국 국채에 투자했습니다). 미국 내 달러 유동성이 넘치면서 이 돈이 미국 주택 시장을 향했고, 주택 가격이 크게 오르면서 미국 사람들의 소비가 늘어난 겁니다. 그러면 미국의 소비가 늘어나니, 즉 시장에서 사주는 사람이 늘어난 만큼 신흥국과 산유국들은 미국에 더욱 많은 수출을 하게 됩니다. 그리고 달러를 더 많이 벌고, 그걸로 미국 국채에 투자를 하고, 미국에 다시 돈이 넘치고, 주택 가격이 오르고, 소비가 늘고, 산유국이 수출을 늘리고, 달러를 더 벌고, 미국 국채에 투자하고……. 자, 물건을 만든 A가 B에게 물건을 팝니다. 돈이 없던 B는 더 이상 A의 물건을 살 수 없었지만, 다행히 A가 B에게서 받은 돈을 다시 B에게 빌려주면서 계속 A의 물건을 살 수 있게 되었죠.

무언가 신기한 시스템이라는 느낌이 드는데요, 이런 프로세스가 계속해서 이어질 수 있을까요? 문제는 이겁니다. 신흥국은 계속 물건을 팔면서 달러를 쌓게 되죠. 즉, 대규모 무역 흑자를 기록하는 겁니다. 반면에 미국은 계속 외국의 물건을 사들이면서 무역 적자가 쌓이게 됩니다. 적자가 늘어난 만큼 달러 부족을 겪어야 하는데, 신흥국들이 미국의 국채를 사들이면서 자금이 유입되어 들어오죠. 바꿔 말하면 미국 정부가 빚을 내면서 외국으로 나갔던 달러를 빌려오게 되니, 미국의 재정 적자가 크게 늘어나게 되는 겁니다.

미국의 무역 적자가 늘고, 이 적자를 메우기 위해 달러를 빌려오면서 재정 적자도 늘어납니다. 국채를 많이 발행한 만큼 그 국채 보유자에게 지불해야 하는 이자 비용도 크게 늘어나겠죠? 그 이자 역시 국가가 지불해야 하니 미국의 재정 적자는 더욱더 크게 늘어날 겁니다. 신흥국과 산유국의 흑자가 계속해서 쌓이는 만큼, 미국의 재정 및 무역 적자 역시 천문학적으로 불어나게 됩니다.

늘어난 미국의 적자, 그리고 신흥국 압박의 시작

'빚이 계속 불어난다고 해도 세계 최강 미국이라면 큰 문제 없는 것 아닐까?'라고 생각하면 오산입니다. 부채가 크게 늘어난 국가의 신용도는 어떻게 될까요? 당연히 신용이 무너지게 되면서, 과거와 같은 높은 신용으로 돈을 빌리기가 어려워질 수 있습니다. 미국의 적자가 상당 수준 쌓이자 이런 뉴스가 흘러나오게 됩니다.

> • '만성 적자' 美, 신용등급은 'AAA'?
>
> 《파이낸셜뉴스》, 2004. 12. 8

미국이 최고 신용등급을 잃게 되면, 앞서 벌어진 일들처럼 외국 자금이 계속해서 미국으로 유입될 수 있을까요? 다른 국가들이 불안 감을 느끼게 되면 미국은 점점 돈을 빌리기 어려워질 수 있습니다. 외국으로부터의 끊임없는 자금 유입 덕분에 굴러가고 있는 미국 경제가 예상하지 못한 어려움에 봉착하게 되지 않을까요? 어떤 나라든 무역 및 재정 적자가 무한정 늘어나게 둘 수는 없습니다. 그리고 주택 가격이 큰 폭으로 상승하면서 미국인들의 소비가 다시 폭발했죠. 이는 미국 내 물가 상승 압력을 높이게 됩니다. 미국 내 물가 상승세가 뚜렷해지자 물가 파수꾼이라고 할 수 있는 미국 연준이 가만히 있을 수 없습니다.

그래서 미국 연준은 2004년 6월부터 당시 1퍼센트였던 기준금리를 끌어올리기 시작했습니다. 지속적으로 기준금리를 끌어올린 후 2006년 6월 5.25퍼센트까지 기준금리를 인상하고 나서야 금리 인상 행진을 멈춥니다. 그러면 미국 정부 입장에서는 기준금리가 1퍼센트였던 2004년 당시의 이자 부담과 비교했을 때 5.25퍼센트가 되어버린 2006년 6월의 국채 이자 부담이 훨씬 더 크게 느껴지지 않았을까요? 적자가 쌓이는 것도 문제지만 주택 가격 버블과 물가가 오르는 데 대한 부담 역시 상당했을 겁니다. 끊임없이 신흥국이 무역 흑자를 내고 미국은 적자를 쌓으면서 신흥국으로부터 자금을 빌려와서 소비를 이어가는 시스템은 결코 지속가능하지 않았던 겁니다.

미국 정부 입장에서도 이를 해결하기 위한 노력을 시작합니다. 악순환의 고리를 끊는 가장 좋은 방법은 무역 적자를 줄이는 것이죠. 중국을 중심으로 한 신흥국으로부터의 수입을 줄이는 게 답입니다. 수입을 줄이기 위해서는 미국에 수출을 하고 있는 신흥국을 직접적으로 저격해야 하겠죠. 미국의 적자 문제가 심각해지기 시작한 2003년 하반기부터 이런 뉴스가 들려옵니다. 꼼꼼히 읽어보시죠.

> 존 스노 장관은 또 "이번 G20 회의를 통해 중국에 빠른 시일 안에 변동환율제를 도입하도록 요구할 것"이라고 덧붙였다.
> 벨테케 총재도 "환율도 중대한 논제이지만 개별적인 사안으로 다뤄져서는 안 되며 무역 불균형, 세계 경제 개발 불균형 등과 함께 논의돼야 한다"고 말했다. 그는 "하지만 환율 문제에 대한 논의가 중국 등 특정 국가를 겨냥한 것은 아니다"라고 덧붙였다.
>
> 《머니투데이》, 2003. 10. 27

당시의 미국 재무장관 존 스노(John Snow)가 2003년 10월 27일 전 세계 20개 주요국이 모이는 G20(Group of Twenty) 회의 때 중국이 변동환율제를 도입하도록 압박했다는 기사입니다. 갑자기 왜 중국의 환율을 건드리려고 한 것일까요?

1994년 중국은 큰 폭으로 위안화를 평가 절하하면서 중국의 수출을 크게 늘리려고 했죠. 1994년 달러당 4위안 수준이었던 위안화 환율이 2003년에는 8.28위안으로 상당히 높은 상태를 유지하고 있었습니다. 중국 제품이 저렴해지니 가격경쟁력이 높아진 만큼 중국의 대미 수출이 강해질 수 있었고요.

스노 장관은 중국의 대미 수출을 줄여서 무역 적자를 조금이라도 해소하기 위해 중국에게 지금처럼 달러당 8.28위안으로 위안화 가치를 고정하는 고정환율제에서 벗어나 변동환율제를 쓰라고 압박한 겁니다. 위안화가 변동환율제가 되면, 중국으로 달러 유입이 엄청나게 많은 만큼 달러 가치가 떨어지고 위안화 가치가 높아지게 되겠죠. 그렇게 되면 아무래도 중국 수출품의 가격이 높아지는 셈이니, 중국의 대미 수출이 위축될 수 있습니다. 미국의 무역 적자가 줄어들 가능성이 높아지는 겁니다. 스노 장관은 그걸 노렸던 것이죠. 그리고 미국의 압박은 시간이 흐를수록 강해집니다. 2005년 기사를 읽어보시죠.

첫 번째 기사에서 당시 미국 대통령이었던 부시가 미국의 재정 및 무역 적자를 줄여야 한다며 발벗고 나서는 것을 보실 수 있습니다. 다른 기사를 통해 미국 의회 역시 발끈하고 있다는 점을 알 수 있습니다. 미국의 무역 적자가 보다 심해지자 미국 의회에서도 중국에 대한 위안화 절상 압박을 크게 강화해야 한다는 발언이 나왔죠. 중국이 인위적으로 위안화 가치를 낮게 유지하면서 수출상의 부당한 이익을 보고 있다고 주장한 겁니다. 물론 중국도 앉아서 당하고 있지는 않았죠. 나름의 논리로 대응을 했는데요, 앞서 인용한 기사의 뒷부분을 조금 더 인용합니다. 꼼꼼히 읽어보시죠.

> 미국의 움직임에 대해 중국 정부와 언론들은 미국 의회의 압박이 부당하다며 발끈하고 있다. 중국은 환율 제도를 변경하더라도 미국의 압박에 밀려서 하지는 않겠다는 입장을 고수하고 있다. 위안화 절상은 중국과 미국만의 문제가 아니며 미국은 내부 요인으로 인한 불균형부터 먼저 해결하라는 불만이다. 국민들은 저축보다 소비에 급급하고, 정부는 외국 빚을 얻어 나라 살림을 꾸려나가는 미국의 경제 구조나 먼저 고치라는 것이 중국 정부의 속내다.
>
> 《이데일리》, 2005. 4. 13

중국은 이렇게 말하고 있습니다. '미국이 중국에 대해 적자를 기록하고 있는 가장 큰 이유는 위안화 가치가 낮아서가 아니다. 위안화 가치 자체보다는 미국 사람들이 중국 물건을 마구잡이로 사들이는 과소비 때문에 이런 일이 벌어지는 것'이라고 주장하고 있죠.

홍길동의 집이 만성 적자를 겪고 있습니다. 이는 과도하게 싸게 파는 상점이 문제일까요, 아니면 저축은 생각하지도 않고 물색없이 물건을 사들이면서 과소비를 하는 홍길동이 문제일까요? 같은 상황을 두고 중국은 사들이는 홍길동, 즉 미국의 과소비가 문제이고 미국은 부당할 정도로 싸게 파는 상점, 즉 중국이 문제라고 주장하면서 평행선을 달리고 있던 겁니다. 갈등이 보다 첨예해지던 2005년 7월 22일즈음 이런 뉴스가 들려왔습니다.

- 中 위안화 2% 절상…달러 고정환율제 폐지

  《동아일보》, 2005. 7. 22

- 위안 재평가, 美 쌍둥이 적자 해소 도움 〈인민은행장〉

  《연합인포맥스》, 2005. 7. 23

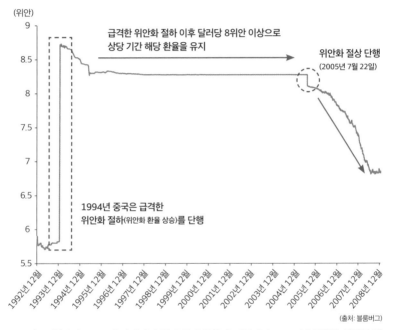

그래프 24 **달러·위안 환율 추이(1993~2008년)**

(출처: 블룸버그)

1992년 12월부터 2008년 말까지의 달러·위안 환율 추이입니다. 1994년 급격한 위안화 절하(환율 상승)를 단행한 이후 달러당 8.2위안 수준에서 상당 기간 고정환율을 유지하던 중국은 위안화 절상에 대한 압력을 일정 수준 받아들이며 2005년 7월 22일 관리변동환율제로 전환, 이후 완만한 위안화 절상 기조를 이어가게 됩니다.

    꽤 오랜 기간 동안 위안화 절상을 압박해 오던 미국 입장에서는 쌍수를 들고 환영할 만한 소식이었을 겁니다. 중국이 위안화를 소폭 절상하면서 이후 지속적으로, 그리고 점진적으로 위안화 절상을 이어가겠다는 선언이었습니다. 이제는 달러당 8.28위안으로 묶어두는 고정환율제에서 벗어나 조금씩 위안화 가치를 바꾸는 관리변동환율제로 전환한 것입니다.

그리고 이날부터 위안화는 느린 속도이긴 하지만 점차적으로 절상 기조를 이어가게 되죠. 앞에서 위안화 환율 추이를 그린 〈그래프 24〉를 보고 넘어가시면 되겠습니다.

중국 위안화 절상의 영향력

지금까지 본 기사 내용 등을 종합해 봤을 때, '중국이 미국의 압박에 못 이겨 어쩔 수 없이 위안화 절상을 받아들인 거구나'라는 느낌을 받으실 겁니다. 물론 미국의 압박 때문에 등 떠밀려서 위안화 절상을 시작한 것은 사실입니다. 하지만 중국 입장에서도 위안화 절상을 통해서 얻은 것들이 분명히 있습니다.

위안화 절상은 중국이 자국의 성장을 수출을 통해서가 아니라 내수 소비를 통해서 이어갈 수 있는 계기를 얻었다는 관점에서 바라볼 필요가 있습니다. 위안화가 절상되면 중국의 수출 경쟁력이 낮아지면서 수출 성장이 둔화될 수 있습니다. 다만, 앞서 그래프에서 보신 것처럼 위안화 절상이 매우 천천히 진행되었던 만큼 중국의 수출 기업들은 대비할 시간이 있었죠.

위안화 가치를 끌어올리는 위안화 절상은 기본적으로 외국에서 중국으로 수입되어 들어오는 제품의 가격을 낮추는 역할을 합니다. 달러당 8위안이던 위안화가 7위안이 된다고 가정해 보죠. 기존에는 1달러 물건을 사들일 때 8위안이 필요했는데, 이제 7위안이면 해당 물건을 사들일 수 있는 겁니다. 그러면 위안화 절상으로 인해 수입 물가가 안정되는 효과가 생기지 않을까요? 물가가 안정되면 중국은 인플레이션 압력이 줄어든 만큼 낮은 금리를 유지할 수 있을 겁니다. 위안화 절상으로 물가와 금리가 안정되면 중국인들이 소비를 할 수 있는 보다 좋은 환경이 만들어지겠죠. 중국이 수출 중심의 성장보다는 내수 소비로 성장할 수 있는 계기가 생기는 것입니다.

직관적으로도 맞는 것이, 10억 명이 넘는 인구를 자랑하는 중국이 내수가 아닌 수출 성장에 의존해야 한다는 것 자체가 아이러니일 수밖에 없죠. 10억 명이 소비를 할 능력이 없다는 의미가 될 테니까요. 위안화 절상은 중국이 수출 일변도의 성장에서 벗어나 내수 소비의 점진적인 성장까지 유도할 수 있는 기회 요인이 되었던 겁니다.

중국의 위안화 절상에 대해 짚고 넘어가야 할 또 하나의 중요한 사실은, 위안화 절상이 중국 이외의 다른 신흥국에게도 상당한 영향을 주었다는 점입니다. 당시 미국의 무역 적자 문제 중 가장 큰 부분을 중국이 차지한 것은 사실이지만 그 이외의 국가들 역시 미국에 수출하면서 상당한 흑자를 기록하고 있었습니다. 미국은 이들 국가에게도 당연히 통화 절상 압박을 가했습니다. 그런데 중국 외의 다른 신흥국들은 이런 문제를 안고 있습니다. 이들에게 중국은 수출 경쟁을 하는, 이른바 수출 경합국입니다. 위안화가 절상되지 않는데 미국 등의 압박으로 성급하게 내 나라 통화만 절상해 버리면 중국과의 수출 경쟁에서 매우 불리해지겠죠. 그래서 중국이 위안화 절상을 하지 않는다는 핑계로 자국 통화를 절상하지 않고 버티고 있었던 겁니다. 그런데 중국이 위안화 절상에 나서게 되니, 다른 신흥국들도 자국 통화 절상을 시작하게 된 거죠. 2005년 7월 22일 이후 신흥국 통화는 보다 전반적으로 강한 흐름을 이어가게 됩니다.

달러의 끝없는 추락

위안화 절상이 신흥국 통화 전반의 절상을 자극하게 되자, 그 반대편에 있는 달러는 상대적으로 약세 압력을 받았습니다. 달러가 더욱더 약세를 보이게 되면 미국 입장에서는 외국에서 수입하는 제품의 가격이 높아지는 경험을 하게 됩니다. 네, 미국 내 물가 상승 요인이 되는 것이죠. 그리고 미국 연준은 빠른 속도로 하강하는 달러화 가치를 지지하기 위해 금리를 인상하면서 달러 보유 매력을 높이고자 노력하게 됩니다. 2005년 7월 22일이 지난 이후에도 미국 연준은 계속해서 금리 인상을 이어갔고, 2006년 6월 5.25퍼센트까지 금리를 인상한 이후에야 금리 인상을 멈추었습니다. 이렇게 높아진 금리가 하늘까지 치솟은 미국 부동산 시장에는 큰 부담을 주었겠죠. 2005년 하반기, 2006년 상반기를 거치면서 미국 주택시장에는 큰 균열이 발

주요 이머징 마켓 통화 환율 추이(2005~2007년)

— 달러·원　— 달러·위안　— 달러·헤알

위안화 절상 단행
(2005년 7월 22일)

(출처: 블룸버그)

2005년 1월 1일 환율을 100으로 설정하고 원화, 위안화 그리고 헤알화 환율의 움직임을 비교한 그래프입니다. 파란색 선이 위안화 환율인데요, 2005년 7월 22일 위안화 절상(파란색 선 하락)이 단행된 이후 완만한 하락세가 나타났죠. 이와 비슷한 추이로 달러·원 환율 역시 강세 기조를 보이고 있습니다(주황색 선 우하향). 2007년 10월에는 달러당 900원 수준까지 환율이 하락한 바 있죠. 헤알화 환율(검은색 선 하락) 역시 위안화 절상 이후 더욱더 강한 절상 흐름을 보였죠.

생했고 이후 주택 가격이 계속해서 하락하게 됩니다. 주택 가격의 하락은 관련 파생상품 및 채권시장의 불안을 촉발했고요. 이에 연준은 2007년 9월부터 다시 기준금리 인하에 나서게 됩니다.

　위안화 절상 이후 신흥국 통화 절상으로 인해 미국 달러는 약세 압력을 강하게 받았습니다. 그 이후에도 미국 주택 가격 하락 등으로 미국의 성장이 둔화되고, 미국의 금리가 낮춰질 가능성이 높아지자 달러화는 날개 없는 추락을 이어갔습니다. 그러다가 달러·원 환율 기준으로 2007년 10~11월 달러당 900원이라는, 엄청난 원화 강세가 현실화되었습니다. 당시 900원까지 내려갔던 달러·원 환율은 2014년 잠시 달러당 1000원 선에 가까웠던 시기 이외에는 이 책을 쓰고 있는 2023년까지 만나지 못하는 환율이 되었죠. 이렇게 달러화 가치가 빠른 속도로 하락하자, 달러화에 대한 불안감을 자극하는 기사들이 등장하기 시작했습니다. 기사 인용합니다.

> • 달러는 죽어야 할 운명일까…'위기의 달러 경제'
>   《동아일보》, 2007. 11. 10
> • '팍스 달러리움'의 균열…美 패권도 무너지나
>   《이데일리》, 2007. 11. 15
> • 날개 없이 추락하는 달러…지구촌 곳곳서 수령 거부
>   《세계일보》, 2007. 11. 18
> • 소로스 "서브프라임 위기로 美 달러화 기축통화 지위 종말"
>   《연합뉴스》, 2008. 1. 24

달러가 약해졌습니다. 산유국들은 원유를 팔고 달러를 받아야 하는데 달러 이외의 다른 통화를 받고 싶다는 이야기를 합니다. 그리고 서브프라임 사태로 인한 미국의 성장 둔화가 달러 가치에 심각한 타격을 줄 수 있음을 헤지펀드계의 전설 소로스가 경고하고 나섰다는 기사가 나옵니다.

지금까지 신흥국의 성장과 미국의 재정 적자 이야기를 살펴보았습니다. 다음 챕터에서는 인플레이션으로 인한 신흥국들의 딜레마와 이에 대한 대응을 살펴보며 이어가겠습니다.

13

글로벌 불균형을 부른
신흥국 딜레마

영웅 돼지

코로나가 한창이던 2021년 6월의 어느 날 흥미로운 기사를 봤습니다. 중국에서 돼지 한 마리가 죽었고, 그 돼지의 죽음에 중국 사람들이 애도한다는 기사였습니다. 중국에는 돼지가 무수히 많을 텐데 돼지 한 마리의 죽음에 왜 그 많은 사람들이 애도를 했을까요? 글로벌 금융위기 직전이었던 2008년 5월 쓰촨성 대지진을 기억하는 분들이라면 이 기사를 보고 깊은 감회에 젖으셨을 겁니다.

2008년 5월, 중국 쓰촨성에서 강진이 발생하면서 중국 경제에 큰 충격을 주었습니다. 쓰촨성은 중국의 대표적인 농산물 및 돼지 산지였는데 지진으로 인해 수많은 돼지가 죽었죠. 돼지고기를 주식으로 하는 중국 사람들의 밥상 물가를 크게 밀어올리는 직접적인 악재가 되었습니다.

이렇게 어수선한 상황에서 당시 지진으로 인한 폐허 더미 속에서 36일간 갇혀 있던 돼지 한 마리가 극적으로 구조되었습니다. 그리고 그 돼지가 2021년에 죽은 겁니다. 쓰촨성의 충격이 워낙 강했기에 수많은 사람들의 뇌리에 생생히 남아 있었고, 그런 고통 속에서 살아남았던 이른바 '영웅 돼지'의 죽음이었기에 중국 사람이 애도를 표했던 것이죠. 잠시 관련 사진과 기사를 보실까요?

• 파란만장한 쓰촨 대지진 '영웅 돼지'의 죽음

《연합뉴스》, 2021. 6. 21

2008년 쓰촨 대지진 당시 36일 만에 구출된 돼지 '주젠창'

출처: 위키피디아

저 역시 2008년 5월 불안불안했던 글로벌 금융시장을 보며 스트레스를 받던 중 쓰촨성의 대지진에 크게 놀랐던 기억이 있기에, 이 돼지에 대한 기사를 읽으면서 당시의 기억들을 하나하나 되새겨 보았습니다.

2007년 말부터 시작된 미국의 서브프라임 모기지 사태로 인해 글로벌 금융시장은 전체적으로 크게 흔들리고 있었습니다. 문제 해결의 실마리를 찾아야 했죠. 당시 미국 경제가 어려워졌기에 미국 이외 지역, 특히 브릭스의 중심이었던 중국 경제의 성장이 탄탄하게 나와주면서 글로벌 성장을 이끌어 주기를 기대하는 투자자들이 많았습니다. 그렇지만 쉽지 않았던 것이 글로벌 원자재 가격 상승으로 인해 중국에도 인플레이션이 상륙했고, 중국도 경기 부양보다는 긴축에 초점을 맞추고 있었습니다. 중국이 긴축을 풀어야 한다는 생각에 중국의 인플레이션 동향을 면밀히 모니터링하고 있는데 갑자기 터진 것이 바로 쓰촨성 강진이었습니다. 그리고 쓰촨성의 강진은 떨어지기를 고대했던 중국의 인플레이션을 다시금 밀어 올렸죠. 앞선 돼지의 죽음 뉴스를 접하고는 당시에 노심초사했던 기억, 그리고 지진 소식에 망연자실했던 날들을 떠올리면서 한참 동안 멍하니 앉아 있었습니다.

갑작스레 돼지 이야기가 나왔는데요, 이번 챕터에서는 이 돼지 이야기로 흐름을 이어가도록 하겠습니다.

미국의 수요가 줄어들면 생기는 일

/

챕터 12의 핵심 내용을 잠깐 복기하고 가겠습니다.

시장에는 두 종류의 사람이 있습니다. 사는 사람과 파는 사람이죠. 누군가 판다면 누군가는 사야 합니다. 신흥국은 기본적으로 소비 여력이 약하기 때문에 주로 제품을 생산하고 수출을 하는, 이른바 '파는 사람'의 역할에 집중하는 반면에 미국의 경우 압도적인 소비력을 바탕으로 수입을 하면서 신흥국의 수출을 받아주는 '사는 사람'의 역할을 하고 있었습니다. 그러다 보니 신흥국은 무역 흑자를 계속 쌓아가고, 반대편에 있는 미국은 무역 적자를 끊임없이 늘려가는 글로벌 불균형이 심화되었던 것이죠. 그러나 대미 수출을 통해 달러를 벌어들인 신흥국들과 산유국들의 오일머니가 미국에 국채 투자의 형태로 유입되면서 미국에선 계속 낮은 금리가 유지되었습니다.

아무리 미국이라고 해도 글로벌 불균형을 무한대로 확대시키면서 계속해서 신흥국의 제품을 사줄 수는 없습니다. 부동산 버블 우려 및 미국 내 인플레이션 압력 확대, 그리고 무역 및 재정 적자가 심화되면서 미국은 '사는 사람'의 역할을 거부하기 시작합니다. 그리고 그 일환으로 중국에게 수출을 줄이고, 내수 소비를 강화해 미국의 무역 적자를 줄여주는 역할을 해줄 것을 강요하게 되죠.

미국이 사는 사람의 역할을 조금씩 내려놓으려고 한다면, 미국의 수요가 줄어드는 만큼 글로벌 시장 내 수요에 큰 공백이 생기게 됩니다. 공급은 그대로인데 수요가 약해지면 제품의 가격이 떨어지게 되겠죠. 제품 가격 하락은 기업의 마진 축소로 이어지게 됩니다. 기업 이익이 줄면 기업은 투자와 고용을 줄일 것입니다. 고용의 축소는 개인 소득을 낮추게 되고, 소득이 줄어든 만큼 소비 수요 역시 더욱 위축되겠죠. 수요에 구멍이 생기게 되면 이 구멍이 점점 더 커지면서 글로벌 수요가 더욱 빨리 쪼그라들게 만듭니다.

글로벌 수요가 줄어들게 되면 기존의 공급은 과잉 공급으로 치닫게 되죠. 자본주의 경제가 전형적으로 겪는 '공황'은 대단한 것이 아니라, 이렇게 공급은 넘치는데 그 공급을 받아줄 수 있는 수요가 빠르게 쪼그라들 때 나타나곤 합니다. 이런 관점에서 보면 미국의 수요 둔화는 매우 심각한 이슈였습니다.

미국의 수요 둔화를 좌시하게 되면 미국의 수요에 맞춰 수출을 하면서 먹고 사는 중국을 비롯한 신흥국에게도 큰 충격이 찾아올 수 있습니다. 미국의 수요가 둔화되는 만큼 중국을 비롯한 신흥국들은 자국의 소비 수요를 끌어올려서 글로벌 총수요가 급격하게 줄어드는 것, 즉 글로벌 총수요에 구멍이 생기는 것을 막아야 합니다. 중국의 위안화 절상은 이런 맥락에서 의미가 있습니다.

중국의 위안화 절상과 함께 신흥국 전반에 걸쳐서 진행된 통화 절상으로 중국을 비롯한 신흥국의 소비 수요가 강해질 수 있는 여건이 만들어지기 시작했죠. 미국의 수요가 줄어드는 만큼 신흥국의 수요가 올라오면서 구멍을 메워줄 것이라는 기대가 커진 겁니다. 이렇게만 되면 걱정할 것이 없을 텐데요, 세상 일이 생각처럼 쉽지만은 않은 것 같습니다.

위안화를 비롯한 신흥국 통화의 강세는 반대편에서 달러의 약세를 낳았고, 달러의 약세는 원자재 가격 상승으로 이어졌죠. 여기서 그치지 않았던 것이 2007년 하반기부터 미국 경제가 서브프라임 모기지 사태를 겪으면서 휘청이기 시작했던 겁니다. 미국의 성장이 둔화되자 이를 커버하기 위해 미국 연준은 5.25퍼센트였던 기준금리를 빠르게 인하하면서 이른바 돈 풀기에 나서게 되었죠. 미국의 성장이 둔화되고 미국의 금리마저 낮아지면서 달러 공급이 늘어나자 달러 가치는 더욱더 빠른 약세를 보이게 됩니다. 달러가 약세를 보이는 만큼 원자재 가격은 더욱 크게 뛰어올랐고, 풀려나온 달러는 성장 둔화 우려를 키우고 있는 미국보다는 신흥국으로 흘러 들어가게 되죠. 신흥국은 원자재 가격 상승으로 인한 인플레이션뿐 아니라 유동성 폭증으로 인한 인플레이션 파고까지 함께 맞게 됩니다. 신흥국 전반의 인플레이션 우려가 커진 것이죠. 특히 국제유가가 사상 최고치인 배럴당 145달러 수준으로 상승했던 2008년 5월 중순경 기사를 보면 이런 분위기를 뚜렷이 느낄 수 있습니다.

> • 넘치는 달러에 지구촌 '인플레 여진' 공포
>
> "서브프라임 모기지(비우량 주택담보대출) 위기를 넘기려고 미국 연방준비제도이사회(FRB)가 돈을 풀었다. 1680억 달러에 이르는 세금 환급도 했다. 그 덕분에 금융시장 위기는 넘겼지만 인플레이션 위험이 커지고 있다. 1970년대 사태(스태그플레이션)가 재연되지 않도록 해야 한다."(토머스 호니그 미국 캔자스 연방준비은행 총재)
>
> 미국 금융위기가 최악의 상황을 지나자 이번에는 미국발 인플레이션 우려가 본격화하고 있다. 과잉 유동성과 국제유가의 고공 행진 때문이다.
>
> 《동아일보》, 2008. 5 .20

2008년 5월 20일 기사로 당시 미국 캔자스 연방준비은행 총재인 토머스 호니그(Thomas Hoenig)의 코멘트를 담고 있습니다. 호니그는 미국이 서브프라임 모기지 사태 등의 위기를 넘기고자 돈을 풀게 되면서 이렇게 풀린 돈이 달러 약세, 유가 급등과 함께 전 세계적인 인플레이션 위험을 낳고 있다고 발언했습니다. 그리고 실제로 그 피해는 미국 이외의 지역 중 신흥국에 보다 큰 부담으로 작용했죠. 이에 대한 대응책으로 신흥국 중앙은행들은 기준금리 인상에 나서게 됩니다. 기사 하나 더 보시죠.

반면 이머징 마켓들은 두 자릿수에 가까운 인플레이션 압력에 시달리며 적극적으로 금리 인상에 나서고 있다. 아시아에서는 인도와 인도네시아가 올 들어 연이어 금리 인상에 나서며 각각 9퍼센트의 단기금리를 유지하고 있다. 한국이 금리를 인상한 것도 이머징 마켓의 추세를 따라갔다는 평가다. 인도는 올 들어 두 차례, 인도네시아는 네 차례나 금리를 인상했다. 대만과 필리핀도 올 들어 두 차례의 금리 인상을 통해 각각 3.625퍼센트, 5.75퍼센트의 금리를 유지하고 있다. 남미에서는 멕시코와 페루가 한 차례 금리 인상을 단행해 각각 8.0퍼센트, 6.0퍼센트의 금리를 보이고 있다.

이머징 마켓 국가의 금리 인상 배경에는 몇 십년 만에 최고 수준을 기록한 인플레이션이 자리한다. 인플레이션을 억제하지 못할 경우 자칫 경제 성장 추세마저 꺾일 수 있다는 위기의식이 퍼지고 있는 것이다. 완만한 인플레이션은 경제 성장에 약이 되지만 지금처럼 가파르게 상승하는 것은 독이 될 수 있기 때문이다.

《서울경제》, 2008. 8. 7

2008년 8월 7일 기사입니다. 첫 문단에서 한국은행을 비롯한 많은 신흥국 중앙은행들이 기준금리 인상에 나섰음을 알 수 있죠. 두 번째 문단에서는 그 원인으로 인플레이션을 지목하면서 인플레이션 제압이 매우 중요하다는 점을 강조하고 있습니다. 우리는 그 이후의 결과를 이미 알고 있죠.

2008년 9월 15일 리먼브라더스가 파산하면서 글로벌 금융위기가 찾아왔습니다. 하지만 2008년 8월에도 이미 금융위기의 징후가 조금씩 나타나고 있었습니다. 그러나 함께 찾아온 인플레이션을 제압해야 하는 딜레마에 빠진 신흥국들은 경제 성장이 무너질 수 있다는 두려움 속에서도 금리 인상과 같은 긴축을 단행할 수밖에 없었죠.

쓰촨성 지진이 몰고 온 인플레이션 가중화
/

그렇다면 당시 신흥국의 대장격이라고 할 수 있는 중국의 상황은
어땠을까요? 앞의 기사 뒷부분을 조금 더 인용합니다.

> 중국의 경우 올림픽 이후 경기 둔화세가 본격화할 것이라는 전망이 잇따
> 르고 있다. 인플레이션 여파로 경제 성장 엔진인 수출에 이상 조짐이 나타
> 나고 있는 것. 중국의 소비자물가 지수(CPI) 상승률은 6월 7.1퍼센트를 기록
> 하는 등 올 들어 7~8퍼센트 고공 행진을 지속하고 있다. 중국 정부는 인플
> 레이션을 억제하기 위해 금리를 인상하는 등 각종 긴축 정책을 내놓고 있지
> 만 치솟는 물가는 쉽게 잡히지 않고 있다. 블룸버그의 칼럼니스트인 윌리엄
> 페섹은 "중국의 인플레이션 억제는 인터넷 통제보다 더 어렵다"고 말했다.
>
> 《서울경제》, 2008. 8. 7

당시 고성장을 이어가던 중국 역시 인플레이션 압력에서 결코 자
유로울 수 없었죠. 이에 중국 역시 긴축의 고삐를 바짝 죄어버립니
다. 미국의 성장이 둔화되는 상황에서 세계 경제 성장의 또 다른 대
안 역할을 할 수 있는 중국마저 인플레이션 충격으로 긴축을 강화한
것입니다. 글로벌 경제 전반에서 성장이 위축될 가능성이 크게 높아
졌습니다.

사실 2007년부터 중국은 인플레이션으로 인해 골머리를 앓고 있

었습니다. 이에 강한 긴축에, 긴축을 거듭했지만 쉽사리 인플레이션을 제압하지 못했던 겁니다. 특히 원자재 가격의 고공비행이 중국 경제에 주는 부담이 워낙에 컸습니다. 그리고 원자재 가격 부담이 극에 달했던 2008년 5월 중국 쓰촨성에서 대규모 지진이 발생하게 되죠. 쓰촨성 강진은 인류사의 비극 중 하나일 겁니다. 수많은 사람들이 사망했고, 쓰촨성의 풍경은 그야말로 생지옥을 방불케 했다고 하죠. 그 자체로도 비극이었지만, 가뜩이나 인플레이션으로 인해 힘겨워하던 중국 경제에 있어 쓰촨성 대지진은 메가톤급 악재로 작용하게 됩니다. 기사 인용하겠습니다.

- 中 30년 來 대지진…경제 타격 클 듯
  《아시아경제》, 2008. 5. 13
- 중국 지진으로 '농산물 물가 부담' 가중될 듯
  《이데일리》, 2008. 5. 13
- 亞 증시 동반 급락…인플레 + 中 지진 우려
  《뉴스핌》, 2008. 5. 26

앞서 말씀드린 중국의 상황이 기사 제목에서 고스란히 나타납니다. 중국의 상황을 보다 구체적으로 묘사한 기사를 하나 더 보시죠.

쓰촨성은 중국 전체 양식과 채소 생산량의 20퍼센트를 차지하고 옥수수 생산량의 8퍼센트, 콩의 경우 14퍼센트를 생산하고 있어 농산물 가격 상승도 불가피할 것으로 우려됐다. 이와 함께 돼지고기 사육 농가가 많은 쓰촨성이 지진 피해를 입음에 따라 돼지고기 가격이 6퍼센트 정도 오르고 이로 인해 소비자물가는 0.3퍼센트포인트 상승할 것으로 분석됐다.

한편 리먼브라더스는 쓰촨성이 중국 GDP에서 차지하는 비중이 3~4퍼센트에 불과해 이번 대지진이 중국 경제에 미칠 가장 큰 여파는 인플레 우려 가중이라고 강조했다.

《연합뉴스》, 2008. 5. 19

대표적인 농산물 및 돼지 산지인 쓰촨성의 지진이 중국의 인플레이션을 가중시킬 것이라는 경고를 담은 기사입니다. 실제 중국의 인플레이션은 다시 치솟게 되었고, 이에 중국 중앙은행인 인민은행은 보다 강한 긴축 기조에 돌입하게 되죠.

중국의 선택

당시 중국은 기준금리보다는 지급준비율(이하 지준율)이라는 것을 인상하면서 시중 유동성을 죄어들어 갑니다. 쓰촨성 대지진이 발생한 다음 달인 6월 8일 지준율을 크게 인상하면서 대응에 나섰죠. 기사 인용하겠습니다.

중국의 중앙은행인 인민은행이 통화 팽창을 억제하기 위해 시중은행의 지급준비율을 1퍼센트포인트나 올려 17.5퍼센트로 상향 조정했다. 이번 지준율 인상은 올해 들어 다섯 번째로 중국의 소비자물가 지수(CPI)가 최근 수개월째 8퍼센트대의 고공 행진을 지속하고 있는 가운데 단행된 것이다.

특히 이번엔 상향 폭이 평소의 0.5퍼센트포인트의 두 배에 달해 거시경제 정책의 긴축 기조를 유지하겠다는 중국 정부의 단호한 의지가 재확인된 것으로 받아들여지고 있다. 따라서 전문가들은 인플레이션 억제를 위한 은행 대출 규제 및 위안화 절상 등 추가적인 긴축 조치가 뒤따를 것으로 전망하고 있다.

《서울경제》, 2008. 6. 8

중국 지준율 인상에 대한 뉴스입니다. 중국은 성장 둔화 우려가 강했음에도 불구하고 물가를 잡기 위해 강한 유동성 긴축을 이어갔습니다.

긴축을 강화하면서 물가와의 전쟁을 이어가는 중국을 비롯한 신흥국의 상황을 주택 가격 하락으로 인한 서브프라임 모기지 사태로 인해 소비 성장이 둔화되고 있는 미국의 상황과 합쳐서 생각해 보죠. 앞서 미국의 수요가 줄어드는 만큼 신흥국의 소비 수요 성장이 나타나 주는 것이 필요하다는 이야기를 했습니다. 그러나 신흥국들이 인플레이션 불안에 휩싸이면서 되려 수요 성장을 포기한 채 인플레이션과의 전쟁을 강화하고 나섭니다. 그렇게 되니 미국의 수요가 줄어든 만큼을 메워줄 신흥국의 소비 수요 성장은 기대하기 어려웠겠죠.

이런 상황에서 2008년 9월 15일 리먼브라더스 파산 소식이 들려옵니다. 이건 미국 성장 둔화를 더욱 강하게 촉발하는 이른바 쐐기

골이 될 수 있죠. 리먼 파산 이후 미국의 성장은 크게 무너져 내립니다. 그리고 인플레이션 때문에 되려 기준금리를 인상하는 등 긴축 행보에서 벗어나지 못한 신흥국들은 미국의 성장 둔화를 보완해 주지 못하죠.

시장에는 사는 사람과 파는 사람이 모두 존재해야 합니다. 미국이라는 '사는 사람'이 휘청거리는데, 그 공백을 메워줄 수 있는 누군가가 나타나지 않는 겁니다. 공급은 그대로 있는데 수요가 크게 줄어듭니다. 그러면 당연히 제품 가격이 하락하게 되겠죠. 제품 가격 하락으로 인해 더욱더 글로벌 수요가 빠르게 줄어들게 되는 디플레이션 악순환의 태풍 속으로 전 세계 경제가 빨려 들어가게 된 겁니다. 이제 길게 이어온 글로벌 금융위기의 원인들을 정리해 보겠습니다.

글로벌 금융위기의 원인 3가지

첫째, 글로벌 유동성이 크게 늘어나게 되면서 주택 가격 상승과 맞물려 수많은 AAA 채권들이 만들어졌다는 점을 이야기했죠. 이런 채권들의 부실이 드러나면서 해당 채권을 상당 수준 사들였던 금융기관들이 무너져 내린 것이 금융위기였고, 그 신호탄이 바로 리먼브라더스의 파산이었습니다. 리먼브라더스의 파산 이후 미국을 비롯한 글로벌 대형 은행도 언제든 파산할 수 있다는 두려움이 생겼습니다. 금융시장 전체에 서로가 서로를 믿지 못하면서 돈이 돌지 않는 이른바 '신용 경색' 현상이 뚜렷해졌죠. 그래도 기존에 현금을 조금 쌓아 두었다면 약간이라도 더 버틸 수 있었지만, 현금이 부족한 금융기관들은 바로 파산의 벼랑 끝에 내몰렸습니다.

둘째, 디레버리징입니다. 미국 금융기관들이 흔들리면서 이들이 파산을 면하기 위해서는 현금 유동성이 필요했습니다. 그래서 외국에 있는 자산을 매각할 수밖에 없었죠. 무차별적으로 외국 자산을 매각하는 과정에서 글로벌 모든 자산의 가격이 무너져 내렸고, 다른 국가의 자산을 모두 팔고 그렇게 받은 해당 국가 통화를 팔면서 달러를 사들이게 되니 달러 가치는 큰 폭으로 상승했습니다. 이게 바로 글로벌 금융위기 당시 전 세계 금융시장을 패닉으로 몰고 갔던 디레버리징입니다.

셋째, 글로벌 불균형의 누적으로 인한 글로벌 총수요 감소입니다. 미국의 수요가 둔화되는 만큼 신흥국의 소비 성장이 이를 메워주면 충격을 완충할 수 있습니다. 그런데 신흥국 역시 인플레이션 부담으로 인해 경기 부양보다는 긴축을 강화하게 되었죠. 미국이 소비를 이어갈 수 없는데, 신흥국 역시 인플레이션으로 인해 소비를 이어갈 방법이 없습니다. 그렇게 되면 글로벌 전체의 소비 수요가 크게 줄어들면서 전 세계적인 디플레이션 불황 공포를 키우게 되죠. 전 세계적인 성장 둔화 우려가 커지는 상황에서 디레버리징으로 인해 신흥국의 자본이 유출되기 시작합니다. 성장 둔화 상황에서 나타나는 자본 유출은 신흥국 입장에서는 돈 벌 방법이 없는데 돈이 마구잡이로 빠져나가는 것과 같죠. 신흥국의 대규모 외환위기 가능성이 크게 높아지는 겁니다. 그리고 신흥국의 외환위기가 줄을 잇게 된다면 이들이 그나마 유지하고 있던 글로벌 총수요로서의 역할 역시 모두 사라져 버리겠죠. 그러면 글로벌 전체 관점의 소비 수요가 더욱 크게 줄어들면서 충격은 배가될 수 있습니다. 이런 이슈들이 얽히고설키면서 글로벌 금융위기로 이어진 것입니다.

금융위기의 원인 및 전개 과정을 살펴보았습니다. 무엇이 문제였는지 알았으니 각각의 문제점을 해결하기 위한 대응 방법까지 생각해 볼까요?

글로벌 불균형을 없애는 방법

/

글로벌 불균형의 해소를 위해서는 일단 미국이 혼자 빚을 내서 소비하는 상황에서 벗어나야 합니다. 다른 국가가 소비를 확대하면서 미국의 제품을 구입해 줘야 미국의 수출이 늘면서 무역 적자가 줄어들게 되겠죠. 그런데 만약 금융위기로 인해 신흥국이 외환위기를 맞게 되면 사실상 미국은 이후 수출할 국가를 찾을 수 없게 될 겁니다. 네, 일단 신흥국을 위기에서 구해 내야겠죠. 그래야 살아남은 신흥국이 경기 부양과 함께 향후 소비를 늘리면서 리먼브라더스의 파산으로 인해 상당한 내상을 입은 미국의 소비를 메워줄 수 있지 않을까요?

디레버리징이 강하게 진행되는 상황에서 신흥국은 그야말로 사면초가에 빠지게 됩니다. 외국인 자본 유출이 빠르게 일어나고 있는 상황에서 신흥국에게 경기 부양을 위한 금리 인하는 불가능한 이야기입니다. 외국인들이 마구잡이로 도망치고 있으니 더 높은 금리를 제시하면서 이들의 이탈을 막아야 합니다. 당시 한국 역시 리먼브라더스 파산 이후 주식시장을 비롯한 자산 가격 급락 및 경기 침체 우려가 강했음에도 불구하고 5퍼센트에 달했던 기준금리의 인하를 단행하지 못했죠. 금리 인하를 하는 이유는 기준금리를 낮춰서 자금 부족으로 허덕이는 금융시장에 보다 많은 유동성을 주입해 주기 위함입니다. 그런데 금리 인하를 했더니 외국 투자자들이 더 낮아진 금리에 실망하면서 더욱 빠른 속도로 이탈하기 시작하는 겁니다. 그러면 금리 인하를 하고 나서도 자본 유출로 인해 국내 유동성이 더욱 빠르게 줄어드는 문제에 봉착하게 되죠.

밑 빠진 독이 있습니다. 밑 빠진 독에 물을 부으면 어떤 일이 벌어질까요? 아무리 부어도 붓는 족족 물이 새어 나가죠. 자본 유출의 트랩에 걸린 신흥국이 금리 인하 등으로 돈 풀기에 나섰을 때는 이런 밑 빠진 독에 물 붓기 상황으로 치닫는 경우가 많습니다. 이걸 해결하려면 어떻게 해야 할까요? 전래 동화 중에 「콩쥐팥쥐전」이 있죠. 그 이야기에는 밑 빠진 독에 물을 채우라는 팥쥐 엄마의 명령을 받고 눈물 흘리는 콩쥐가 나옵니다. 눈물을 흘리며 답을 찾지 못하던 콩쥐 앞에 두꺼비가 등장하죠. 그리고 그 두꺼비가 항아리의 구멍을 막아 주었고, 콩쥐는 항아리에 물을 채울 수 있었습니다. 이 이야기를 꺼내는 이유는요, '자본 유출'이라는 독의 밑이 뚫려버리는 문제가 생기면 우선 이를 막아야 한다는 말을 하고 싶어서입니다. 금융위기 당시 힘겨워하던 한국과 신흥국에 두꺼비가 깃들었죠. 바로 이 뉴스입니다.

• 한미 통화 스와프 계약 내년 4월 30일까지

《연합뉴스》, 2008. 10. 30

금융위기 당시 한국에 들어와 있던 외국 투자자들은 당장 미국의 은행이 파산할 수 있으니 안전한 달러 현금을 확보하는 차원에서 한국에서 빠르게 이탈하고 있었습니다. 이들이 빠르게 이탈하면서 한국 내 달러 자금이 모자라게 됐고, 이로 인해 나중에 한국이 외환위기를 겪게 될 위험성이 커졌습니다. 그러다 보면 굳이 지금 빠져나가지 않아도 되는 외국인 자금들도 모조리 이탈하는 문제가 생길 수 있죠. 한·미 통화 스와프는 이런 불안감을 떨쳐낼 수 있게 해주었습니다.

외국 투자자들은 경제위기가 발생할 경우 한국의 외환보유고를 바라보게 됩니다. 외환보유고 수준이 다소 불안하다면 빠르게 이탈하려 하겠죠. 한국은행이 미국 연준처럼 달러를 찍어서 공급할 수 있다면 모든 문제가 해결되겠지만, 한국은행은 원화를 찍을뿐 달러를 찍어낼 수는 없습니다. 이때 미국 연준에서 연락이 오죠. 한국은행이 원화를 찍고, 연준은 한국은행의 원화 금액에 맞는 달러화를 찍습니다. 그런 다음에 한국은행과 연준이 서로 찍은 원화와 달러화를 교환

합니다. 이렇게 서로 간의 통화를 교환하는 것을 통화 스와프라고 한다고 앞서 설명드렸죠.

통화 스와프가 이루어지면 한국은행은 원화를 찍어서 연준에 보내고, 해당 원화에 맞는 달러화를 공급받아서 달러 부족으로 허덕이는 금융시장에 공급할 수 있습니다. 300억 달러 통화 스와프는 300억 달러 한도 내에서 한국이 마이너스 통장처럼 달러를 공급받을 수 있는 것입니다. 사실상 그만큼 한국의 외환보유고가 늘어나는 효과가 생기겠죠.

만약 2000억 달러의 외환보유고를 갖고 있었다면 여기에 언제든 빼서 쓸 수 있는 300억 달러의 마이너스 통장 자금이 추가로 생기면서 외환보유고가 2300억 달러로 늘어나는 효과가 생기는 겁니다. 300억 달러 마이너스 통장이 생겼다는 것도 희소식이지만 달러를 무제한으로 공급할 수 있는 연준에게 적시 지원을 받은 만큼, 이후에도 달러 유동성이 필요할 때 연준이 한국을 지원해 줄 것이라는 시장 참여자의 기대를 불러일으키게 됩니다. 달러가 너무나 급한 외국 투자자들은 어쩔 수 없겠지만, 향후 신흥국의 외환위기 가능성을 우려하면서 이탈하고자 했던 외국 투자자들은 굳이 당장 한국을 떠날 이유가 없어졌겠죠.

당시 한국은행 이성태 총재의 코멘트를 인용해 봅니다. 앞서 설명한 통화 스와프의 개념을 이해하셨다면 쉽게 읽으실 수 있을 겁니다.

이성태 한국은행 총재는 30일 "미국 연방준비제도이사회(FRB)와의 통화 스와프 계약 체결은 국내 금융시장을 안정시키는 데 큰 기여를 할 것"이라고 말했다. 이 총재는 이날 오전 한미 통화 스와프 계약 체결과 관련한 기자 회견에서 "이번 계약은 외환보유액이 확충되는 효과는 물론이고 외환시장 안정에도 큰 도움을 준다"면서 이렇게 설명했다.

이 총재는 "그동안 환율이 경상수지나 자본수지에서 상승할 요인이 없었던 것은 아니지만 지나친 불안감 때문에 과도하게 움직인 측면이 있다"면서 "이번 계약은 막연한 불안감을 진정시키고 국내 외국환은행의 외화 유동성을 개선하는 데 기여할 것"이라고 밝혔다.

그는 "이렇게 되면 한국은행의 통화 정책도 길게 보고 여유 있게 운용해 나갈 수 있는 환경이 만들어질 것으로 본다"고 말했다.

《연합뉴스》, 2008. 10. 30

앞의 두 문단에서는 한미 통화 스와프가 외환보유액이 늘어나는 효과, 그리고 미국이라는 든든한 조력자가 생긴 만큼 외환시장의 불안감 역시 상당 수준 해소될 수 있다는 점이 언급되어 있습니다. 마지막 문단에는 외환시장이 안정되면 한국은행의 통화 정책도 여유 있게 운용해 나갈 수 있다는 코멘트가 담겨 있고요.

통화 스와프로 인해 자본 유출이 줄어들게 됩니다. 자본 유출이 줄어든다는 것은 밑 빠진 독의 구멍을 통화 스와프라는 두꺼비로 막았다는 의미가 됩니다. 독의 구멍을 막았으면(자본 유출 가능성을 사전에 차단했다면) 이제 독에 물을 채워야겠죠. 독에 물을 채운다는 것은 한국은행이 경기 부양을 위해 기준금리를 인하하면서 유동성 공급을 늘려줄 수 있다는 의미입니다.

한미 통화 스와프가 단행된 이후 한국은행은 과감한 기준금리 인하에 나섭니다. 2008년 8월 5.25퍼센트까지 인상되었던 기준금리를 불과 수개월 만에 당시로서는 사상 최저 금리인 2퍼센트로 끌어내리게 됩니다. 잠시 한국은행 기준금리 추이를 보고 가시죠.

그래프 26 **2008년 통화 스와프 발표 전후 한국은행의 기준금리**

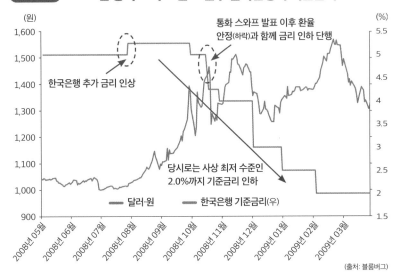

(출처: 블룸버그)

그래프의 파란색 선은 달러·원 환율을, 주황색 선은 한국은행 기준금리를 의미합니다. 한국은행은 국내 물가 상승 압력이 높아지자 2008년 하반기에 기준금리를 추가 인상했습니다. 이러한 기준금리 인상에도 불구하고 환율이 급등하자 금융위기로 인한 혼란 속에서도 제대로 금리 인하를 할 수 없게 되었습니다. 그러나 2008년 10월 말 통화 스와프 발표 이후 환율이 수직으로 하락, 안정세를 보이자 빠르게 금리를 인하했습니다.

한국을 비롯한 신흥국이 자본 유출 우려에서 벗어나 본격적인 기준금리 인하에 나서게 되면 무너질 것으로만 보였던 신흥국의 소비 성장이 다시 살아날 수 있겠죠. 그렇다면 리먼브라더스 파산 이후 무너지던 미국의 소비를 일정 수준 메워줄 수 있는 여건이 갖추어지게 될 겁니다. 이는 글로벌 총수요의 급격한 위축으로 전 세계가 심각한 경기 불황으로 치닫을 가능성을 낮춰주는 효과가 있죠. 미국이 신흥국과의 통화 스와프를 통해 해당 신흥국의 파산, 혹은 성장 위축을 제어해 주는 것이 큰 틀에서 보면 미국 혼자 소비하면서 생기는 문제인 글로벌 불균형을 해소하는 데 큰 도움을 줄 수 있는 겁니다.

이후 한미 통화 스와프는 한 차례 더 발표되었던 바 있는데요, 바로 코로나19로 인해 글로벌 금융시장이 크게 흔들리던 2020년 3월입니다. 당시에는 2008년의 두 배 수준인 600억 달러 규모의 통화 스와프가 발표되면서 당시에도 외환위기의 뇌관이라고 할 수 있는 외국인 자본 유출의 우려를 신속히 잠재우는 데 큰 역할을 했습니다. 잠시 2020년 3월의 기사를 보고 가시죠.

- 한·미 통화 스와프 체결…600억 달러 규모 ↑

  《연합뉴스》, 2020. 3. 19

- 기재 차관 "한미 통화 스와프, 외환시장 안정화 역할"

  《연합인포맥스》, 2020. 3. 20

당시에도 코로나19로 인한 경제 활동 중단으로 부채가 많던 기업들이 줄도산했고, 전 세계 금융기관이 부실화될 수 있다는 두려움에 신흥국 외환위기에 대한 우려가 컸습니다. 한국에서도 자본 유출 가능성이 뚜렷하게 높아지는 상황이었죠. 달러 현금에 대한 수요가 급증하면서 달러·원 환율은 단숨에 1300원에 가깝게 뛰어올랐는데요,

연준과 한국은행은 이런 상황을 극복하기 위해 600억 달러 규모의 통화 스와프를 체결했습니다. 물론 통화 스와프 하나로 모든 문제가 해결된 것은 아니었지만 위급한 상황마다 닥쳐오는 심각한 달러 부족 상황에서 가뭄에 단비와 같은 역할을 다시 한번 해주었던 겁니다.

두 챕터에 걸쳐 글로벌 불균형이 왜 금융위기의 원인이 되었는지에 대해 다루어 보았습니다. 금융위기의 원인에 대해 많은 분들은 리먼브라더스가 파산했기 때문이라고 생각하시곤 합니다. 혹은 조금 디테일하게 미국 주택 가격 하락으로 인해 파생상품의 부실이 현실화되었고, 금융기관들의 파산 우려가 커지며 나타난 신용 경색이 금융위기의 원인이 되었다는 생각도 하십니다. 이는 미국 금융기관의 부실은 설명할 수 있어도 당시 글로벌 경제 성장의 기관차 역할을 하던 신흥국과 이들 국가들을 둘러싼 '글로벌 불균형'이라는 환경을 설명해 주지는 못합니다. 실제로 미국의 줄어든 소비를 메워줄 수 있는 신흥국의 성장은 글로벌 불균형 문제를 일정 수준 해결하면서 이후 금융위기 극복의 핵심이 되죠. 다음 챕터에서는 100년 만의 금융위기에서 벗어나기 위한 대안들을 살펴보도록 하겠습니다.

14

금융위기와의 총력전, 그 결과는?

금융위기와의 총력전

2008년 9월 15일, 미국의 대형 투자은행인 리먼브라더스가 파산했다.
금융시장은 대대적인 충격 분위기에 매우 긴장했으며, 많은 투자자들은 주식시장에서 큰 손실을 보았다.
이에 TARP 정책, 양적완화 등 전 세계가 일제히 경기부양 정책을 펼치며 빠른 경기 회복을 도모했다.

구제금융 자금 TARP
은행 자본에 7000억 달러 투입

BANK

2008년 9월 15일 리먼브라더스가 파산한 직후 금융시장 분위기는 그야말로 폭풍 전야였습니다. 진짜 엄청난 충격이 올 것이라고 걱정하는 사람들이 많았던 반면, 불확실성이 해소되는 것이라며 여전히 낙관론을 말하는 사람들도 있었죠. 그러나 그런 분위기는 오래 이어지지 않았고 며칠 만에 전 세계 주식시장의 폭락을 비롯한 극심한 충격이 찾아왔습니다. 이런 금융시장의 충격을 어떻게든 막아 내고자 수많은 정책들이 쏟아져 나왔죠.

TAF, TSLF, PDCF, AMLF, CPFF 등 평생 들어보지도 못했고, 무슨 대책인지를 읽어봐도 제대로 알 수 없는 것들이 대부분이었습니다. 당시 저는 흘러내리는 금융시장을 보면서 망연자실해 있었죠. 다만 무언가 이런 대책들이 효과를 발휘하면 위기에서 벗어날 수 있는 실마리가 나올 것이라는 막연한 기대를 가지고 온갖 대책들을 하나하나 뜯어보느라 매일 새벽까지 마켓 모니터링을 했습니다. 사실 그런 대책들이 무엇인지 알고 싶어서 늦은 시간까지 공부했다기보다는 흔들리는 금융시장에 대한 불안감 때문에 잠을 이루지 못했던 것 같습니다.

　그렇지만 '백약이 무효'라는 말처럼 수많은 정책들에도 불구하고 세계 경제는 글로벌 금융위기의 파고에서 쉽게 헤어나지 못했습니다. 정책 효과가 나타나지 않자 '100년 만의 금융위기', '전 세계가 일본 된다', '이번 위기에서 벗어나려면 최소 10년은 걸릴 것이다'와 같은 자극적인 비관론이 인터넷을 뒤덮었습니다. 가뜩이나 불안한데 그런 식으로 불안감을 자극하는 스토리텔링을 들으면 공포가 극에 달하게 되죠. 그리고 그런 스토리텔링을 듣고서 금융시장을 보는데 무서운 속도로 무너지고 있다면, 그것이 온전한 사실이라고 믿게 됩니다. 많은 사람들이 공포에 사로잡혀 있었고, 자산시장은 끝없이 하락할 것이라는 주장이 힘을 얻었습니다. 당시 어떤 분이 저한테 이런 질문을 했던 것이 기억납니다. '이러다가 코스피 지수가 0포인트가 되는 것 아니냐'고요. 논리는 간단했죠. 2000포인트에서 불과 1년 만에 1000포인트로 반 토막이 났는데, 1000포인트만 더 떨어지면 0포인트 아니냐는 이야기였습니다. 지금 들으면 헛웃음이 나오지만 공포가 심리를 지배하면 이런 질문들도 사뭇 진지하게 들립니다.

　당시에는 깨닫지 못했던 것이 하나 있었습니다. 감기에 걸린 홍길동이 아주 좋은 감기약을 먹는다고 가정해 보죠. 감기약을 복용하는 그 순간 감기가 씻은 듯이 사라질까요? 실제 효과가 있더라도 일정한 시간이 필요할 겁니다. 약 기운이 온몸에 퍼져야 할 것이고, 신체가 이에 반응해야 할 테니까요. 위기 상황에서 나오는 정책 역시 비슷한 것 같습니다. 즉각적인 영향을 주는 대책도 가끔 있지만(이런 대책은 정말 시장의 예상을 뛰어넘는 서프라이즈 부양책이겠죠) 서서히 시차를 두고 금융시장 및 실물경제를 회복시키는 정책이 대부분입니다. 그런데 정책이 발표된 직후부터 효과가 나타나지 않는다고 초조해하고 있는 거죠. 감기약 먹고 바로 기침이 멈추는 것을 기대하는 것과 비슷하다고 해야 할까요.

그런 비관이 극에 달하면서 금융시장이 정말 무섭게 흔들렸던 2009년 3월 10일은 미국 주식시장의 바닥이었습니다. 물론 당시에는 바닥을 지나가고 있는지 전혀 몰랐지만 이후 거짓말처럼 금융시장은 빠른 회복세를 보였고, 얼어붙었던 실물경기도 개선되기 시작했습니다. 각종 대책들이 효과를 발휘했던 겁니다. 감기약을 먹은 직후에도 기침이 계속되자 쓰레기 약인데 속았다고 좌절하며 잠이 들었는데, 깨어나 보니 감기가 크게 호전된 상황과 비슷하다고 해야 할까요. 이번 챕터에서는 금융위기 당시 발표되었던 굵직한 대책들과 그 효과에 대해 이야기해 보겠습니다.

은행의 위기, 뱅크런을 막아라

앞선 챕터에서 정리해 본 것처럼 금융위기의 원인은 크게 미국 주택 가격 하락과 이에 연동되어 있던 파생상품 투자로 인한 은행의 대규모 손실, 그리고 은행이 무너지면서 나타난 신용 경색과 시중에 돈이 돌지 못하면서 나타난 실물경제의 괴사, 마지막으로 미국의 소비가 무너지고 이를 메워줄 수 있는 신흥국의 성장이 따라와 주지 못하면서 나타난 글로벌 총수요의 위축으로 볼 수 있을 겁니다. 일단 이름이 '금융위기'인 만큼 금융기관들이 무너지는 것을 막아줘야 했겠죠. 당시에는 리먼브라더스와 같은 대형 금융기관들이 파산할 정도면 신흥국에 있는 작은 은행들의 줄도산은 피할 수 없는 것 아니냐는 비관론도 힘을 얻었습니다. 은행에 대한 불안감이 커지면 은행에서 예금을 인출하는 뱅크런이 수시로 발생하게 됩니다. 잠시 금융위기 당시 뱅크런 분위기를 보고 오시죠.

- 홍콩에서도 뱅크런 발생

《파이낸셜뉴스》, 2008. 9. 25

- '뱅크런을 막아라'…각국 초비상

《한국경제》, 2008. 10. 1

- 英, 대규모 은행 구제 방안 오늘 발표

《뉴스핌》, 2008. 10. 8

- 금융위기 동유럽 덮치나…'뱅크런' 확산

《쿠키뉴스》, 2008. 10. 16

미국뿐 아니라 전 세계에서 크고 작은 은행들의 위기 소식이 들려왔습니다. 뱅크런이 발생하게 되면 은행들은 보유하고 있는 현금으로 예금 인출에 대응해야 하는데, 문제는 예금 인출을 해줄 수 있는 현금이 부족해질 때 발생합니다. 예금을 돌려줄 수 없다는 이야기가 나오는 순간, 은행 부도가 현실이라고 믿는 다른 예금자들까지 예금 인출 행렬에 가담하게 될 테니까요. 은행들은 어떻게든 현금을 확보해야 합니다. 그러면 외국에 투자해 두었던 자산들을 매각해서 달러 현금을 확보하려는 움직임이 이어지겠죠. 그 과정에서 신흥국에서 대규모 자본 유출이 나타나게 됩니다.

지난 챕터에서 통화 스와프가 자본 유출로 인한 신흥국의 외환위기 가능성을 크게 낮추었다는 이야기를 했습니다. 통화 스와프는 마이너스 통장을 열어주면서 당장의 달러 부족으로 인한 파산 위기에서는 벗어날 수 있게 해주지만, 위기에 처해 현금을 확보하려는 은행들이 계속해서 신흥국에서 자산을 매각하려는 상황을 해결해 주지는 못하죠. 결국 근원을 해결하기 위해서는 은행의 불안을 가라앉혀야 하는 겁니다.

은행이 불안하면 이른바 '뱅크런'이 발생하죠. 뱅크런에 대한 두려움이 남아 있다면 은행은 끝없이 현금을 확보해야 하고, 그 과정에서 기존에 투자해 둔 자산들을 매각해서 현금을 쌓아두려고 하는 일이 이어지겠죠. 결국 은행이 안전하다는, 내 예금을 떼이지 않을 것이기 때문에 뱅크런을 할 필요가 없다는 믿음이 생겨나야 은행의 위기가 일단락될 것입니다.

실제로 금융위기 직후 미국 정부나 미국 중앙은행인 연준은 은행의 불안을 잠재우기 위해 백방으로 노력했습니다. 그들이 어떤 노력을 했는지 살펴볼까요? 이를 위해서는 은행의 수익 구조 및 시스템에 대한 어느 정도의 이해가 필요합니다. 조금 어렵게 느껴질 수 있지만 같이 한번 보시죠.

자산 (A)	부채 (B)
부채, 자본을 모은 돈으로 '운영'	돈을 빌려오는 경우 (예금, 대출, 채권 발행)
	자본 (C)
	지분 투자를 받은 경우

    일반적으로 쓰는 회계 장부, 즉 기업의 대차대조표를 그린 것입니다. 좌측에는 '자산(A)'이라고 되어 있고, 우측 상단은 '부채(B)', 그리고 우측 하단은 '자본(C)'으로 되어 있죠. 어느 기업이나 우측으로 자금을 조달해서, 좌측으로 운영합니다. 조금 어렵게 들리실 수 있는데요, 기업들이 돈을 빌리게 되면 해당 기업의 부채가 늘어나게 되겠죠. 반면 기업 자체가 돈을 벌어서 쌓아두거나 혹은 처음부터 갖고 있는 돈, 혹은 빌려오지 않고 투자를 받은 돈은 기업의 '자기 자본'으로 볼 수 있고 이는 우측 하단의 '자본'에 쌓이게 됩니다. 이렇게 빚으로 조달하거나(부채), 내 돈으로 조달해서(자본) 확보한 돈으로 무언가 제품을 사들이거나 투자를 하면서 기업 활동을 하면 이는 기업의 '자산'으로 잡히게 되죠.

    자산, 자본, 부채에 대한 간단히 설명해 봤습니다. 이번엔 이 케이스를 은행에 적용해 보겠습니다. 은행은 예금자들에게서 돈을 빌려와서(부채), 이 돈을 누군가에게 대출해 주는(자산) 영업을 합니다. 예금자들이 은행에 예금을 하면 은행 입장에서는 이 예금이 부채겠죠. 부채(B)에 잡히게 될 겁니다. 그리고 이렇게 받은 예금으로 누군가에게 대출을 해주면 자산(A)에 표기가 되겠죠. 그러면 은행에 예금을 하는 사람들은 은행에 돈을 빌려주는 격이니 은행에 대한 채권자가 되고, 은행은 그런 예금자들에게 채무자가 됩니다. '채권자'라는 단어가 주는 이미지가 결코 부드럽지 않지만 적어도 은행의 채권자들인 예금자들은 개인 채권자가 대부분이죠. 그리고 이들은 자기 돈을 안전하게 은행에 맡겨두고 싶어합니다.

그런데 은행이 파산하게 되면 어떤 일이 벌어질까요? 당연히 은행에 예금을 해둔 채권자, 즉 개인 예금자들이 큰 피해를 볼 수 있겠죠. 그래서 은행 파산 소식이 들려오면 소중한 내 예금을 찾고자 은행 앞에 줄을 서서 예금을 찾으려는 뱅크런이 일어나는 겁니다. 일반 기업과 달리 은행의 채권자들은 개인 예금자들입니다. 그래서 법적으로 이들을 보호해 줄 필요가 있죠. 채권자들을 보호하는 방법은 크게 두 가지일 겁니다. 부채(B)를 보호하기 위해서는 자본(C)을 크게 늘리거나, 자산(A)을 안전하게 운영하는 방법밖에는 없죠.

홍길동이 2억 원의 돈을 갖고 있다고 하죠. 이건 홍길동의 자기자본이 될 겁니다. 5억 원 상당의 주택을 사려고 은행에서 3억 원을 빌린다면 다음 쪽에 있는 그림처럼 홍길동의 자본(C)은 2억 원, 부채(B)는 3억 원, 마지막으로 자산(A)인 주택은 5억 원으로 잡히게 될 겁니다.

그런데 불행하게도 홍길동의 집값이 1억 5000만 원 정도 하락해

3억 5000만 원이 되었다고 가정해 보겠습니다. 이제 홍길동의 자산은 5억 원이 아니라 3억 5000만 원으로 잡히겠죠. 우측에 있는 부채와 자본은 어떻게 바뀔까요? 어떤 은행도 집값이 하락했다고 해서 빌려준 3억 원의 대출금을 줄여주지는 않을 겁니다. 그러면 부채는 3억 원으로 그대로 남아 있는 상황에서 홍길동의 자기 돈, 즉 자본(C)만 5000만 원으로 크게 줄어들게 되겠죠. 네, 손실이 발생하면 자본이 먼저 줄어들게 되는 겁니다.

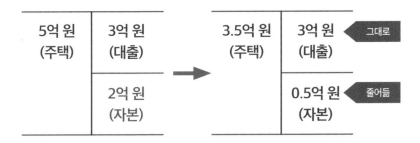

조금 더 나아가서 집값이 처음보다 4억 원 하락해 1억 원이 되었다고 가정해 보죠. 그러면 홍길동의 자산은 1억 원이 될 겁니다. 우측의 자본과 부채는 어떻게 될까요? 일단 홍길동의 자기 돈 2억 원은 온데간데없이 사라졌겠죠. 문제는 은행입니다. 홍길동의 채권자인 은행 역시 집값 하락의 충격에서 벗어나지 못하죠. 3억 원을 빌려줬는데, 지금 집값이 1억 원밖에 되지 않습니다. 그러면 채권자인 은행도 2억 원을 떼일 수밖에 없는 상황에 놓이게 되죠. 만약 홍길동의 자기돈, 즉 자본(C)이 많았다면 은행이 받는 피해가 적었을 겁니다. 네, 홍길동의 채권자인 은행이 손해를 보지 않으려면 자본(C)이 많거나, 혹

은 자산(A)을 안전하게 굴리면 됩니다. 예를 들어 주택처럼 가격이 오르내리는 것이 아니라 현금으로만 갖고 있었다면 문제가 발생하지 않았겠죠.

이처럼 은행에서 채권자인 예금자들을 보호하기 위해서는 은행의 자본을 많이 쌓아두거나, 자산을 안전한 방식으로 혹은 현금처럼 유동성이 높은 것으로 굴려주면 됩니다. 그럼 예금자들이 상당한 보호를 받게 될 것이고, 뱅크런의 공포는 사그라들겠죠. 정리하면 이렇게 됩니다.

① 은행의 자본을 늘려준다
② 은행이 위험한 자산에 투자하지 않는다
③ 은행이 현금성 자산을 많이 가지고 있는다

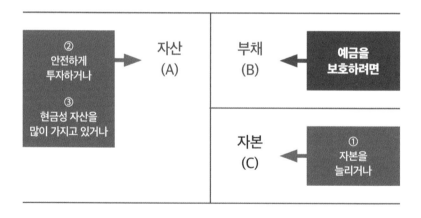

이 세 가지를 해주면 되는 것이죠. 그런데 금융위기 당시 은행들의 사정은 그리 좋지 않았습니다. 우선 지속적인 손실로 인해 은행

자본이 크게 줄어들고 있었습니다. 그리고 기존에는 안전하다고 생각하고 담아두었던 서브프라임 모기지 채권 등이 위험한 자산이라는 점이 판명 났기에 위험한 자산을 졸지에 많이 가지게 되었습니다. 그리고 조금이라도 더 높은 이자를 받기 위해 잔뜩 사두었던 장기채권이 있습니다.

현금성 자산이 안전하고 좋지만 현금으로 들고 있을 때 얻을 수 있는 이자가 매우 낮기 때문에 은행은 보통 장기채권을 사들이곤 합니다. 쉽게 설명해 볼까요. 금리가 1개월 예금이 높은가요, 아니면 1년 예금이 더 높은가요? 일반적으로 1년 예금금리가 1개월 예금금리보다 높죠. 보다 긴 기간 동안 내 현금이 묶이니 그에 대한 보상을 더 많이 주게 되면서 장기예금 금리가 보다 높게 적용되는 겁니다. 그래서 미국 은행들은 단기로 예금을 빌려와서 장기로 대출을 해주거나, 장기채권을 사들이곤 합니다. 단기금리가 낮고 장기금리가 높으니, 낮은 단기금리로 돈을 빌리고 보다 높은 장기금리로 대출을 해주면서 장기와 단기금리의 차이를 예금과 대출 마진(예대마진)의 원천으로 삼는 것이죠. 당연히 은행의 자산에는 현금보다는 장기국채 등이 훨씬 많았을 겁니다.

이제 은행의 채권자인 예금자들을 안심시키는 방법이 대충 나온 것 같습니다.

①   자본을 늘려주는 프로그램을 진행한다
②   위험한 부실 자산들을 없애는 프로그램을 진행한다

③   유동성이 떨어지는 장기 자산들을 현금으로 바꾸어 준다

이 세 가지 방법을 진행해 줘야 했던 것이죠. 그래서 나온 것이 바로 타프(TARP, 부실 자산 구제 프로그램)라는 대규모 구제금융 법안입니다.

부실한 자산을 없애는 대규모 구제금융 프로그램

TARP는 'Troubled Asset Relief Program'의 약자인데요, 무언가 트러블이 있는 자산(Asset)을 구제하는 프로그램이라는 뉘앙스가 느껴지죠. 앞서 설명한 방법 중 ②에 해당이 될 겁니다. 당시로서는 엄청난 금액인 7000억 달러 규모로 TARP가 진행되었습니다. 다만 TARP는 초기 취지인 은행의 부실 자산을 줄이는 ②의 방향보다는, 은행의 자본을 늘리는 ①의 방향으로 진행되었습니다. 정부 재정으로 은행의 자본을 늘리는 데 7000억 달러를 썼고, 은행의 자본이 늘어난 만큼 은행의 예금자들은 안심할 수 있었겠죠. 관련 기사를 잠시 보겠습니다.

> • 美 7000억 불 구제금융법안 합의…긴박했던 1주일
>
> 《이데일리》, 2008. 9. 28

리먼브라더스가 파산하면서 금융위기가 클라이맥스에 달했던 때

가 2008년 9월 15일이었으니, 일주일도 채 되지 않아서 7000억 달러라는 메가톤급 은행 안정책이 발표되었던 겁니다. 다만 이런 부양책은 의회의 승인을 받아야 하는데요, 당시 의회에서는 이렇게 거대한 국가 재정을 은행을 구제하는 데 쓰는 것에 대해 상당한 반발감을 표하는 사람들이 많았습니다. 은행이 자체 수익을 올리기 위해 불안한 투자나 대출을 해주면서 스스로 위험에 처한 것인데, 왜 납세자들의 돈인 국가 재정으로 은행들을 구제하느냐는 비판이 그 핵심이었죠. 그리고 이런 날선 비판이 힘을 얻으면서 TARP 법안은 의회를 통과하지 못하고 부결됩니다. 잠시 당시 기사 인용합니다.

- 美 하원, 구제금융안 부결…주가 700P 넘게 폭락

  《연합인포맥스》, 2008. 9. 30

- 미 하원 구제금융안 부결…월가 '졸도'

  《한겨레》, 2008. 9. 30

- 〈美 구제금융안 부결 '후폭풍'〉 "괴물 같은 공포가 일고 있다"

  《한국경제》, 2008. 9. 30

2008년 9월 30일 기사를 보면 의회의 반대로 인해 TARP 법안이 부결되었고, 대규모 구제금융 법안 통과에 기대를 걸면서 활로를 모색하던 글로벌 금융시장은 보다 큰 폭풍에 휩싸이게 되었음을 알 수 있습니다. 2008년 10월 주식시장을 비롯한 금융시장의 떨림은 결코 다시 겪고 싶지 않은 악몽이었습니다. 특히 TARP 부결 직후의 흐름이 가장 극적이었던 기억이 납니다. 그리고 미국 정부는 해당 법안을

통과시키기 위해 재차 의회를 설득하게 되는데요, 이 법안이 통과되지 않는다면 미국 금융시장 뿐 아니라 미국의 실물경제가 녹아내릴 수도 있다는 절박함이 설득력을 얻게 됩니다. 그리고 이후 TARP 법안이 결국 통과되죠.

법안이 통과되고 불과 10여일 정도가 지난 이후부터 TARP 자금이 은행 자본을 확충하는 데 들어가기 시작합니다. 네, 독감으로 힘겨워하던 환자에게 약이 투여되기 시작한 것이죠. 물론 어떤 감기약도 먹는 순간 씻은 듯이 낫거나 하지는 않습니다. 그 이후에도 금융시장의 혼란은 수개월 더 지속되었죠.

보유 현금을 늘려주는 양적완화

/

은행의 자본을 늘려주는 방법은 이미 진행되고 있었습니다. 여기에서 은행 채권자인 예금자들의 신뢰를 보다 강화시키기 위해서는 은행의 위험 자산을 없애주거나, 혹은 은행이 현금을 많이 갖도록 하는 게 답이겠죠. 이에 미국 연준은 은행이 상당히 많이 보유하고 있던 장기국채를 현금으로 바꾸어 주는 방법을 고민하게 됩니다. 이른바 '양적완화(Quantitative Easing)'를 고민했던 것이죠. 미국 연준이 양적완화를 고민하고 도입하던 시기의 뉴스를 잠시 보고 가죠.

> ### • 美 FRB, '양적완화' 정책 공식화
>
> 미국 중앙은행인 연방준비제도이사회(FRB)가 정책금리를 '제로' 수준으로 낮춘 데 이어 '양적완화' 정책을 공식화했다. 양적완화 정책으로의 전환은 목표 정책금리와는 별개로 FRB가 발권력을 동원, 금융시장이 안정될 때까지 충분한 자금을 공급하겠다는 것을 의미한다.
>
> FRB의 금리정책 결정 기구인 연방공개시장위원회(FOMC)는 16일 정책금리를 연 0~0.25퍼센트 수준으로 인하한 데 이어 장기국채 매입을 검토하겠다는 입장을 밝혔다. FRB가 장기국채를 매입하면 이 국채를 보유한 금융회사들은 FRB로부터 직접 자금을 수혈 받을 수 있는 데다, 이론적으로는 장기국채의 금리가 인하돼 가계와 기업들이 낮은 금리로 자금을 조달할 수 있게 된다.
>
> 《연합인포맥스》, 2008. 12. 17

2008년 12월 연준은 양적완화를 공식화했고, 이듬해인 2009년 3월에 시행했습니다.

2008년 12월 연준은 기준금리를 제로로 낮추었습니다. 2006년 6월 5.25퍼센트였던 기준금리가 어느새 0퍼센트가 되었지만 금융위기의 충격은 해소될 기미를 보이지 않았죠. 이에 연준은 제로 금리 상황에서도 무언가 금융시장에 도움을 줄 수 있는 정책을 고민했고, 그 결론이 양적완화였습니다.

두 번째 문단을 보시면 장기국채 매입을 검토하겠다는 내용이 나오죠. 장기국채의 상당량을 미국의 은행들이 보유하고 있습니다. 이런 장기국채를 연준이 사들이게 되면 미국 은행들은 장기국채를 매각하고 현금을 확보할 수 있겠죠. 은행의 현금 유동성이 크게 늘어나면 은행 예금자들의 불안감 역시 상당 수준 줄어들 수 있습니다. 이를 2008년 12월에 기준금리를 제로로 낮추면서 선제적으로 예고했던 겁니다. 그리고 실제 시행될 당시의 기사를 보시죠.

> 미국 연방준비제도이사회(FRB)는 18일(미국 시간) 3월 연방공개시장위원회(FOMC) 정례회의를 열고 장기물 국채 매입을 통한 양적완화 정책을 시행하기로 결의했다. FRB는 앞으로 6개월 동안 3000억 달러의 장기국채를 매입하고 모기지 증권과 공사채의 매입 규모를 확대하기로 했다.
> 《연합인포맥스》, 2009. 3. 19

2009년 3월 19일 기사입니다. 연준이 장기국채를 사들이겠다는 발표를 하면서 양적완화에 돌입했습니다. 사실 이 당시에는 몰랐습니다. 양적완화가 어떤 위력을 갖고 있는지, 그리고 이런 양적완화가 어째서 그렇게 오랜 기간 동안 이어져야 했는지에 대해서요.

여하튼 시중은행은 현금 유동성을 크게 늘릴 수 있었죠. 시중은행 현금 유동성을 볼 수 있는 바로미터는 은행의 지급준비금입니다. 시중은행이 넘치는 현금을 연준의 입출금 통장에 예치해 두는 것을 지급준비금이라고 합니다. 지급준비금 추이를 그래프로 잠깐 보고 가시죠.

연방준비제도 초과 지급준비금 추이(2007~2016년)

(억 달러)

25

20

15

2차 양적완화
(2010년 11월)

10

3차 양적완화
(2012년 9월)

5

1차 양적완화
(2009년 3월)

0

2007년 2008년 2009년 2010년 2011년 2012년 2013년 2014년 2015년 2016년

(출처: 블룸버그)

시중은행은 유일하게 중앙은행과 거래할 수 있는 금융기관이죠. 시중은행들은 예금을 받으면 일반적으로 대출을 해주곤 하지만, 중간에 예금자들이 돈을 찾으러 올 수 있기 때문에 일정 금액을 중앙은행에 예치해 둡니다. 이 돈을 '지급준비금'이라고 합니다. 양적완화를 통해 중앙은행이 시중은행이 보유하고 있던 장기국채를 사들이게 되면, 시중은행은 상당한 양의 현금을 확보하게 되죠. 이 현금을 중앙은행에 예치하게 되면 지급준비금이 늘어나게 되는 겁니다. 위의 그래프를 보시면 세 차례에 걸친 양적완화 기간 동안에 연준의 초과 지급준비금이 크게 늘어나는 것을 확인하실 수 있습니다.

양적완화가 시행된 2009년 이후 은행의 지급준비금이 크게 늘어난 것을 보실 수 있습니다. 그리고 이후 제2차, 제3차 양적완화가 이어졌고 2020년에는 코로나19 사태를 극복하기 위한 차원에서 무제한 양적완화까지 진행되었죠. 그러면서 은행의 지급준비금은 더욱 크게 늘어나게 됩니다.

양적완화의 기타 효과

은행 위기의 극복 차원에서 양적완화를 설명하다 보니 양적완화가 은행의 현금 늘리기 정도로만 비쳐질 수 있는데요, 이외에도 양적완화의 효과는 상당히 강했습니다.

가장 큰 효과는 연준이 돈을 찍어서 장기국채를 사들이면서 나타납니다. 장기국채를 엄청난 규모로 사들이게 되면 장기국채 쪽으로 상당한 자금이 유입되겠죠. 장기국채 시장에 돈이 넘치니 장기국채 금리가 크게 낮아지게 될 겁니다. 장기국채금리가 크게 하락하면 이에 연동되어 있는 다른 채권이나 대출의 금리 역시 함께 낮아지게 되겠죠. 금리가 낮아진 만큼 실물경제의 부담 역시 줄어들게 되면서 내수 소비를 부양하는 효과까지도 기대해 볼 수 있습니다. 그리고 안전 자산인 장기국채금리가 크게 낮아진 만큼, 장기국채 투자의 매력이 사라져 가죠. 그러면 조금이라도 위험한 자산에 투자를 해야 보다 높은 금리를 받게 되지 않을까요? 네, 금융위기 이후 크게 위축되어 있던 위험한 투자자산 쪽으로도 자금이 유입되게 하는 효과 역시 상당했습니다.

그렇지만 이런 양적완화의 도입 역시 쉽지는 않았죠. 너무 많은 돈을 풀게 되면 화폐의 가치가 크게 하락하고 물가가 오르는 '인플레이션' 위험이 커질 수 있기 때문입니다. 그래서 양적완화를 시행하기 불과 2개월여 전인 2009년 1월에도 연준 내부에서 무분별한 양적완화에 반대하는 위원들이 있었죠. 해당 기사를 읽어보시죠.

美 연방준비제도이사회(FRB)의 양적완화 정책에 대한 신중론이 대두하면서 정책에 제동이 걸리는 게 아니냐는 목소리가 나오고 있다.

14일(미국 시간) 찰스 플로서 필라델피아 연방준비은행 총재는 델라웨어 대학에서 가진 연설에서 "FRB가 '무분별(Unconstrained)'하게 자산 규모를 늘렸을 때의 결과를 무시한다면 값비싼 대가를 치를 것"이라고 경고했다. 그의 발언은 벤 버냉키 FRB 의장이 전날 런던정경대(LSE)에서 했던 발언과 정면으로 배치된다. (중략)

제프리 랙커 리치몬드 연은 총재를 시작으로 플로서 총재까지 FRB 내부에서 양적완화에 신중해야 한다는 의견이 나오고 있다. 이들은 자산 규모 증가분을 양적완화를 제어하기 위한 수단으로 사용해야 한다고 주장하고 있다. 은행 시스템에 무분별하게 유동성을 공급하지 말고 특정한 '목표치(Target)'를 설정해 양적완화 정책을 제한하자는 것이다.

《연합인포맥스》, 2009. 1. 15

연준 내에서도 당시로서는 '한 번도 가보지 않았던 길'인 양적완화 정책의 부작용을 우려하는 목소리가 명시적으로 나왔음을 확인할 수 있습니다. 마지막 문단을 보면 '은행에 무분별하게 유동성을 공급해서는 안 된다'는 말이 나옵니다. 적당한 목표치를 설정해서 진행하자라는 제안을 하고 있죠. 이런 반대에도 불구하고 당시 연준 의장이었던 벤 버냉키는 과감하게 양적완화 정책을 금융위기의 돌파구로 채택했고, 이후 위기가 찾아올 때마다 양적완화 정책은 금융시장을 혼란에서 벗어나게 하는 데 결정적인 역할을 하게 되었습니다.

TARP를 통해 은행에 자본을 주입하고, 양적완화를 통해 은행의 현금 보유를 크게 늘려줍니다. 그리고 양적완화 효과로 시장금리를 크게 낮출 수 있었죠. 은행 파산에 대한 우려가 잠잠해지고 뱅크런의 공포에서 조금씩 벗어나기 시작했습니다. 달러 유동성이 풀려나가게 되면서 시중에 돈이 돌게 됩니다. 돈이 돌지 않아서 생기는 문제였던 신용 경색은 이렇게 조금씩 해동되기 시작한 겁니다. 이제 은행 시스템 위기에 대한 처방은 어느 정도 말씀을 드렸으니, 글로벌 수요 위축에 대한 이야기로 넘어갈까요?

통화 스와프, 글로벌 수요 위축을 막아라

/

글로벌 수요 위축을 커버하기 위해 가장 먼저 진행했던 정책이 지난 챕터에서 다루었던 통화 스와프입니다. 통화 스와프를 통해 신흥국의 외환위기 가능성을 사전에 차단할 수 있었고, 신흥국은 경기 부양을 위해 기준금리를 빠르게 낮출 수 있었죠. 그리고 이에 발맞추어 중국이 움직이기 시작했습니다. 기사 인용합니다.

- 中, 4조 위안 매머드 경기부양 'GDP 5분의 1'

  《이데일리》, 2008. 11. 10

- IMF, 美, 中 경기부양책 잇따라 환영

  《연합뉴스》, 2008. 11. 10

- "4조 위안 경기부양" 中 주가 127P 급등

  《동아일보》, 2008. 11. 11

중국은 4조 위안 규모의 매머드 부양책을 발표합니다. 이에 사회 인프라 투자를 크게 늘리고 중국인들의 소비를 확대시키는 정책이

주를 이루었습니다. 이 정책으로 중국의 소비는 폭발하게 되죠. 중국 뿐 아니라 전 세계 주요 경제국들은 일제히 경기부양책을 발표했는데요, 금융위기의 한복판에서 개최된 주요 20개국 회의인 G20 회의에서는 모두가 적극적인 경기 부양에 나설 것임을, 국제 공조를 통해 금융위기의 파고를 넘을 것임을 약속했죠. 당시 기사를 인용합니다.

> G20 국가들은 성장률 부양을 위한 조치를 긴급히 마련하기로 합의했으며, 특히 선진국들의 경제 침체 위협이 심화됨에 따라 정부 지출을 늘리고, 금리 인하를 추진하기로 했다.
> G20 회의는 성명에서 "글로벌 성장 부양과 재무 안정성을 유지하고 보강하기 위한 조치를 취할 준비가 돼 있다"며 "활용 가능한 정책 유연성을 모두 발휘해야 한다"고 강조했다. 또 이 같은 조치들에는 통화 정책과 재정 정책이 모두 포함된다는 점도 명시했다.
> G20 재무장관들은 "최근 세계 성장 침체와 지속적인 상품 가격 하락이 선진국들을 중심으로 인플레 압력을 완화시키고 있다"며 "중앙은행들의 통화 정책 완화 결정을 가능케 해주고 있다"고 설명했다.
>
> 《이데일리》, 2008. 11. 10

앞선 챕터에서 신흥국들이 인플레이션으로 인해 기준금리 인상에 나서는 등 긴축으로 대응했다는 이야기를 했었죠. 글로벌 금융위기는 거대한 불황의 충격을 몰고 오면서 글로벌 수요를 집어삼켰습니다. 그리고 2008년 5월 배럴당 145달러에 육박하던 국제유가를 단숨에 배럴당 30달러대 수준으로 잡아 내리는 등 원자재 가격을 흔들어 버렸죠. 글로벌 수요의 감소와 원자재 가격 하락은 인플레이션 부담을 크게 줄여 주었습니다. 그리고 통화 스와프 등으로 자본 유출의 우려를 덜어 낸 신흥국들은 적극적인 금리 인하 등의 경기 부양에 나서게 된 겁니다. 기사의 세 번째 문단에서 '세계 경제 침체와 지속적 상품 가격 하락이 인플레 압력을 완화시키고 있다'는 이야기가 나오는데요, 이런 맥락으로 읽으시면 됩니다.

신흥국의 소비 회복

당시 신흥국, 특히 중국을 중심으로 아시아 국가들의 활약이 대단했습니다. 이들 신흥국의 소비가 크게 확대되기 시작했죠. 글로벌 금융위기는 전 세계 소비의 상당 부분을 차지하는 미국의 소비를 위축시키는 거대한 악재였는데, 강한 경기부양책을 바탕으로 한 중국 및 신흥국의 소비 확대는 이런 미국 소비의 위축을 커버하게 되었죠. 금융위기의 충격으로 소비가 크게 줄어들 것으로 보였던 미국이지만 양적완화 및 은행 구제 등의 과감한 정책 도입으로 미국 내 소비 위축의 충격을 최소화했고, 중국을 비롯한 신흥국은 과감한 부양책을 통해 소비를 확대해 나가게 됩니다. 미국의 소비 위축은 예상보다 적은데, 신흥국의 소비 확대가 예상보다 강했다면 전 세계 소비는 탄탄하게 유지되지 않았을까요? 네, 2009년 하반기부터 글로벌 경제는 빠른 회복세를 보이기 시작했습니다. 금융위기의 파고에서 벗어난 것이죠. 당시 상황을 묘사한 기사들을 몇 개 인용해 보겠습니다.

아시아의 소비는 탄탄대로를 걷고 있다. 금융위기 충격으로 소비가 위축된 일부 국가에서도 최근에는 회생 조짐이 목격되고 있다. 중국, 인도, 인도네시아의 소비는 글로벌 경기 후퇴 기간 동안에도 5퍼센트 이상 증가했다. 중국의 소매 판매는 지난 한 해 동안 15퍼센트 증가했다. 이 수치에 정부 조달이 포함돼 있긴 하지만, 정부 조달을 차감하더라도 실질 소비 지출 증가율은 9퍼센트에 달한다. 구체적으로 지난 1~5월 중국의 가전, 의류, 자동차 판매는 전년 동기 대비 각각 12퍼센트, 22퍼센트, 47퍼센트 늘었다. (중략)

대다수 아시아 국가에서 민간 소비는 GDP의 50~60퍼센트를 차지한다. 다만 중국의 GDP 대비 소비 비중은 지난해 35퍼센트로 지난 2000년(46퍼센트)보다도 낮아졌다. 이에 따라 중국 정부는 가전제품 구매 시 보조금을 지급하는 등 소비 촉진을 위해 적극적인 행동을 취하고 있다.

소비를 촉진하는 한 방편으로서 '대출 확대'를 감안하면 아시아의 소비는 확대 여력도 크다. 현재 대다수 아시아 국가에서 GDP 대비 가계 채무 비중은 50퍼센트에 못 미친다. 선진국들에서 이 비중이 보통 100퍼센트를 나타내고 있는 것과 대조된다. 중국과 인도의 경우 이 수치는 15퍼센트 미만을 나타내고 있다. 다만 한국은 예외적으로 80퍼센트를 상회하고 있다. 중국은 소비 활성화를 위해 대출을 적극 독려하고 있다. 중국 은행감독국은 지난달 국내외 금융회사들이 내구재 구입 시 개인 대출을 제공하는 소비자 금융회사를 설립할 수 있도록 하는 방안을 내놨다.

《이데일리》, 2009. 6. 26

인용문이 조금 길기는 해도 내용이 전혀 어렵지 않게 느껴지실 겁니다. 2009년 6월 기사인데요, 중국을 비롯한 아시아 국가의 소비가 크게 확대되고 있고 앞으로도 더욱 크게 팽창할 가능성이 높다는 이야기를 담고 있죠. 그리고 그 중심에는 중국의 소비 확대가 있다는 내용도 담겨 있습니다. 그해 8월 기사를 추가로 보시죠.

아시아 신흥국 중 한국, 중국, 인도네시아, 싱가포르의 2분기(4~6월) 국내총생산(GDP) 성장률은 1년 기준으로 환산할 경우 10퍼센트를 넘는 것으로 나타났다. 골드만삭스는 올해 아시아 신흥국들의 평균 경제성장률을 5.6퍼센트로 내다봤다. 선진 7개국(G7)의 올 평균 경제성장률이 -3.5퍼센트로 마이너스 성장세를 면치 못할 것으로 예상되는 것과는 뚜렷이 대비된다. 또 2분기 아시아 신흥국의 산업 생산은 평균 36퍼센트(연율 기준) 급증했다. 연초 많은 전문가가 "선진국 경제가 먼저 회복되지 않는 한 수출 의존도가 높은 아시아 신흥국의 경제가 살아나기는 어려울 것"이라고 내다본 것과는 반대 결과다.
《동아일보》, 2009. 8. 17

2009년 2분기(4~6월) 성장률이 속속 발표되던 2009년 8월의 기사입니다. 아시아 신흥국들의 회복이 세계 경제를 견인하고 있다는 뉘앙스를 풍깁니다. 2009년 12월 기사 하나 더 인용해 보죠.

"아시아의 소비가 세계 경제를 위기에서 구해내는 데 부분적 역할을 하고 있으며 내년에도 이런 흐름은 지속될 것이다."
월스트리트저널(WSJ)은 21일 아시아 국가들의 강력한 경기부양책이 지역 경제 활동을 촉진시키면서 대부분의 국가에서 소비가 늘고 있고, 특히 중국과 인도, 한국은 미국이나 유럽에 한발 앞서 경제가 신속하게 되살아나고 있다고 보도했다. 기업들의 실적 호전과 실업률 저하, 낮은 가계 채무와 은행들의 대출 확대는 미국이나 유럽과는 정반대되는 양상이며 이것이 소비 지출 확대로 나타나고 있다는 게 이 신문의 분석이다. (중략)
국제통화기금(IMF)은 아시아 개발도상국들의 내년도 물가상승률을 적용한 경제성장률은 7.3퍼센트에 달할 것으로 예상했다. 이는 전 세계 성장률 3.1퍼센트에 비해 배 이상 높은 것이다. 더욱이 지난 3년 동안 전 세계 경제성장률의 절반 이상을 차지하고 있는 중국에서 내수가 크게 늘고 있는 것은 괄목할 변화라고 이 신문은 지적했다. 현재 중국의 내수는 전체 경제에서 차지하는 비중이 3분의 1에 불과해 미국의 3분의 2, 전 세계 평균인 50퍼센앞선 기사의 기조와 비슷합니다. 아시아 신흥국의 소비가 빠르게 늘어나고 있고, 특히 중국의 소비 확대에 대한 기대가 더욱더 크다는 점을 보도하고 있죠. 중국의 소비는 전년 대비 무려 15퍼센트 증가하면서 미국의 소비 위축을 커버할 수 있었고 아시아 신흥국의 드라마틱한 성장세는 금융위기를 벗어나는 데 큰 힘이 되었습니다.

그러면 기존의 글로벌 불균형은 해소된 것일까요? 네, 신흥국의 소비 확대는 미국의 무역 적자 감소 및 글로벌 불균형 문제를 해소하는 데 큰 기여를 했습니다. 그렇지만 이 과정에서 중국을 비롯한 신흥국의 부채 역시 크게 늘어나는 문제가 생겼죠. 금융위기에서는 벗어났지만 각국의 부채는 더욱 많아졌습니다. 그리고 금융위기 이후 유럽 재정위기, 중국 부채위기의 원인이 되었죠. 뒤에서 조금 더 자세히 다루어 보기로 하고, 금융위기 편을 여기서 마무리하겠습니다.

제4장

코로나19 위기, 그리고 40년 만의 인플레이션

15

코로나19 사태로 40년 만에 깨어난
괴물, 인플레이션

연준과 행정부의 역대급 지원

인플레이션의 부활

코로나19 사태 당시 풀려버린 어마어마한 현금 유동성으로 인해 전 세계적으로 물가 상승 압력이 높아졌고, 인플레이션을 제압하기 위한 금리 인상이 이루어졌죠. 그리고 뜻밖에 찾아온 과격한 금리 인상에 자산 가격이 크게 흔들리기 시작했습니다.

금리 인상이 본격적으로 진행되면서 금융시장 변동성이 높아지던 2022년 하반기에 인터뷰를 할 기회가 있었습니다. 빚을 잔뜩 내서 집을 사들인 이른바 '영끌족'과의 인터뷰였습니다.

서울 주택 가격의 상승은 비단 젊은 층만의 문제는 아니죠. 과도한 주택 가격 상승은 전문직이나 대기업 직원 등 고소득자에게도 상당한 부담으로 다가오곤 합니다. 저는 우선 '영끌'로 집을 사게 된 이유를 물었습니다. 집값이 많이 오를 것 같아서 무리해서 집을 샀다는 답을 예상했는데 결코 그렇지 않았죠.

대출 금액이 10억 원이었지만 영끌로 주택을 매입할 당시 워낙 금리가 낮아서 평균 대출 금리가 2.4퍼센트 정도 되었다고 합니다. 그러면 연간으로 나가는 이자의 총액은 2400만 원 정도 될 겁니다.

이걸 월로 환산하면 매월 200만 원 정도 이자를 지불해야 하죠. 물론 돈이 아깝지만 부부가 맞벌이를 하면서 부담한다면 아주 심각한 부담은 아니라는 답을 들었습니다. 주택 가격이 더 오를 것 같은데, 그로 인해 스트레스를 받는 것보다 이자 부담이 아주 크지 않다면 영끌을 해서 집을 사두는 게 더 좋을 것 같다는 판단을 했다는 겁니다.

저는 바로 대출을 받을 당시 금리는 낮았지만 혹여나 금리가 오를 것이라는 생각을 하지 않았느냐고 질문했습니다. 답은 간단했습니다. '금리가 이렇게 빠르게, 그리고 많이 오를 것이라는 생각은 하지 못했다'고요. 설령 금리가 조금 오르더라도 감당할 수 있을 것이라고 생각을 했는데, 대출 금리가 너무나 급격하게 오르니 큰 부담이 된다는 답을 하더군요.

코로나19가 한창이던 2021년 초, 국내 시중은행 1년 정기예금 금리는 연 1퍼센트 수준이었습니다. 당시 워낙 금리가 낮았던 것도 있지만 지난 십여 년 동안 금리가 꾸준히 낮아지기만 했다는 점도 주요 요인이었을 것입니다. 금융위기 당시 한국은행 기준금리가 2퍼센트까지 낮춰졌을 때 '초저금리'라는 이야기를 했었는데요, 코로나19 당시에는 기준금리가 0.5퍼센트까지 인하되면서 저금리 장기화에 대한 합리적인 기대가 생겨났죠. 현재 금리가 낮고, 앞으로도 금리 상승 가능성이 낮다면 대출을 많이 받아서 투자를 하는 것도 나름 괜찮은 선택이 될 수 있으니까요. 그렇지만 저금리 장기화에 대한 기대와는 달리 2022년 4분기, 시중은행 1년 정기예금 금리는 연 5퍼센트를 넘게 됩니다. 불과 2년여도 되지 않는 기간 동안에 정기예금 금리가 4

퍼센트나 급등한 것이죠. 1퍼센트 금리를 대할 때의 느낌과 5퍼센트 금리를 만났을 때의 느낌은 사뭇 다를 겁니다. 금리가 급등하면서 당장 이자 부담이 커진 것도 문제지만, 더 큰 문제는 사람들이 이제 금리가 급등할 수도 있다는 사실을 깨달았다는 데 있습니다.

주택 가격은 더욱더 오를 것이라는 기대, 코인 가격은 그런 주택 가격의 상승 속도보다 더 빠르게 오를 것이라는 기대, 마지막으로 저금리가 장기화될 것이라는 기대는 전업 코인 투자자와 영끌 주택 구입자를 투자의 세계로 이끌었죠. 그렇지만 빠른 금리 상승으로 인해 이자 부담이 커지게 되고, 코인 가격을 비롯한 주택 가격 역시 주춤하면서 이들의 부담은 더욱 커져갔습니다. 금리의 급격한 상승이 그 문제의 핵심인데요, 금리 상승의 원인을 우리는 40년 만에 깨어난 인플레이션에서 찾을 수 있습니다. 이번 챕터에서는 40년 동안 잠들어 있던 인플레이션이라는 괴물이 왜 갑작스레 깨어났는지에 대한 이야기를 해보겠습니다.

안정적인 물가, 커지는 부채

2020년 3월 코로나19 사태 이전만 해도 전 세계 경제는 그야말로 골디락스 상황이었습니다. 골디락스는 금융시장에서 쓰는 용어로, 뜨겁지도 차갑지도 않은 상태를 말합니다. 보통 경기가 뜨거워지면 물가가 오르는 인플레이션이 나타나기에 금리 인상과 같은 긴축을 단행해야 하죠. 반면에 경기가 차가워지면 물가가 하락하면서 디플레이션이 나타나게 되고, 경기 침체로 인한 충격이 커지기에 마찬가지로 불안 요인이 될 수 있습니다. 골디락스는 뜨겁지도 차갑지도 않은, 인플레이션도 디플레이션도 아닌 안정적인 물가 상황이 이어지는 것을 말합니다.

물가 상태가 과열과 침체, 그 어느 쪽도 아니기에 연준을 비롯한 글로벌 중앙은행들은 성장에 초점을 맞추고 다소 낮은 금리를 유지하면서 마일드한 경기 부양을 지속하고 있었죠. 자산시장도 강하게 상승하는 등 글로벌 경제에 큰 문제는 없어 보였습니다. 다만 글로벌 경제 전체에 부채가 빠른 속도로 늘어나고 있었죠.

금리는 돈의 값입니다. 돈의 가격인 금리가 싸니, 당연히 싼 금리에 돈을 빌리려는 대출 수요가 늘어났겠죠. 전 세계적으로 부채가 빠른 속도로 늘어난다는 점이 불안 요인이었습니다. 그리고 그 불안 요인은 코로나19라는 이례적인 팬데믹 사태와 맞물리면서 세계 경제에 엄청난 충격을 가져다 주었습니다.

코로나19 사태로 인해 도시가 봉쇄되는 등 전 세계 수많은 지역에서 경제 활동이 멈춰서기 시작했죠. 경제 활동이 멈춘다는 것은 생산이 일어나지 않는다는 것이고, 생산 활동이 일어나지 않는 만큼 일자리가 줄어든다는 의미가 됩니다. 그러면 개인의 소득이 크게 줄어들게 됩니다. 소득이 줄어들더라도 산 속에 들어가서 조용히 버틸 수 있으면 괜찮겠죠. 문제는 당시 개인이나 기업들의 부채가 상당히 많았다는 겁니다. 어려운 상황이 찾아오는 것도 힘든데, 빚이 많을 때 어려운 상황이 찾아온다면 좌절에 가까운 충격을 받을 수 있죠. 코로나19 사태는 바이러스로 인한 보건의 위기라고도 할 수 있지만, 부채가 많은 상황에서 경제 활동 전체를 멈춰서게 하면서 개인이나 기업의 파산을 크게 자극한 금융 경제의 충격으로 해석할 수도 있습니다.

이런 관점에서 본다면 연준이나 미국 행정부 등이 할 수 있는 역할이 나오죠. 미국 연준이 코로나19 바이러스를 치료할 수는 없지만, 코로나19 바이러스로 인해 대출 이자를 갚지 못해 파산하는 개인이나 기업들을 보호해 줄 수는 있습니다. 그리고 이들이 도산하면서 나타날 수 있는 은행의 부실 역시 커버해 줄 수 있을 겁니다. 실제로 코로나19 사태가 본격화된 이후 수많은 경제 주체가 팬데믹으로 인해 도산할 수 있다는 두려움에 휩싸였고, 이들의 줄도산은 은행의 위기로 이어지면서 금융위기 시즌2를 만들어 낼 수 있다는 우려를 자아냈죠. 이에 연준은 은행의 줄도산을 막기 위해 발버둥을 치기 시작합니다.

거대한 유동성 공급의 효과

앞선 금융위기 편에서 우리는 어떻게 은행의 파산을 제어할 수 있는지 살펴봤습니다. 금융위기 때 미국 정부는 재정 지출을 통해 은행에 자본을 주입해 주었고, 연준은 양적완화를 통해 은행의 장기국채를 현금으로 바꾸어 주었습니다. 은행의 현금 유동성이 크게 증가하면 당장 은행의 파산 위험은 크게 낮아지죠. 이미 금융위기 당시에 겪어보았기 때문에 2020년 코로나19 사태 당시에도 연준은 주저함이 없었습니다. 금융위기 때에는 1조 달러, 6000억 달러 등 정해져 있는 금액만큼의 양적완화를 단행했는데, 코로나19 사태 당시에는 금액을 정하지 않고 금융시장이 필요로 하는 만큼 양적완화를 단행하겠다고 발표합니다. 잠시 기사 인용하고 가죠.

• 연준 'QE 인피니티' 전방위 자산 매입 — 유동성 방출

《뉴스핌》, 2020. 3. 24

• 연준, 무제한 달러 찍어내기 돌입…회사채·개인 대출까지 전방위 매입

《이투데이》, 2020. 3. 24

코로나19 사태는 누구도 겪어보지 못한 충격이었죠. 어느 정도의 충격인지, 그리고 얼마나 지속될지, 어떤 상흔을 남기게 될지 알 수가 없었습니다. 그래서인지 연준은 코로나19로 인한 충격을 최소화하기 위해 금융시장이 필요로 하는 만큼 '무제한으로 양적완화에 나설 것'임을 천명하죠. 양적완화는 은행의 현금 유동성을 늘려주는 효과도 있지만 자금의 공급을 크게 늘려 시장금리를 찍어 누르는 효과역시 강합니다. 다음 그래프를 보시면 연준이 코로나19 사태 이후 약5조 달러 규모의 양적완화를 진행했음을 알 수 있습니다. 이는 글로벌 금융위기 이후 5년여간 이어진 1~3차 양적완화를 모두 합친 금

액을 넘어섭니다. 이렇게 진행된 무제한 양적완화의 효과로 미국을 비롯한 전 세계 금리는 이례적으로 낮아지게 되었고, 글로벌 전체에 유동성이 넘쳐나는 상황이 펼쳐지게 됩니다. 그리고 이런 자금들은 자산시장으로 흘러 들어가 주식 및 부동산 시장을 뜨겁게 달아오르게 만들었죠.

연준이 통화 정책 측면에서 금리를 제로로 낮추고 무제한 양적완화를 시행하는 동안, 미국 행정부 역시 코로나19 사태로부터 받을 수

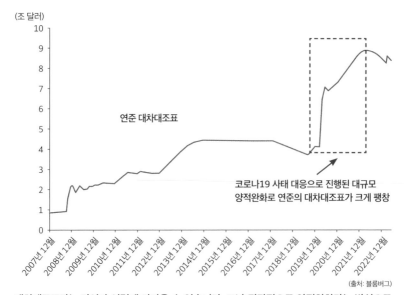

그래프 28 **코로나19 사태 이후 연준 대차대조표 변화**

(조 달러)

연준 대차대조표

코로나19 사태 대응으로 진행된 대규모
양적완화로 연준의 대차대조표가 크게 팽창

(출처: 블룸버그)

대차대조표라는 단어가 어렵게 다가올 수 있습니다. 그냥 직관적으로 양적완화라는 방식으로 얼마나 많은 돈을 풀어 주었는지를 나타내는 것이라고 생각하셔도 됩니다. 금융위기 이후 연준의 대차대조표는 큰 폭으로 증가했고 연준은 2017년부터 늘어난 대차대조표를 조금씩 줄이려고 했습니다. 그러나 코로나19의 충격으로 인해 다시금 양적완화를 시행했고 금융위기 이후 수년간 늘려왔던 만큼 대차대조표가 단기에 큰 폭으로 팽창하게 됩니다.

있는 경제 주체의 충격을 완화하고자 강한 부양책을 준비합니다. 도널드 트럼프(Donald Trump) 행정부 당시 2020년 4월에 2조 2000억 달러 부양책과 2020년 12월에 9000억 달러 부양책이, 그리고 조 바이든(Joe Biden) 행정부 취임 초기인 2021년 3월에는 1조 9000억 달러의 추가 부양책이 발표되었죠. 세 번의 부양책 금액을 모두 합산하면 5조 달러에 이릅니다. 금융위기 때 은행 자본 주입을 위해 진행되었던 메가톤급 부양책인 TARP의 금액이 7000억 달러 수준이었던 것을 감안하면 그야말로 놀라운 규모의 부양책이 진행되었다는 점을 알 수 있죠.

인플레이션 부활의 원인 1 ─ 수요 증가

부양책의 규모도 엄청났지만 지원 방식 역시 직접적으로 소비를 자극하는 형태였습니다. 일반적으로 정부의 경기부양책은 직접 자금을 지원하는 방식보다는 일자리를 창출해서 사람들이 해당 일자리에서 일을 하면서 급여를 받고, 이렇게 받은 급여를 소비할 수 있도록 여건을 마련해 주는 방식을 사용하곤 합니다. 그러나 코로나19 당시에는 바이러스로 인해 일을 할 수 없었기 때문에 이런 형태의 부양책은 사실상 무의미했습니다. 그래서 개인들에게 직접 소비를 할 수 있도록 현금을 지급해 주게 되죠. 2020년 4월에는 1인당 1200달러를, 2020년 12월에는 1인당 600달러, 2021년 3월에는 1인당 1400달러를 지급합니다. 직접 현금을 주머니에 찔러주는 정책은 일자리를 만들어 주고 그 일자리를 통해 얻는 소득으로 소비를 유도하는 정책과는 비교할 수 없을 정도의 수요 자극 효과를 갖고 있습니다. 이런 강한 부양책에 힘입어 미국 사람들의 소비가 크게 늘어나게 되죠.

거대한 유동성의 공급과 소비의 확대로 인해 기업들의 판매 실적은 자연스레 좋아질 수밖에 없었겠죠. 초저금리로 인해 자산시장으로 돈이 몰리는데, 소비가 크게 늘면서 기업의 실적은 이례적으로 개선됩니다. 기업의 실적도 좋아지는데 주식시장으로 유동성이 몰리고, 금리까지 낮으니 주가 상승은 당연한 귀결이었겠죠. 2004년부터 지금까지 주식시장을 모니터링해 왔지만 코로나19 직후의 주식시장 상승처럼 드라마틱한 주가 강세는 처음이었습니다. 그리고 미국의 부동산 시장도 이례적인 강세를 보이게 되자 미국인들의 보유 자산 가치는 엄청나게 팽창하게 됩니다. 보유한 자산 가격이 크게 오르면 저축이 늘어난 것과 같은 느낌을 받게 됩니다. 상당한 부를 축적했다는 생각이 들 테고, 과감한 소비에 나서게 되겠죠. 코로나19 사태 직후 어느 정도로 소비가 폭발했는지 그래프를 통해 살펴보겠습니다.

다음 쪽 〈그래프 29〉의 파란색 선이 미국의 개인소비지출(PCE, Personal Consumption Expenditures) 추이를 보여줍니다. 2020년에 아래로 크게 주저앉는 모습을 확인할 수 있죠. 네, 코로나19 사태로 인해 소비가 무너져 내린 겁니다. 다만 이후 앞서 이야기한 거대한 부양책에 힘입어 소비 지출이 폭발하게 됩니다. 2020년까지의 파란색 선 기울기를 보면 'Y=0.5X' 정도로 보입니다. 코로나19 사태 이후의 그

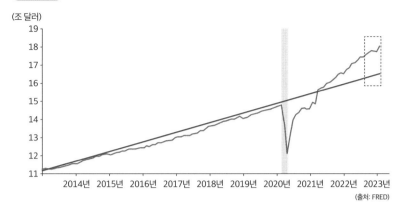

(조 달러)
19
18
17
16
15
14
13
12
11

2014년 2015년 2016년 2017년 2018년 2019년 2020년 2021년 2022년 2023년

(출처: FRED)

래프 기울기를 보면 거의 'Y=2X' 정도는 되어 보이네요. 엄청난 속도의 소비 폭발이었죠. 코로나19 사태가 없었다면 어땠을까라는 가정을 담은 그래프가 자주색 선입니다. 2013년 이후 추세를 자주색 선으로 이어가게 되었을 때 그래프의 끝자락에 도달하는 위치보다 파란색 선이 폭발적으로 상승하면서 올라가 있는 위치가 훨씬 더 높죠. 코로나19 사태가 없었다면 자주색 선처럼 이어졌을 소비가 코로나19 사태로 인해, 아니 이를 극복하기 위해 풀어준 거대한 재정 자금과 양적완화로 인한 유동성, 그리고 자산 가격 급등에 힘입어 훨씬 크게 늘었던 겁니다.

소비의 증가는 수요의 증가를 의미하겠죠. 수요의 증가는 물가의 상승을 가리키고요. 40년 만에 인플레이션이 제대로 깨어난 첫 번째 원인이라고 할 수 있을 겁니다.

인플레이션 부활의 원인 2 ─ 공급 부족

인플레이션은 가격의 상승을 말하죠. 가격은 수요와 공급으로 결정됩니다. 수요의 팽창이 가격 상승의 첫 번째 원인이라면 두 번째 원인은 당연히 공급의 부족을 들 수 있겠죠.

공급 사이드에서는 원자재 가격의 상승을 우선적으로 언급해 볼 필요가 있습니다. 대규모로 풀린 달러 유동성과 연준의 제로 금리로 인해 달러화는 빠른 약세를 보이기 시작했죠. 달러 약세는 결제 통화를 달러로 하는 원자재 가격의 상승을 촉발했습니다. 아울러 전 세계적으로 수요가 폭발하면서 제조업체들이 생산을 늘리려는 움직임을 보이자, 원자재에 대한 수요 역시 급증하게 되죠. 달러 약세와 수요 급증에 의한 원자재 가격 상승으로 인해 국제유가를 비롯한 원자재 시장은 뜨겁게 달아오르고 있었습니다. 이런 상황에서 터져나온 소식이 바로 러시아-우크라이나 전쟁입니다.

러시아는 세계 최대 규모의 산유국이자 천연가스 생산국이죠. 유로존에 대규모 에너지를 공급하는 국가이기도 합니다. 우크라이나는 러시아의 에너지가 유로존으로 공급되는 길목에 자리하고 있는 국가이자 세계적인 밀 생산국이죠. 이 두 국가의 전쟁으로 인해 원자재 가격이 큰 폭으로 뛰어오르기 시작했습니다. 코로나19 사태 당시 마이너스 수준까지 급락했던 국제유가는 러시아-우크라이나 전쟁 초기였던 2022년 2분기에 배럴당 140달러 가까이 치솟으면서 2008년 5월 이후 최고 수준을 기록하게 됩니다. 유가 및 곡물 가격의 상승은 공급 사이드에서의 인플레이션 압력을 크게 높이게 되었죠.

다만 러시아-우크라이나 전쟁 이전에도 공급망의 불안은 이어지고 있었습니다. 코로나19 사태 직후 글로벌 수요가 폭발하게 되자 공급이 수요를 따라가지 못하는 문제가 생겼죠. 코로나19 보조금은 미국 개인의 주머니에 바로 꽂혔고, 주머니에서 빼낸 현금으로 사람들은 소비를 할 수 있었습니다. 즉, 경기 부양과 동시에 수요가 폭발한 상황이었죠. 반면에 기업들의 제품 공급은 주머니에서 돈을 빼는 속도보다 훨씬 느릴 수밖에 없습니다. 수요가 폭발한 만큼 공급이 이런 수요를 따라잡는 데 시간이 필요하다는 의미입니다. 공급이 수요를 따라잡는 데 시간이 오래 걸릴수록 공급 부족으로 인한 물가 상승세는 보다 심화될 수밖에 없죠.

'시간이 지나면 자연스럽게 공급이 늘어날 수 있는 것 아닐까?' 하는 생각이 들 수 있습니다. 실제로 연준 의장인 제롬 파월(Jerome Powell)도 공급 부족 현상이 심화되기 직전인 2021년 3월에 다음과 같이 말했던 바 있죠. 기사 인용합니다.

> 제롬 파월 연방준비제도(Fed·연준) 의장은 이날 공개시장위원회(FOMC)를 마친 뒤 기자회견에서 경제 성장이 가속하면서 공급망이 적응해 나갈 것으로 기대한다고 제시했다. 그는 "병목 현상이 니디니고 시간에 걸쳐 해소될 수 있다. 이런 것들은 영구적이지 않다. 공급 측이 이런 것들에 적응하지 못할 것 같지는 않다. 시장은 해결할 것이다. 단지 시간이 좀 걸릴 뿐이다"고 말했다.
>
> 《연합인포맥스》, 2021. 3. 18

파월 의장은 당장은 수요가 폭발한 만큼 공급이 따라가지 못하지만 조만간 공급망이 이런 수요 폭발에 적응하면서 공급이 확대되고, 인플레이션을 안정시킬 수 있을 것이라는 낙관론을 풀어놨습니다. 단지 시간이 조금 걸릴 것 같다는 이야기죠. 네, 지금의 공급 불안으로 인한 인플레이션은 '일시적'인 현상이라는 데 무게를 둔 발언이라고 할 수 있습니다.

인플레이션이 '일시적'일 것이라는 착각
/

그렇지만 이런 공급망의 불안은 상당한 시간이 지나도 쉽게 개선되지 않았습니다. 미국과 중국의 기술 패권 전쟁, 러시아-우크라이나 전쟁 등의 지정학적 불안 요인도 있지만 심리적인 요인도 무시할 수 없습니다. 외환위기 파트에서 반도체편을 설명할 때 공급이 부족하면 수요가 더 많이 폭발한다는 이야기를 했던 바 있죠. 공급이 제한되어서 해당 제품을 구하기 어렵게 되면 수요 입장에서는 더 많이 쟁여두고 싶은 욕구를 느끼게 됩니다. 마스크의 사례에서 이를 충분히 확인할 수 있었죠. 집에 마스크가 꽤 많이 있더라도 앞으로 구하기 어려울 것이라는 생각이 들면 1~2시간씩 추운 날씨에 벌벌 떨면서도 줄을 서서 마스크 두 개를 사오게 되는 겁니다. 가뜩이나 수요를 따라가지 못하는 공급인데 가수요까지 폭발하게 되면 공급 부족 현상은 보다 심해지고, 길어지게 됩니다. 네, 원자재 가격 상승뿐 아니라 공급망 전반에 걸친 불안 요인이 강해지면서 공급의 제한이 심화되었죠. 수요는 폭발했는데 공급은 제한됩니다. 당연히 물가는 폭발적으로 오르게 되겠죠.

물가가 오르더라도 과거에는 이런 폭발적인 물가 상승세를 제어하는 누군가가 있었습니다. 바로 인플레이션 파이터라고 할 수 있는 연준입니다. 그런데 코로나19 이후 물가 상승 국면에서만큼은 이야기가 좀 달랐습니다. 과거에는 선제적으로 인플레이션을 억제하기 위해 긴축을 진행하곤 했는데, 이번만큼은 금리 인상과 같은 긴축에 매우 소극적인 모습을 보였죠. 코로나19 직후 무제한 양적완화를 이어갈 때에는 필요한 만큼 자금을 공급하겠다는 발언을 했고, 이후에는 2024년이나 되어야 기준금리 인상을 할 수 있을 것 같다는 코멘트를 하면서 긴축에 대한 시장의 불안감을 사전에 차단하는 모습을 보였습니다.

실제로 2021년 3월이 되면서 연준의 물가 목표치인 2퍼센트 이상으로 인플레이션이 강해지고 있을 때에도 연준은 매우 소극적인 행보를 이어가면서 긴축 정책으로의 전환을 꺼리는 듯한 모습을 보였습니다. 당시 파월 의장의 발언을 인용해 보겠습니다.

파월 의장은 이날 미 하원 금융서비스 위원회 증언에 참석해 "우리는 인플레이션이 올해 내내 상승할 것으로 예상한다"면서 억눌린 수요와 공급망 병목 현상, 기저 효과를 언급했다.
이어 파월 의장은 "우리의 시나리오는 인플레이션에 대한 영향이 특별히 크지 않거나 지속하지 않는 것"이라고 말했다. 특히 파월 의장은 정부의 대

2021년 3월이면 물가 상승이 막 목표치를 넘어서 점점 더 강해지고 있던 시점이었죠. 인용문의 첫 문단에서 보실 수 있는 것처럼 파월 의장은 명확하게 인플레이션이 더 강해질 것이라는 예상을 하고 있었고, 그 이유로 코로나19 사태 당시 억눌려 있던 소비가 (강한 부양책에 힘입어) 폭발할 것이고, 공급이 이를 따라가지 못하는 병목 현상을 보일 것이라는 점을 제시하고 있습니다. 이미 물가가 오를 것임을 알고 있었지만 연준은 긴축에 나서지 않았습니다. 그리고 두 번째 문단에 그 이유가 나오는데요, 파월 의장은 지금의 인플레이션이 지속되지 않을 것으로 보고 있으며 혹은 문제가 조금 되더라도 언제든 인플레이션을 제압할 수 있다고 말합니다. 네, '물가가 목표치를 넘어서 조금 상승하더라도 금세 내려올 것으로 보이며, 혹여나 문제가 되더라도 언제든지 쉽게 제압할 수 있는 능력을 우리 연준은 가지고 있다'는 이야기가 됩니다. 파월 의장은 물가 상승세가 보다 강해지던 2021년 7월에도 비슷한 발언을 이어갔습니다.

파월뿐 아니라 바이든 대통령이나 재닛 옐런(Janet Yellen) 재무장관도 인플레이션이 '일시적'이라는 데 동의했습니다. 기사 제목 조금만 더 보시죠.

• 바이든, 취임 6개월 연설서 "많은 경제 발전 이뤄…인플레 일시적"

《이투데이》, 2021. 7. 20

• 재닛 옐런 재무장관 "美 경기 과열 아닌 일시적 인플레 현상"

《한경비즈니스》, 2021. 11. 6

바이든 대통령부터 재닛 옐런 재무장관, 그리고 연준 의장 파월까지 인플레이션이 일시적이라고 말하고 있습니다. 인플레이션이 일시적인 현상에 불과하다면, 즉 가짜 인플레이션에 불과하다면 큰 부담 없이 돈 풀기를 지속해도 되겠죠. 연준은 물가가 빠르게 오르고 있던 2021년 내내 제로 금리를 유지했고, 유동성을 푸는 양적완화 역시 이어갑니다. 이러한 양적완화를 멈추고 기준금리 인상을 시작했던 시기는 2022년 3월이었죠. 이미 2021년 3월부터 물가 상승세가 뚜렷해졌는데 기준금리 인상이나 양적완화의 종료는 1년여가 지난 2022년 3월에 시작되었으니 긴축으로의 전환이 상당히 늦었던 겁니다.

수요가 폭발하는데 공급은 부족하여 물가가 오릅니다. 그런 물가의 상승을 견제해야 하는 연준이 상황을 지켜보기만 하자 나타난 현상이 바로 40년 만의 인플레이션이죠. 어쩌면 연준의 실수로 초기에 호미로 막을 수 있었던 인플레이션을 이제는 가래로도 막을 수 없는 상황이 되었다고 할 수 있을 겁니다. 이런 실수를 만회하고자 연준은 급격한 금리 인상에 나서게 됩니다.

실수를 만회하기 위한 연준의 전력질주

가끔 횡단보도를 건너다 보면 이런 경우가 있습니다. 횡단보도까지는 조금 거리가 있는데 신호등이 초록불로 바뀐 거죠. 뛸까 말까 고민을 계속하는 겁니다. '다음에 건너지, 뭐'라고 생각하면서 안일하게 걷다가 갑자기 건널 수 있으리라는 생각에 전력질주하면서 신호등의 깜빡거림이 거의 끝나갈 때에야 도로를 건넙니다. 워낙 빨리 뛰었기에 힘이 들어서 헉헉거리면서 숨을 몰아쉬게 되곤 하죠. 연준이 비슷한 실수를 한 것으로 보입니다. 조금 일찍 금리를 인상했다면, 신호등이 초록불로 바뀔 때 천천히라도 뛰기 시작했다면 마지막에 전력질주를 하는, 아주 빠른 속도로 금리를 인상하는 그런 일이 없었을지도 모릅니다.

연준은 2022년 3월부터 강하게 치솟은 인플레이션을 제어하기 위해 기준금리 인상에 나섭니다. 그리고 2022년 5월에는 0.5퍼센트의 빅스텝 인상을 단행했죠. 연이어 6월, 7월, 9월, 10월에 0.75퍼센트 자이언트 스텝 금리 인상을 네 차례 이어갔습니다. 그리고 이 책을 집필하고 있는 2023년 4월 현재 4.75~5.0퍼센트로 기준금리를 인상했죠. 2022년 3월 0~0.25퍼센트였던 기준금리가 2023년 4월 4.75~5.0퍼센트까지 인상되었으니 1년간 4.75퍼센트의 금리 인상이 이루어진 셈입니다. 짧은 기간에 이렇게 높은 금리 인상은 1980년대 초 석유파동 당시 인플레이션과 전쟁을 벌이던 시기를 제외하고는 찾아보기 힘들죠. 빠른 금리 인상이라고 했던 1994년의 금리 인상도 3퍼센트였던 기준금리를 6퍼센트로 인상한 것이었고, 일본의 버블 붕괴를 불러왔던 일본중앙은행의 금리 인상도 1년 반에 걸쳐 2.5 퍼센트였던 기준금리를 6.0퍼센트로 인상한 것이었습니다. 그런데 이번엔 1년여의 기간 동안 5퍼센트에 가까운 기준금리 인상을 단행한 만큼 실물경제가 느끼는 부담이 커질 수밖에 없었죠. 2023년 1분기 들어 나타나고 있는 자산 가격의 급변동이나 소규모 은행 파산 등 불안의 원인 역시 연준의 과격한 금리 인상에서 찾아볼 수 있을 겁니다.

연준을 가리켜 '샤워실의 바보'라고 부르곤 합니다.

어떤 사람이 샤워실에 들어갑니다. 수도 꼭지를 확 틀었다가 "앗, 차가워!" 하면서 수도 꼭지를 반대로 돌리죠. 그러고는 "앗, 뜨거워!" 하면서 다시 꼭지를 반대로 돌립니다. "앗, 차가워!"와 "앗, 뜨거워!"

를 몇 차례 반복한 후 상처 입은 몸으로 샤워를 하는 거죠. 적절한 온도로 편안한 샤워를 하는 것이 아니라 냉탕과 온탕을 반복하는 샤워를 진행하는 것을 보고 '샤워실의 바보'라고 합니다.

적절한 속도로 금리 인상을 하면서 인플레이션을 제압했다면 그 많은 금리를 짧은 기간 동안에 인상하지 않아도 되었겠죠. 금리를 인상해야 하는 적기에는 금리 인상을 미루다가 뒤늦게 긴축에 나서고, 금리를 인하해야 하는 시기에는 너무 높은 금리를 장기간 유지하면서 실물경제의 충격을 보다 깊게 만드는 실수를 연준은 과거부터 수차례 반복해 왔습니다. 그리고 이번에도 '일시적' 물가 상승이라는 오판으로 40년 만에 인플레이션이라는 괴물을 깨우게 된 것이죠.

다음 챕터에서는 연준이 왜 이런 오판을 했는지를 금융위기 이후 10년의 흐름을 통해 살펴보도록 하겠습니다.

16

연준은 왜 실패했을까?

연준은 왜 실패했을까?

10년 넘게
트럭이 빠져 있던 곳

디플레이션

앗, 너무 세게 당겼나?
하도 안 빠지길래
힘을 좀 줬을 뿐인데;;

Whatever it takes

『어벤져스: 엔드게임』에는 이런 대사가 나온다.

Whatever it takes

이 대사를 듣자마자 떠오르는 장면이 있었는데

유럽 중앙은행 총재
마리오 드라기의 연설문!

안 돼! 가운데 도로에 올려달라고 했잖아요. 겨우 빠져나왔는데 이번엔 반대편에 처박히겠어!!!

인플레이션

금융위기가 터지고, 전 세계가 경기부양에 매우 소극적인 자세를 취하며 떨고 있을 때 마리오 드라기는 이렇게 말했다.

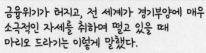

유로존을, 그리고 유로화를 지켜내겠습니다!

무슨 수를 써서라도요! (Whatever it takes!)

양적완화, 다시 해봅시다!

그리스, 스페인 등 이어지는 유럽의 위기 속에서 유로화를 팔고 떠나려던 투자자들은 드라기 총재의 연설을 듣고는 발걸음을 멈췄다고 한다.

진짜 어벤저스네.

재정위기를 극복하겠다는 구체적이면서도, 강력한 의지를 보여주는 연설이었죠!

개인적으로 영화를 그리 많이 보지 않는 편입니다. 특히 영화관에 직접 가는 경우는 더더욱 적은 편이죠. 어렸을 때는 종종 보곤 했는데, 나이가 들어서는 그다지 재미있어 보이는 영화가 없더라고요. 아이들이 어렸을 때 아이들 손 잡고 만화 영화 등을 보러간 적은 있지만 제가 '이 영화는 정말 보고 싶다'라고 생각해서 찾아간 적은 없었습니다.

　그랬던 제가 정말 좋아하게 된 영화 시리즈가 있는데요, 바로 '어벤져스' 시리즈입니다. 2018년에 개봉한 「인피니티 워(Infinity War)」를 아이들과 함께 본 이후 저 역시 어벤져스 팬이 되어서 관련 과거 영화들을 정주행한 기억이 있습니다. 주말이면 밤 늦게 아이들과 소파에 누워서 과거에 상영되었던 어벤져스 시리즈들을 하나 하나 보곤 했죠. 과거의 시리즈를 보는 것도 즐거웠지만, 2019년 상반기에 개봉할 「엔드게임(End Game)」을 엄청나게 기다렸습니다. 유튜브에서 「엔드게임」 관련 소식들을 찾아보기도 했죠. 나이 마흔이 넘어서 영화에 열광한 것은 처음이었습니다.

개봉 2개월 전인가부터 「엔드게임」 예고편이 나왔는데요, 그 예고편의 핵심은 세 단어로 되어 있는 문장이었습니다. '무슨 수를 써서라도(Whatever it takes)'였죠. 「인피니티 워」 이후에 사라져 버린 인류의 절반을 되살리기 위해 어벤져스 주인공들이 무엇이든 감내하겠다는 다짐을 담고 있었습니다.

처음 그 예고편을 보면서 '무슨 수를 써서라도'라는 대사를 들었을 때, 2012년의 기억이 '확' 하고 살아났습니다. 영화 작가가 혹시 2012년을 화려하게 장식했던 문장을 차용해서 만든 것 아닌가 하는 생각까지 했습니다. 2012년에 무슨 일이 있었던 것일까요?

2012년은 유럽 재정위기가 극에 달해 있을 때였죠. 재정위기는 국가의 빚이 너무 커져서 국가가 재정 파탄에 이르게 된 상황을 말합니다. 그리고 그 재정위기로 인해 유로존 전체가 무너져 내릴 수 있다는 두려움이 금융시장을 엄습하고 있었죠.

그때 유럽중앙은행 총재였던 마리오 드라기(Mario Draghi)가 한 연설에서 무슨 수를 써서라도 유로존을, 그리고 유로화를 지켜내겠다는 강한 의지를 밝힌 적이 있습니다. 그때 나왔던 문장이 바로 '무슨 수를 써서라도'였습니다. 이는 코로나19 사태 직후 연준의 무제한 양적완화 발언과 같은 맥락이라고 보시면 됩니다.

유럽의 재정위기가 장기화된 이유

2010년 5월 그리스의 재정 부실 위험이 부각되면서 시작된 유럽 재정위기는 2012년 7월이 될 때까지 해결의 실마리를 찾지 못하고 있었습니다. 이 문제를 해결하기 위해서는 무언가 강한 부양책이 필요했죠. 결국 부양책은 정부가 빚을 내서 돈을 풀어주는 재정 정책, 그리고 중앙은행이 금리 인하를 통해 돈을 풀어주는 통화 정책 중 하나로 진행되어야 할 겁니다.

유럽 재정위기라는 단어에서 직관적으로 느낌이 '팍' 오시겠지만 유럽의 재정이 파탄 상태입니다. 그런 상황에서 경기 부양을 위한 국가의 재정 지출을 더 늘릴 수 있었을까요? 유럽 재정위기로 인해 유럽뿐 아니라 전 세계 국가들이 재정 부양에 매우 소극적으로 바뀌고 있었죠. 경기 부양을 위해 재정 지출을 늘릴 때 유럽처럼 국가 자체가 힘들다는 이야기가 나오면, 금융시장을 비롯한 국가 경제의 혼란이 걷잡을 수 없이 커질 것이라는 두려움이 작용했던 겁니다.

재정 지출이 어렵다면 통화 정책 측면에서 중앙은행이 돈 풀기에 나서줄 수밖에 없죠. 여기서 문제는 여러 유로존 국가 중앙은행들의 연합체인 유럽중앙은행의 실세가 독일 중앙은행인 분데스방크이고, 분데스방크는 과거에 아주 큰 아픔을 겪었다는 겁니다. 아마 TV나 역사책에서 보셨을 텐데요, 제1차 세계대전이 끝난 직후 독일 바이마르 공화국에서 너무 많은 마르크화를 찍는 바람에 마르크화 가치가 폭락하고 물가가 크게 뛰어오르는, 이른바 하이퍼 인플레이션

(Hyper Inflation)을 겪었기 때문이죠. 하이퍼 인플레이션의 아픔을 기억하는 분데스방크는 연준처럼 적극적으로 돈을 풀어주는 양적완화에 대해 단연코 반대 입장을 취하고 있었습니다.

부채 위기를 극복하기 위해서는 부채를 탕감해 주거나 혹은 돈 풀기를 이어가면서 금리를 낮추고 부채 부담을 덜어주는 것이 답일 텐데, 유럽중앙은행이 천수답 행보를 보이고 있으니 투자자들 입장에서는 유로존 부채 위기는 해결 불가라는 생각을 할 수밖에 없었죠. 2010년 5월에 본격화되었던 유럽의 위기가 2012년 7월이 되도록 해결의 실마리를 찾지 못한 이유입니다. 그러던 중 2011년 11월 새롭게 유럽중앙은행 총재가 된 드라기가 무슨 수를 써서라도 유로화와 유로존을 지켜내겠다고 발언한 것이죠. 관련 기사를 인용합니다.

"어떤 조치라도 하겠다."

마리오 드라기 유럽중앙은행(ECB) 총재가 26일(유럽 시간) 런던의 한 투자 콘퍼런스에서 내놓은 이 세 단어(Whatever it takes)에 국제 금융시장이 열광했다. 유로화는 급등했고, 유럽·뉴욕 증시까지 동반 상승했다. 유동성 위기를 겪는 유로존 국가에 대한 국채 매입을 강력하게 시사한 발언이라고 파이낸셜타임스(FT) 등 대다수 외신은 진단했다.

금융 전문 매체인 마켓워치는 발언 타이밍도 완벽했다고 평가했다. 무엇보다 스페인이 위기를 맞고 있었다. 지방정부 파산에 따른 국채금리 급등으로 전면적인 구제금융은 불가피할 것이란 관측이 지배적이었다.

외환시장 시장에서 유로화 '숏 스퀴즈' 현상이 나타났다. ECB가 유로안정화기구(ESM)에 은행 기능을 부여할 것이라는 이야기가 흘러나왔지만 트레이더들은 믿지 않았다. 수년간 구체적인 '액션'에 유보적이었던 ECB를 믿지 않았던 것이다.

이런 순간에 나온 "어떤 조치라도 하겠다"는 발언의 파워는 그야말로 대단했다. 《연합인포맥스》, 2012. 7 .27

기사의 첫 문단에서 드라기의 발언에 금융시장이 열광했다는 표현이 나오죠. 드라기의 발언 속에서 유로존의 국채를 매입하는 유럽판 양적완화의 가능성을 읽어낸 겁니다. 두 번째 문단에서는 타이밍도 훌륭했다고 나오는데요, 2년 이상 유럽 위기가 이어지면서 당시 취약 국가였던 그리스에 이어 스페인도 힘들어지고 있는 상황에서 전염의 고리를 드라기가 끊어준 것이죠. 경기 부양을 위한 돈 풀기에 소극적이었던 유럽중앙은행 때문에 유로존 자체가 힘겨워질 것이라는 두려움에 유로화를 팔고 떠나려던 투자자들이 다시금 반색했다는 이야기가 세 번째 문단에 실려 있습니다. 사실상 당시 유럽 재정위기에 종지부를 찍는 드라기의 강력한 한 방이었죠. 그리고 2012년 연말 《파이낸셜타임스》는 올해의 인물로 드라기를 선정하기도 했습니다.

이 정도면 'Whatever it takes'가 그해의 명언이 될 만하지 않을까요? 금융시장을 오랜 기간 모니터링해 왔던 분들이라면 아마도 어벤져스 「엔드게임」의 예고편을 보면서 드라기 총재가 이 발언을 했던 당시를 회상하지 않았을까 생각해 봅니다.

금융위기 직후 나타난 유럽 재정위기

2010년 5월부터 2012년 하반기까지 2년여에 걸쳐 글로벌 금융시장을 뒤흔들어 놓았던 유럽 재정위기에 대한 이야기를 해보았습니다. 이 스토리를 앞의 금융위기 이후의 상황과 연결해 보면 조금 이상하다는 생각이 듭니다. 금융위기 당시 거대한 충격에서 벗어나기 위해 도입된 적극적인 경기부양책이 두 가지였죠. 하나는 미국 연준의 양적완화였고, 다른 하나는 중국을 비롯한 Non-US 국가들의 강한 경기부양책이었습니다. 그리고 2009년 3월을 저점으로 해서 글로벌 증시는 바닥 탈출에 성공했고, 금융위기에서 벗어나는 뚜렷한 회복세를 확인할 수 있었습니다. 그런데 왜 2010년 5월부터 유럽 재정위기와 같은 악재가 나타난 것일까요?

우선 중국부터 짚어보죠. 중국을 비롯한 신흥국들은 공격적인 경기 부양에 나섰고, 이는 고스란히 중국의 국가 부채 확대로 이어졌습니다. 단기적으로 폭발적 경기 부양을 하기 위해서는 정부의 재정 지출이 필요한데요, 세금 수입을 넘어서는 지출을 위해서는 당연히 국채 발행을 통한 빚의 확대가 필요했습니다. 워낙 거대한 경기부양책이었기 때문에 이후 중국의 부채는 급격히 증가했습니다. 특히 중국만의 특수성일 수 있는데, 중국의 대기업들 중에는 민영기업보다 공기업이 더 많은 편이죠. 경기 부양을 위해 공기업들이 상당수 동원되었고, 이들 기업들이 공격적으로 빚을 내며 투자를 하다가 부채의 늪에 빠져버리고 말았습니다.

빚을 크게 내서 경기 부양을 하자 단기적으로는 중국 경제가 뜨겁게 달아오릅니다. 그리고 반대편에서 중국의 부채 역시 폭발적으로 늘어나죠. 경기 및 부채의 과열을 막기 위해서 중국은 급기야 긴축 카드를 준비하게 됩니다. 2010년 초부터 중국은 다른 국가들의 금리 인상과 비슷하다고 할 수 있는 지급준비율 인상을 단행합니다. 네, 긴축에 돌입한 것이죠. 기사 인용합니다.

> • 中, 지준율 0.5%P 인상…출구전략 신호탄?
>
> 《동아일보》, 2010. 1. 13

금융위기 이후 경기 부양의 한 축이었던 중국은 2010년 초부터 긴축으로 빠르게 전환했습니다. 다른 한 축이라 할 수 있는 미국도 비슷했는데요, 2009년 3월부터 시작된 제1차 양적완화는 예정대로 2010년 4월에 종료되죠. 미국의 은행 시스템에 거대한 자금을 밀어넣어주는 양적완화가 2010년 3~4월에 걸쳐 마무리된 겁니다. 앞의 중국 케이스와 합치게 되면 중국과 미국이 2010년 상반기 동시에 경기 부양에서 어느 정도 손을 떼었다고 해석할 수 있을 겁니다.

금융위기 이후 실물경기가 자체적으로 강해졌다면 아무런 문제가 없었을 겁니다. 그런데 만약 중국과 미국의 쌍끌이 경기 부양, 이른바 돈 풀기의 힘으로 간신히 버티고 있던 상황이라면 어땠을까요? 돈 풀기가 끝나자마자 바로 취약한 곳부터, 가장 어렵게 버티고 있던 곳부터 무너져 내리기 시작했겠죠. 그 대표적인 케이스가 바로 그리스입니다. 유로존 국가 중에서도 정부 부채가 가장 큰 편에 속했는데, 금융위기 이후 성장이 무너진 상황에서 추가적인 양적완화 등의 돈 풀기가 사라지면서 글로벌 금융시장에 돈이 마르자 가장 먼저 흔들렸습니다. 그리스가 무너지면서 다시금 전 세계 경제는 불확실성에 시달리게 됩니다. 금융위기에서 벗어난 지 얼마 되지 않았는데, 경기 부양책을 이제 막 그쳤을 뿐인데 재차 금융위기 시즌2가 시작될 것 같다는 두려움이 엄습해 온 것이죠.

이에 연준은 어쩔 수 없이 2010년 11월 3일, 제2차 양적완화에 돌입합니다. 다시 미국의 은행 시스템에 거대한 자금을 밀어 넣어준 것이죠. 그리고 제2차 양적완화 프로그램은 이듬해인 2011년 6월까지 지속됩니다.

여기서 살펴보고 지나가야 하는 것이 있습니다. 당시 제2차 양적완화가 단행되면서 달러의 공급이 크게 늘어나게 되자, 글로벌 달러 약세가 현실화된 바 있습니다. 달러의 약세는 달러를 결제통화로 하는 국제유가를 비롯한 국제 원자재 가격 상승을 촉발하게 되죠. 여전히 강한 중국의 성장이 이어지고 있었기에 당시 국제유가는 천정부지로 치솟으며 배럴당 120달러 선을 가볍게 넘어버렸죠. 다시 경기 둔화를 향해 가고 있는데도 국제유가 등 에너지 가격 상승 및 달러의 급격한 약세 영향으로 미국 내 인플레이션 압력이 커지기 시작합니다. 그리고 이런 에너지 가격 상승은 미국에만 영향을 주는 것이 아니죠. 과열 우려가 남아 있는 중국에도 영향을 주었고, 중국의 소비자물가 지수가 매우 빠른 속도로 치솟았습니다. 이에 중국은 2011년 상반기에도 추가 긴축을 단행하게 되죠. 잠시 기사 제목만 인용해 보겠습니다.

2011년 5월의 지급준비율 인상이 그해 중국의 다섯 번째 인상이라는 뉴스가 상단에 나오죠. 6월 중국의 소비자물가 지수는 원자재 가격 고공비행 및 금융위기 당시 부양책으로 인한 경기 과열로 인해 꾸준히 상승하면서 3년 만에 최고치인 6.4퍼센트를 기록했습니다. 이에 중국은 추가 긴축 카드를 고려하게 됩니다.

미국의 제2차 양적완화가 종료되면서 추가적인 돈 풀기가 멈춘 데다가 중국도 추가적인 긴축을 선언하니, 글로벌 금융시장을 떠받쳐 주는 글로벌 유동성의 부족이 보다 심화되었겠죠. 이에 2011년 8월, 당시 약한 고리였던 유럽의 문제가 보다 심각하게 터져 나오게 됩니다. 그리스뿐 아니라 유로존의 주요국인 포르투갈, 이탈리아, 아일랜드, 스페인 등이 위기에 처한 것으로 거론되었죠. 그래서 당시의 어려운 상황을 각 국가의 앞 글자를 따서 '피그스(PIIGS: Portugal, Ireland, Italy, Greece, Spain) 사태'라고 불렀습니다.

원자재 가격 급등으로 인해 물가는 치솟아 있습니다. 그런데 중국은 긴축에 나서고, 미국은 추가적인 양적완화에 인색한 상황입니다. 유로존의 부채 문제가 터져 나오면서 글로벌 실물경기가 빠르게 식기 시작했죠. 글로벌 성장의 둔화는 소득의 둔화로, 소득의 둔화는 글로벌 수요의 위축으로 이어졌습니다. 물가는 하늘에 떠 있는데 수요가 사라집니다. 아무도 소화해 줄 수 없는, 아무도 그 가격에 사줄 수 없는 물가면 오래 지속되기 힘들었겠죠. 2011년 찾아왔던 강한 인플레이션은 이렇게 유로존 PIIGS 사태와 함께 눈사람처럼 녹아 사라져 버렸습니다. 그리고 2011년 상반기까지 인플레이션을 고민했던 것과는 반대로 2011년 하반기부터는 글로벌 경기 침체와 유로존 부채 문제 해결에 대한 적극적인 논의가 이어졌죠. 그리고 2012년 7월 당시로서는 신임이었던 유럽중앙은행 드라기 총재는 "어떤 조치라도 하겠다(Whatever it takes)"라고 외쳤습니다. 이에 발맞춰 연준은 2012년 9월, 제3차 양적완화에 돌입하게 됩니다.

무슨 프로그램이 어떤 사태를 만들었는지는 그리 중요하지 않습니다. 특정 부양책이 발표되고 시행되었을 때에는 큰 문제가 없어 보이다가, 그 부양책이 중단되었을 때 견디지 못하고 하나둘씩 무너지는 현상이 반복된다는 점에 초점을 맞춰보시죠. 양적완화와 같은 경기 부양을 진행하면 조금씩 나아지던 금융시장과 실물경기가 부양책이 중단되자 흔들리기 시작합니다. 여전히 금융위기의 상흔에서 완전히 벗어나지 못한 것으로 해석할 수 있겠죠. 다음 쪽에 있는 〈그래프 30〉을 보시죠.

1990년 이후 미국의 소비자물가 지수(주황색 선)와 미국의 기준금리(파란색 선)를 나타내는 그래프입니다. 이 그래프에서 1990년 이후 2022년 인플레이션이 불거질 때까지 소비자물가 지수가 어떤 흐름을 이어왔는지를 볼 필요가 있습니다. 가로로 검은색 점선을 하나 그

(출처: 블룸버그)

어 놓았는데요, 그 선이 2퍼센트 물가 상승을 나타내는 선입니다.

미국 연준을 비롯한 대부분의 전 세계 중앙은행들은 연 2퍼센트 정도의 마일드한 물가 상승을 목표로 하죠. 2퍼센트 위로 물가가 올라가면 인플레이션 우려를, 2퍼센트 밑으로 내려가면 디플레이션에 대한 공포를 느끼곤 합니다. 특히 1990년대 초반 일본의 버블 붕괴 이후 나타났던 일본의 디플레이션 불황은 디플레이션에 대한 각국 중앙은행의 공포감을 고조시키기에 충분했습니다. 네, 물가가 2퍼센트 위로 올라가는 것도 두렵지만 2퍼센트 밑에 머물거나 혹은 금융위기 때처럼 0퍼센트 밑으로 내려가면서 마이너스 물가, 즉 디플레이션을 만들어 내는 데 경계감이 더욱 큰 겁니다.

잠시 가운데 자주색 화살표에 집중해 보시죠. 주황색 선인 소비자물가 지수가 크게 꺾여 내려가는 것을 볼 수 있죠. 이때가 금융위기 시기였습니다. 이 시기를 전후해서 주황색 선의 추이가 크게 바뀌는

418　　위기의 역사

것을 알 수 있습니다. 2008년 금융위기 이전에는 소비자물가 지수(주황색 선)가 연준의 물가 목표인 2퍼센트 선을 자주 웃도는 모습을 확인하실 수 있죠. 그런데 금융위기 이후에는 주황색 선이 2퍼센트 선을 넘는 케이스가 그리 많지 않습니다. 그리고 넘어서더라도 매우 빠른 속도로 되돌려집니다. 금융위기 이전과 이후의 가장 큰 차이는 인플레이션이 힘을 잃었다는 점, 그리고 언제든 디플레이션으로 찍혀 내려갈 가능성이 크다는 점으로 볼 수 있을 겁니다.

그래프에 1번부터 번호가 있습니다. 1번이 양적완화 종료 이후 그리스 사태가 터졌던 2010년 중반입니다. 이후 주황색 선이 빠르게 내려가는 것을 볼 수 있죠. 2번 상황에서 제2차 양적완화로 디플레이션으로의 진입을 막아섰고, 이후 주황색 선이 다시금 밀려 올라갑니다. 원자재 가격 상승의 힘을 받아 큰 폭으로 뛰어올랐죠(3번). 그러나 2011년 8월 이후 본격화된 유럽 재정위기로 주황색 선은 다시 하락하기 시작했고, 유럽과 미국의 양적완화 발표 이후에야 하락에서 벗어날 수 있었습니다(4번).

무언가 중력이 아래로 작용하고 있는 것 같은 느낌이 들지 않나요? 양적완화와 같은 부양책으로 끌어올리는데, 조금만 손을 놓으면 밑으로 가라앉고, 다시 쳐올리면 살짝 올라가지만 재차 힘을 빼면 힘없이 밀려 내려가는 모습. 그리고 그 밑바닥에는 일본식 디플레이션, 일본식 장기 침체가 기다리고 있는 겁니다. 그러니 당시 연준은 힘을 잃은 인플레이션보다는 중력처럼 물가를 아래로 잡아당기면서 장기 침체의 늪으로 빨아들이는 디플레이션을 더욱 두려워했을 겁니다.

무엇이 문제였던 것일까요? 왜 그렇게 많은 돈을 주입하고 있음에도 과거와 같이 물가가 오르지 않고, 성장이 강해지지 못하고, 일본처럼 힘없이 주저앉는 모습이 나타난 것일까요? 가장 큰 이유로 기업들의 투자가 정체되고 있다는 점이 주목을 받았죠. 글로벌 금융위기 이후 금융기관의 줄도산은 막았지만 실물경기의 침체가 상당 기간 이어질 것이라는 경제 주체들의 두려움을 완전히 해소시키지는 못한 것입니다. 불안감이 남아 있다면 기업들은 쉽사리 투자를 늘리지 않을 겁니다. 잠깐 생각해 볼까요?

두려움이 집어삼킨 투자의 기회

홍길동이 A회사의 사장이라고 해보죠. A회사는 만년필을 생산하는 회사입니다. 경기가 좋으면 만년필 생산을 늘리고, 불황이면 생산을 줄이면 되겠죠. 문제는 경기 침체가 상당 기간 이어질 것이라는 비관이 힘을 얻을 때입니다. 이 경우 잠시 경기가 좋아지더라도 이건 '일시적'인 현상이라고 홍길동은 생각하겠죠. 그리고 경기가 좋아지고 만년필에 대한 시장에서의 소비 수요가 늘어나도 무리해서 생산 라인을 늘리려는 모습을 보이지 않을 겁니다.

미래의 불확실성이 크기 때문에, 그리고 기업 투자에는 신중에 신중을 기해야 하기 때문입니다. 수요가 늘어나면 즉시 생산 설비투자를 확대하면서 공급을 늘리던 과거와는 사뭇 다른 시대이니까요.

기업들의 투자가 쉽사리 늘어나지 않는다면, 경기가 다소 좋아지더라도 기업의 투자 확대로 연결되지 못합니다. 기업의 설비투자가 정체된다는 의미는 기업이 공장을 짓거나 사무실을 늘리지 않는다는 뜻으로 해석할 수 있습니다. 신규 일자리 창출이 일어나지 않을 것이고, 고용이 늘지 않는 만큼 사람들의 소득도 늘어나지 않을 겁니다. 소득이 늘지 않으니 당연히 수요가 강해지지 못하죠. 약한 수요는 약간의 충격만 받아도 크게 위축되면서 물가의 하락, 즉 디플레이션을 강화시키는 요인으로 작용하게 됩니다.

금융위기 이후 나타난 기업 투자의 위축과 약해져 버린 수요를 바탕으로 전 세계 경제가 상당 기간 '구조적인 장기 침체(Secular Stagnation)'에 진입할 것이라는 주장이 힘을 얻었죠. 지금은 그 누구보다 강하게 인플레이션을 경고해 화제가 된 로런스 서머스(Lawrence Summers) 전 미국 재무장관이 2013년에는 구조적 장기 침체를 주장했습니다. 관련 기사를 인용해 봅니다.

전 세계에 저성장에 대한 경보음이 잇따르면서 '장기 정체(secular stagnation)' 이론이 뜨겁게 부각되고 있다. 로런스 서머스 전 미국 재무장관이 최근 언급한 이 이론은 미국이 제로 금리를 유지해도 쉽게 경제가 회복되지 않는 난년을 묘사했으며 연방준비제도(Fed·연준)가 지속적인 저금리 및 양적완화 정책을 추진하도록 하는 모티브가 되고 있다. (중략)

하버드대 교수로 재직 중인 서머스 전 장관은 지난 8일 워싱턴 DC에서 열린 국제통화기금(IMF) 학술대회에서 "미국 등 선진국 경제가 금융위기 이전의 '정상 상태'로 복귀하기 어렵고 만성적으로 수요 부족과 성장 부진에 시달리는 '장기 정체'가 오고 있다"고 주장했다. 19일 월스트리트저널

첫 번째 문단에서는 전 세계에 장기 침체 우려가 커져가고 있음을 서머스가 주장하고 있다는 내용이 나오죠. 두 번째 문단에서 원인이 나옵니다. 만성적인 수요와 성장 부진에 시달리면서 금융위기 이전의 상황으로 되돌아가기가 어려울 것이라고 합니다. 만성적 수요와 성장 부진은 기업의 투자 부진과 이로 인한 개인의 소비 위축을 의미하죠. 금융위기 이전과 달리 너무나 미약해진 수요이기에, 이런 수요를 끌어올리려면 정책 입안자들의 적극적인 부양책만이 답이 될 것이라는 경고를 끝으로 기사를 마치고 있습니다.

유럽 재정위기 이후로도 이런 저성장·저물가 기조가 이어졌죠. 상당한 경기 부양을 단행하면 그 당시에는 효과가 있지만 해당 부양책을 거두어들였을 때에는 다시 성장과 물가가 곤두박질치는 모습을 반복했습니다. 너무나 연약해지고 쉽게 올라오지 않는 인플레이션으로 인해 인플레이션 파수꾼이라고 불리우던 연준도 '인플레이션'보다는 장기적인 성장 충격을 만들어 낼 수 있는 일본식 '디플레이션'으로 초점을 옮기기 시작했죠. 그리고 구조적 장기 침체 우려가 커져가던 2016년 10월 당시 연준 의장이었던 옐런은 고압경제(High Pressure Economy)를 주장하게 됩니다.

장기 침체를 막기 위한 특단의 조치, 고압경제

/

'고압경제'라는 단어가 매우 어렵게 느껴지실 겁니다. 잠시 부연 설명을 해보죠. 고압경제는 우선 기업들의 투자를 어떻게 하면 자극할 수 있는지에 초점을 맞추고 있습니다. 과거와는 달리 경기가 좋아져도 기업들은 투자를 쉽게 확대하지 못합니다. 워낙 오랜 기간 불경기를 겪었고, 앞으로도 불경기가 이어질 것이라는 생각 때문에 조금 상황이 나아진다고 해도 쉽사리 투자 지출을 확대하거나 생산 라인을 늘릴 엄두를 내지 못하죠.

홍길동이 멸치국수 집을 한다고 가정해 보겠습니다. 장사가 잘 안되다가도 가끔씩 멸치국수를 찾는 사람들이 크게 늘어날 때가 있었습니다. 그때마다 국수 생산 설비를 빚내서 들여오고 분점도 차려보고 하면서 투자와 공급을 늘렸지만 금세 멸치국수의 수요가 줄어들면서 상당한 손해를 봤습니다. 빚내서 들여온 설비는 놀고 있고, 분점은 폐쇄하는 아픔을 수차례 겪었던 겁니다. 그런데 다시 양적완화로 인한 경기 부양으로 경기가 다소 좋아지는 느낌입니다. 생산 설비를 늘려야 할까요? 아마 홍길동은 이 질문에 머뭇거림 없이 "절대 아니지!"라고 답할 겁니다.

어떻게 하면 이런 홍길동의 마음을 돌릴 수 있을까요? 어떻게 하면 홍길동이 투자를 재개하게 할 수 있을까요? 답은 일시적인 수요의 개선이 아니라 지속적인 과잉 수요가 존재하도록 만드는 겁니다. 당장 멸치국수 손님이 늘더라도 홍길동은 움직이지 않을 겁니다. '지금은 좋아도 금방 또 안 좋아질 거야'라는 생각을 하면서요. 그렇지만 1달, 2달…… 1년, 2년이 지나도록 멸치국수 수요가 계속 탄탄하게 이어진다면 홍길동은 어떤 생각을 하게 될까요? 꾸준한 초과 수요가 이어진다면 이때는 그동안의 구조적 장기 침체로 인해 위축되었던 홍길동도 투자를 늘리고, 생산을 늘리고, 사람을 채용하고, 월급을 주게 될 겁니다.

그렇다면 그런 꾸준한 초과 수요는 어떻게 만들어 낼 수 있을까요? 경기가 조금 좋아진다고 해서 경기 부양을 멈출 것이 아니라 계속해서 경기 부양을 이어가야 하겠죠. 경기가 둔화될 것이라는 두려움이 커지면 압도적으로 강한 경기 부양을 해줘야 할 것이고요. 당시 옐런 의장의 고압경제론은 이런 이론적 배경을 갖고 있습니다. 기사를 하나 읽어보시죠.

재닛 옐런 미국 연방준비제도(연준) 의장이 14일(현지 시간) '고압경제(High Pressure Economy)' 운용의 필요성을 역설했다. 고압경제는 수요가 공급을 웃돌아 인플레이션이 목표치를 넘어서는 한편, 일손을 구하기가 쉽지 않은 매우 타이트한 고용시장 상태를 말한다. 옐런 의장은 이날 보스턴 연방준비은행(연은) 주최 경제 콘퍼런스에서 이같이 말하며 아직 불충분한 회복세에 힘을 실어주고자 '인플레이션 오버 슈팅'을 용인할 가능성을 시사했다.

옐런 의장은 "강력한 총수요와 타이트한 노동시장을 통해 일시적으로 '고압경제'를 운영하게 된다면 기업 매출이 증가한다"며 "이는 기업 투자를 촉진해 경제의 생산 능력을 확대하게 될 것이 분명하다"고 말했다. 옐런 의장에 따르면 경제 성장으로 노동시장이 더욱 타이트해지면 불경기에 구직을 포기하고 퇴장했던 노동력들이 인력시장으로 되돌아온다. (중략) 옐런 의장은 "금융위기 이후 우리의 경험은 총수요의 변화(수축)가 총공급 능력 즉,

우선 기사의 첫 문단을 보시죠. 옐런 의장이 고압경제의 필요성을 주장했다고 나오죠. 고압경제는 수요가 공급을 웃도는 상황이 이어지면서 기업들이 투자를 늘리고, 사람들의 채용을 늘리게 되면서 일손을 구하기 어렵게 되는 아주 강한 고용시장 상태를 말합니다. 이를 위해서는 경기가 조금 좋아지고, 이로 인해 물가가 조금 올라오면 바로 경기 부양을 포기하는 기존의 정책에서 벗어나 과감한 경기 부양이 필요할 겁니다. 그래서 인플레이션 오버 슈팅, 즉 목표치인 2퍼센트를 일정 기간 넘어서도 내버려 두는 전략도 필요하다고 강조한 겁니다. 두 번째 문단에서는 그런 고압경제의 효과로 수요가 계속해서 늘어나게 되면 기업들은 투자를 확대하게 될 것이고, 이는 노동 시장을 더욱 뜨겁게 달굴 것이라고 말하고 있죠. 마지막 문단에서 옐런 의장은 금융위기 이후 총수요와 기업들의 투자 능력이 모두 크게 영향을 받았다고 언급합니다. 네, 이런 상황을 되돌리기 위해 강한 부양책이 필요하다는 점을 강조하고 있는 겁니다.

금융위기 이후 회복 과정은 결코 순탄치 않았습니다. 강한 부양책을 쓰면 잠시 좋아지는 듯하다가, 부양책을 거두어들이면 다시금 주저앉곤 했습니다. 경기가 개선되면 개인들의 소득이 늘면서 경제 전체의 수요가 늘어나기에 인플레이션이 오곤 합니다. 반면에 경기 둔화로 개인 소득이 낮아지면 수요의 감소와 함께 디플레이션의 늪으로 빨려 들어갑니다. 일본식 디플레이션이 현실화된다는 공포를 불러일으키겠죠. 금융위기 이후 전 세계 경제는 정말 많은 시도에도 정상 궤도로 되돌리기가 쉽지 않았습니다.

그래도 2020년 초 정도 되니 미국의 실업률도 50년 내 최저 수준으로 내려오고, 미국 경제의 회복에 대한 기대가 조금씩 커져가고 있었죠. 그런 상황에서 찾아온 메가톤급 악재가 바로 코로나19였습니다. 연준은 지금까지 열심히 쌓아올렸던 것들이 한순간에 신기루처럼 사라질 것 같은 두려움을 느끼지 않았을까요? 여기서 과감히 행동하지 않는다면 일본처럼 잃어버린 30년의 늪에 빠질 가능성이 매우 높다는 생각을 하지 않았을까요? 이에 미국 연준과 정부는 지난 챕터에서 보셨던 것과 같은 강력한 경기 부양에 돌입했죠. 그리고 과도한 부양책으로 인해 인플레이션이 폭발하기 시작했습니다.

인플레이션이 막 올라오기 시작했던 2021년 초, 연준은 과연 어떤 생각을 했을까요? 인플레이션의 상승이 두려우니 바로 제압하기 위해 금리를 올려야 한다고 생각했을까요, 아니면 여기서 섣불리 부양책을 내리면 다시 디플레이션의 나락으로 떨어질 수 있으니 신중에 신중을 기해야 한다는 생각을 했을까요? 아마도 지금의 인플레이션이 '일시적'일 가능성이 높으니 조금 더 지켜보자는 생각을 했을 겁니다. 그리고 금융위기 이후 고민해 왔던 연준의 디플레이션 트라우마가 함께 영향을 주면서 '강한 수요와, 불안한 공급과, 그걸 지켜보는 연준……'이라는 노래 가사와 같은 인플레이션 팽창 환경이 만들어진 것이죠. 그래서 세계 경제는 지금 40년 만의 인플레이션을 목도하고 있는 겁니다.

홍길동은 트럭 운전사입니다. A마을에 물건을 배송해야 하는데, A마을로 가려면 좁은 농로를 지나가야 하죠. 트럭 양 바퀴에 딱 맞을 정도로 좁은 길을 지나야 합니다. 문제는 그 농로의 양쪽에는 아주 깊은 논두렁이 있다는 겁니다. 정말 가고 싶지 않았지만 어쩔 수 없이 가야만 합니다. 홍길동은 과감히 길을 지나려 했지만 실수로 트럭이 왼쪽 논두렁에 깊이 빠져버렸습니다. 트럭을 끌어올리기 위해 크레인을 부르죠. 크레인이 들어와서 트럭을 끌어올립니다. 역시 강한 힘으로 끌어올리니 트럭이 딸려 올라오기 시작합니다. 문제는 트럭을 좁은 농로 위에 다시 딱 맞게 올려놓아야 한다는 점이죠. 워낙 좁기 때문에 너무 힘을 강하게 주면 반대쪽 농로로 빠져버리게 됩니다. 그래서 어느 정도 올라왔을 때 크레인이 힘을 빼기 시작합니다. 그랬더니 '아, 이런……' 트럭이 다시 논두렁에 박혀버렸습니다. 제2차 시도, 제3차 시도에도 트럭을 끌어올리지 못합니다. 끌어올릴 때에는 잘 올라오는데, 농로를 피해 길 위로 올리기 위해 힘을 빼는 순간 바로 논두렁으로 떨어지기를 반복하는 것이죠.

참고로 좌측 논두렁의 이름이 '디플레이션'입니다. 그리고 몰려든 마을 사람들의 이야기를 들어보니 원래 이 논두렁에서 빠져나오기가 쉽지 않다, 특히 일본이라는 트럭은 너무 깊이 빠져서 30년째 논두렁에서 꺼내지 못하고 있다는 겁니다. 그런 상황에서 갑자기 하늘이 검게 변하더니 큰 비가 내리기 시작했죠. 이 비의 이름이 바로 '코로나19'입니다. 그리고 비로 인해 트럭이 논두렁에 보다 깊이 빨려 들어가기 시작합니다. 홍길동은 어떤 생각을 했을까요? 네, 바로 크레인에 지시합니다. 있는 힘을 다해 트럭을 끌어올리라고요. 어느 정도 끌려 올라왔음에도 홍길동은 더 강하게 끌어당길 것을 주문합니다. 이렇게 강하게 당기면 반대편 논두렁에 빠질 수 있다는 주변 사람들의 만류도 뿌리치면서 말이죠.

그 결과…… 트럭이 반대편 논두렁에 빠지고 맙니다. 그리고 홍길동은 반대편 논두렁도 만만치 않게 깊고, 빠져나오기 어렵다는 것을 깨달았죠. 오른쪽 논두렁의 이름은 '인플레이션'입니다. 홍길동은 한숨을 쉬면서 다시 크레인 기사에게 요청합니다. 인플레이션의 늪에서 트럭을 강하게 끌어올리라고요. 강력한 긴축을 통해 인플레이션의 늪에서 벗어나야 할 때입니다.

여기서 질문 하나 드립니다. 과연 홍길동은 가운데의 좁은 길 위로 트럭을 아름답게 착지시킬 수 있을까요? 다시 반대로 빠져버리면 경기 침체로 인한 디플레이션이 현실화되는 것이고, 이게 두려워서 크레인이 힘을 빼면 인플레이션의 늪에서 상당 기간 벗어나지 못하는 상황에 처하게 될 겁니다. 참, 깜빡한 정보가 하나 있습니다. 홍길동의 영어 이름이 있는데요, 'Federal Reserve(연준)'라고 한다네요. 과연 연준은 잘해 낼 수 있을까요?

이번 챕터에서는 인플레이션이 강해지던 시기에 자칭 인플레이션 파이터라고 이야기하는 연준이 왜 '일시적 인플레이션'이라는 너무도 방만한 생각을 했는지에 대해 살펴봤습니다. 금융위기 이후 순탄치 않았던 10년의 회복 과정이 연준을 위축시켰죠. 그리고 결과적으로 '40년 만의 인플레이션'이라는 강력한 괴물이 탄생했습니다. 이후의 해결 과정 역시 순탄치 않을 것 같다는 느낌을 받으실 겁니다. 다음 챕터에서는 지금처럼 강한 인플레이션이 나타났던 과거 1970년대 상황에 대해 간단히 살펴보고, 지금의 상황이 최악으로 이어질 때 생길 수 있는 '인플레이션 고착화'에 대해 이야기해 보겠습니다.

17

1970년대 위기가
우리에게 던지는 메시지

연준은 두 가지 목표를 모두 이룰 수 있을까?

돈 풀기 솔루션, 성공일까?

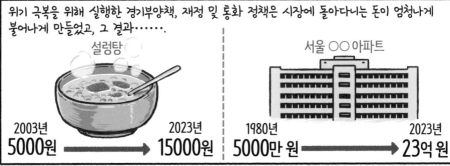

위기 극복을 위해 실행한 경기부양책, 재정 및 통화 정책은 시장에 돌아다니는 돈이 엄청나게 불어나게 만들었고, 그 결과……

설렁탕

서울 ○○ 아파트

2003년		2023년
5000원	➡	15000원

1980년		2023년
5000만 원	➡	23억 원

밥값, 그리고 집값까지 미친 듯이
높여버리고 말았다.

예전에는 만 원으로
할 수 있는게 참 많았죠.

설렁탕은 안 먹어도 되지만
집은 꼭 필요한데,

집은 도대체
어떻게 사야 하죠?

어렸을 적 날씨 뉴스에 크게 놀란 적이 있습니다. 열대 지방 국가에 이상 기후 현상이 나타나면서 많은 사람들이 사망했다는 뉴스였죠. 그 기온이 영상 10도 정도였던 것으로 기억합니다. 영상 10도면 사실 우리나라로 따지면 늦가을 날씨 정도죠. 물론 따뜻하다고는 할 수 없지만 그래도 너무 추워서 목숨이 위태로울 정도인가에 대해서는 의문을 가질 수밖에 없었습니다. 그런데요, 단서는 앞쪽에 나옵니다. '열대 기후 지역'이라는 점이 핵심이죠. 1년 내내 고온다습한 기후를 유지하고 있는 지역에서 영상 10도 정도의 서늘한 날씨를 만났으니 적응이 되지 않았을 겁니다. 충분히 이해가 가능한 부분이죠.

　10여 년 전 미국에서 유학 생활을 하고 있을 때였습니다. 겨울철에 시험 준비를 위해 도서관에서 새벽 공부를 하고 있었죠. 도서관 내부에 난방을 하고 있었음에도 저는 너무 추워서 후드티에 담요까지 뒤집어 쓰고 있었습니다. 그런데 반대편에서 공부를 하는 미국 남학생은 민소매 티를 입고 공부를 하고 있더군요. 알은체하며 말을 건넸는데, 춥지 않냐고 물어보니까 본인은 미국 북부 미네소타에서 왔다고 하더군요. 그곳이 워낙 춥기 때문에 이 정도는 전혀 부담이 되지 않는다는 이야기였습니다. 네, 진짜 추운 곳에서 지낸 사람들에게는 당시 도서관의 기온이 그리 낮지 않았던 겁니다.

사람은 환경에 적응하며 살아갑니다. 더운 지방, 혹은 추운 지방에 오랜 기간 살아서 적응이 된 사람들은 해당 기후에 보다 강하다고 볼 수 있을 겁니다. 날씨가 그렇다면 경제의 기후라고 할 수 있는 인플레이션과 디플레이션은 어떨까요? 오랜 기간 디플레이션 속에서 살아왔다면 갑작스레 나타나는 인플레이션에 대한 적응력이 훨씬 떨어지지 않을까요? 40년 동안 인플레이션이 없는 곳에서 살다가 갑자기 거대한 인플레이션을 맞이하게 되면 그 충격이 사뭇 크게 다가올 겁니다.

예를 들어 1990년대 초반 버블 붕괴 이후 30년 이상 디플레이션의 늪에서 헤매던 일본의 경우 연 3~4퍼센트 수준으로 오르는 지금의 물가 상승 충격이 5~6퍼센트씩 오르는 미국보다 클 수 있지 않을까요? 네, 인플레이션 자체도 이슈가 되지만 보다 중요한 것은 그 앞에 붙는 수식어라고 생각합니다. '40년 만에 찾아온' 인플레이션……. 여기에 대한 이야기를 이어가 보겠습니다.

갑자기 찾아온 인플레이션, 우리의 반응은?

/

지난 두 개의 챕터를 통해 40년 만의 인플레이션이 깨어난 원인에 대해서 살펴보았죠. 공급의 불안과 수요의 폭발도 있었지만, 금융 위기 이후 나타난 저성장과 저물가 기조로 인해 인플레이션에 대한 중앙은행 및 정부의 경계감이 약했다는 점도 이야기했습니다. 자, 이 례적으로 강한 인플레이션이 갑작스레 찾아왔습니다. 그럼 예상하지 못한 상황을 맞이한 경제 주체는 어떤 반응을 보일까요?

우선 초동 조치에는 실패할 가능성이 높습니다. 쉽게 비유를 들어 보죠. 조선시대에 홍길동이 사는 마을이 있다고 가정합시다. 그 마을 에는 호랑이가 40년 전에 멸종을 했죠. 40년 동안 아무도 호랑이를 본 적이 없고, 사냥꾼들도 호랑이는 사라졌다고 공식적으로 천명했 습니다. 그런데 홍길동이 산에 올라갔다가 호랑이를 만난 것이죠. 구 사일생으로 살아남은 홍길동이 겁에 질려 마을 장터로 뛰어 들어가 서 호랑이를 만났다고 외칩니다. 마을 사람들은 어떤 생각을 할까요? 호랑이가 다시 돌아왔다는 공포에 사로잡힐까요, 아니면 홍길동이 헛것을 본 것이니 조금 쉬면 제정신이 들어올 것이라고 사뿐히 무시 를 할까요? 40년 동안 구경도 못한 호랑이입니다. 그리고 많은 사람 들이 이제 호랑이는 멸종되었다고 했죠. 홍길동의 겁에 질린 외침이 초반에는 그리 큰 설득력을 갖지 못할 겁니다. 결국 호랑이가 마을을 습격하면서 큰 피해가 생기고 나서야 호랑이 특별 대책반을 마련하 게 되지 않을까요?

지금의 인플레이션도 마찬가지인 듯합니다. 지난 챕터에서 물가 상승세가 일시적일 것이라는 안이한 코멘트로 일관했던 연준은 크게 놀라면서 이제야 대응에 나서게 되죠. 그렇지만 금리 인상의 시작이 너무나 늦었습니다. 다음 그래프에서 보시는 것처럼 연준이 목표로 하는 연 2퍼센트 물가 상승은 2021년 3월에 돌파됐습니다. 그렇지만 실제 연준이 기준금리 인상에 나선 것은 2022년 3월부터였죠.

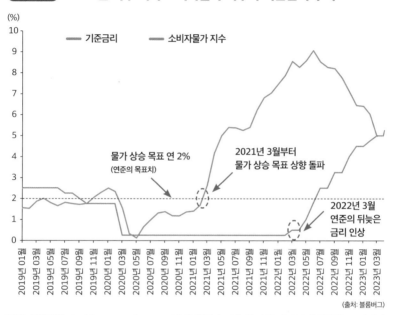

그래프 31 **2019년 이후 미국 소비자물가 지수와 기준금리 추이**

(출처: 블룸버그)

미국 소비자물가 지수(주황색 선)는 2008년 금융위기 이후 상당히 안정적인 흐름을 보이면서 연준의 목표치인 2퍼센트 밑에 머물러 있었죠. 그러나 2021년 3월부터 연 2퍼센트 물가 목표를 넘어서는 흐름이 나타났습니다. 연준은 기준금리 인상을 통해 인플레이션을 제어해야 하는데요, 실제로 금리 인상을 시작한 것은 2022년 3월이었습니다. 2퍼센트 목표를 넘어선 2021년 3월로부터 1년이 지난 후에야 대응에 나섰던 겁니다.

네, 물가 목표를 지키지 못한 채 1년이 지나서야 대응에 나선 것이라 보면 됩니다. 무대응으로 일관하던 상황에서 인플레이션이라는 호랑이는 세상을 집어삼킬 듯 활개를 치고 다녔죠. 2021년 내내 큰 폭으로 상승하는 미국 소비자물가 지수를 보면 '가래로 막을 것을 호미로 막는다'는 말이 이해가 되시리라 생각합니다.

초동 조치에 실패했어도 늦게나마 효과적인 대응을 하면 되지 않을까요? 문제는 40년 만의 인플레이션인지라 인플레이션에 대응하는 매뉴얼이 없었다는 겁니다. 이례적으로 강한 인플레이션 앞에서 매뉴얼도 없이 싸워야 하니 답답할 수밖에 없겠죠. 게다가 금융위기 이후 이어져 온 저성장·저물가의 늪에서 빠져나와야 했던 미국 행정부와 연준인 만큼 여전히 저성장에 대한 두려움도 컸겠죠. 부채도 워낙에 많은 상황이고요. 이런 상황에서 물가를 잡겠다면서 금리를 마구잡이로 올리는 것이 매우 부담스러울 수밖에 없을 겁니다.

미국 연준은 두 가지 목표를 가지고 있습니다. 하나는 '물가 안정'이고, 다른 하나는 '고용 극대화'입니다. 전자는 인플레이션 제어에, 후자는 성장을 강화하는 데 포커스를 맞추고 있죠. 코로나19 사태를 극복하기 위해 풀어놓은 과감한 부양책은 어마어마한 성장을 낳았고, 그 성장이 수요의 급증으로 연결되면서 시차를 두고 물가 상승으로 이어졌죠. 부양책이 마무리되면서 성장세는 약화되는데, 시차를 두고 크게 뛰어오르기 시작한 물가를 보면서 어떤 생각을 했을까요? 성장을 바라보면 금리를 인하해야 하겠고, 뛰어오르는 물가를 보면 금리를 인상해야 할 것 같다는 딜레마에 빠졌을 겁니다.

동부 전선과 서부 전선에서 전혀 다른 적이 쳐들어옵니다. 이를 해결하기 위해 군대를 나누면 양쪽 다 힘이 빠지면서 승산이 매우 낮아지게 되죠. 이럴 때 가장 효과적인 것은 신속하게 어느 한 쪽의 적을 제압하고, 그 이후 다른 쪽의 적을 제압하는 겁니다. 그런데 성장도 돌봐야겠고 물가도 잡아야 한다고 망설이면서, 금리를 올리지도 못하고 내리지도 못하다가 문제를 해결할 수 있는 골든 타임을 놓치게 된 거죠.

1년 만에 기준금리 4.75% 인상

무언가 과거에 이런 어려운 상황을 이겨냈던 실전 매뉴얼이 있었다면 보다 효과적인 대응이 가능했을 겁니다. 하지만 40년 만에 찾아온 인플레이션이기에, 그리고 그 반대편인 디플레이션에 대한 우려가 워낙에 컸기에 미국 정부나 연준은 빠르게 대응하지 못하고 우왕좌왕하는 모습을 보였습니다. 뒤늦게 금리 인상을 시작한 만큼 어느 때보다 빠른 속도로 금리를 인상했죠. 2022년 3월 0~0.25퍼센트였던 기준금리는 2023년 3월 FOMC의 추가 금리 인상으로 4.75~5.0퍼센트로 인상되었습니다. 딱 1년 만에 4.75퍼센트의 기준금리 인상이 단행된 것이죠.

실제로 인플레이션이 기승을 부렸던 1980년대 초반 이후 가장 빠른 속도의 인상입니다. 미국 채권시장의 대학살과 멕시코 외환위기를 만들어 낸 1994년의 급격한 금리 인상도 3퍼센트였던 기준금리를 6퍼센트로 인상하며 1년간 3퍼센트 수준의 인상에 그쳤죠. 일본 버블 붕괴 직전에도 끝없이 오르는 부동산 가격을 꺾기 위해 일본 중앙은행은 2.5퍼센트에서 6.0퍼센트로 금리를 인상하며 1년 남짓한 기간 동안 3.5퍼센트의 금리 인상을 단행했습니다. 그런데 2022년 이후의 긴축은 1년 동안 4.75퍼센트의 인상이 이루어진 겁니다. 네, 늦은 만큼 너무나 가파른 금리 인상을 진행한 것이죠. 그러면 이게 무언가 악영향을 주게 되지 않을까요?

실제로 빠른 금리 인상의 악영향으로 미국의 경기 침체 가능성이 높아지고 있습니다. 그리고 2023년 3월 실리콘밸리 은행(SVB)이 파산하는 등 은행 시스템 위기에 대한 공포감 역시 고조되었죠. 이런 상황에서 물가를 제압하기 위한 빠른 속도의 금리 인상을 이어갈 수 있을까요?

상황이 참 어렵습니다. 물가가 높은 수준으로 유지되고 있으니 이를 잡기 위해서는 긴축 기조를 더 이어가야 합니다. 반면에 금융위기 이후 전 세계적으로 부채가 많이 쌓여 있는 데다 성장 동력 역시 매우 연약한 만큼 지금의 긴축 기조를 이어갔을 때 받을 충격이 클 수 있다는 부담이 있습니다. 연준과 미국 행정부는 긴축을 이어갈 수 있을까요? 만약 계속해서 우왕좌왕하게 된다면 인플레이션을 제압하는 데 상당한 시간이 걸릴 수 있습니다. 경제 체제가 인플레이션이라는 병을 오래 앓게 되면 인플레이션은 고질병이 될 수 있습니다. 고질병은 한 번 걸리면 쉽사리 낫지 않죠. 뒤에서 보다 자세히 설명해보겠습니다.

경기 부양은 언제 다시 시작해야 하는가

40년 만의 인플레이션을 맞은 경제 주체들의 반응이 마지막으로 하나 더 있습니다. 바로 너무 높은 인플레이션을 제압해서 연 2퍼센트 상승이라는 연준의 물가 목표 레벨로 되돌리게 되면 모든 문제가 해결될 것이라고 생각하는 겁니다. '응? 당연히 해결되는 것 아닌가?'라는 의문이 생기실 듯하니 예시를 들어 부연해 보겠습니다.

여러분이 내과 의사이고, 홍길동이라는 환자가 위염으로 막 입원했다고 가정합니다. 홍길동은 워낙 매운 음식을 좋아해서 매 끼니에 청양고추만 먹습니다. 젊었을 때는 괜찮았지만 홍길동도 나이가 드니 위염으로 인해 병원에 입원하게 된 거죠. 한 달 동안 병원에 갇혀서 흰 쌀죽만 먹으면서 어느 정도 위 상태가 좋아졌습니다. 그랬더니 홍길동이 빨리 퇴원시켜 달라고 난리를 부리는 겁니다. 여러분이 의사라면 어떤 결정을 해야 할까요? 보나마나 홍길동은 퇴원하면 바로 청양고추 식단을 재개할 겁니다. 시간의 문제일 뿐 곧 다시 병원에 입원하게 되지 않을까요? 만약 홍길동의 위염이 고질병이라면 다시금 청양고추 식단을 먹기 시작했을 때 언제든 재발해서 병원 신세를 질 가능성이 더욱 높을 겁니다.

이 스토리를 지금의 인플레이션에 연결해 보도록 하죠. 경제 주체들은 인플레이션이 완화되는 조짐이 보이면 바로 경기 부양에 나서기를 기대하고 있습니다. 당장은 고강도 긴축으로 인해 쌀죽만 먹으니 인플레이션이라는 병이 낫는 것처럼 보입니다만, 인플레이션이 나왔다고 생각되는 순간 바로 둔화되는 성장을 해결하기 위해 강한 경기부양에 들어간다면 다시금 인플레이션이 재발하게 되지 않을까요? 경기 부양의 끈을 놓는 순간 다시금 저성장·저물가의 늪에 빠지던 금융위기 이후 10년의 패턴과 지금은 사뭇 다를 수 있습니다. 40년 만에 깨어난 인플레이션은 지금 당장도 강적이지만 이미 깨어나서 호리병 밖으로 나왔기에 언제든 재발할 수 있는 위험을 안고 있죠.

1970년대 인플레이션의 원인 1 — 원유 폭등

꿈같은 이야기처럼 들리시나요? 과거에 인플레이션이 고질병이 되어서 10년 이상 이어지는 강한 인플레이션의 시대를 겪었던 적이 있는데요, 바로 1970년대 석유파동 당시입니다. 1970년대 석유파동을 말할 때 가장 많이 언급되는 것이 바로 1973년의 제1차 석유파동과 1979년의 제2차 석유파동입니다.

1973년 10월 중동 국가들과 이스라엘의 제4차 중동 전쟁이 발발했죠. 초반 고전하던 이스라엘은 미국의 군사 지원에 힘입어 전세를 뒤엎게 됩니다. 이에 중동 국가들은 미국에 상당한 반발감을 느꼈고, 미국에 대한 원유 수출을 중단하는 금수조치(Embargo)를 단행했죠. 이와 함께 사우디아라비아를 비롯한 대부분의 중동 국가들이 원유 감산에 나서게 됩니다. 산유국들의 모임인 OPEC이 원유 감산을 이끌면서 국제유가를 큰 폭으로 오르게 만들었죠. 이렇게 비싼 가격에도 원유 공급을 하지 않았기에 원유를 구하기 어려운 상황이 이어졌습니다. 금수조치로 인해 원유 구하기가 어려울 것이라는 두려움이 커진다면, 그리고 그나마 구할 수 있는 원유의 가격도 큰 폭으로 오를 것으로 예상된다면 사람들은 어떤 행동을 취하게 될까요? 당시 미국 상황을 묘사한 글을 인용해 봅니다.

> 과거에는 자동차 계기판의 연료 게이지가 바닥을 찍어야 기름을 넣었지만, 가격이 더 올라가거나 기름을 구할 수 없는 상황이 되자 적은 양이라도 자주 기름을 넣었고, 결국 주유소 앞은 줄이 길게 늘어났다. 오히려 공회전이 늘어나며 연료 소비가 더욱 증가하는 결과를 초래했다.
>
> _로버트 맥널리, 김나연 옮김, 『석유의 종말은 없다』, 2022, p.235

'공급이 부족할 것 같으면 수요가 더욱 크게 늘어난다'라는 말 기억나시나요? 1970년대 초반 배럴당 2~3달러 수준에 불과했던 국제유가는 1974년 배럴당 12달러까지 상승했습니다. 구매자들은 약 네 배 이상의 에너지 가격 상승을 경험하게 된 겁니다. 당연히 미국 내 인플레이션 압력을 크게 끌어올렸겠죠.

1979년에는 OPEC 국가들의 의도적인 금수조치보다는 중동 내 정쟁 불안이 핵심이 되었죠. 1979년 이란에서는 이란 내 친미 정권을 무너뜨리고 아야톨라 루홀라 호메이니(Ayatollah Ruhollah khomeini)

가 집권을 하게 되죠. 호메이니 집권 직후 이란을 비롯한 중동 지역의 혼란으로 인해 원유 공급이 매우 어려워질 것이라는 두려움이 전 세계에 엄습하게 됩니다. 불과 수년 전에 제1차 석유파동을 겪었기에 이런 공포감은 배가되었겠죠. 1979년의 상황을 그린 내용을 인용해 봅니다.

> 1979년 실제 세계 산유량은 증가했지만 당시 전년 공급량의 3퍼센트에 달하는 이란의 하루 200만 배럴 손실이 가격을 126퍼센트나 끌어올렸다. 재고와 비축량이 충분했음에도 수입업자들은 훨씬 더 많은 양의 재고를 쌓으려 했기 때문이라는 게 하나의 분석이었다.
>
> _로버트 맥널리, 김나연 옮김, 『석유의 종말은 없다』, 2022, p.242

1973~1974년의 제1차 석유파동을 거치면서 원유 공급이 어려워지는 데 대한 두려움을 크게 갖고 있던 원유 수입업자들은 호메이니 집권에 대응하기 위해 수입을 크게 늘렸습니다. 이미 보유하고 있는 원유 재고가 상당했음에도 불구하고 더 많은 재고를 쌓고자 했던 겁니다. 원유 구하기가 더 어려워질 것 같기에, 그리고 가뜩이나 높은 국제유가가 훨씬 더 오를 것 같기에 이런 행동을 보였던 거죠.

다음 쪽 〈그래프 32〉는 1960년부터 1986년까지의 국제유가 추이를 보여줍니다. 그래프의 회색 세로선은 경기 침체 국면을 나타내죠. 1974~1975년에 한차례, 1980년에 또 한차례의 경기 침체가 찾

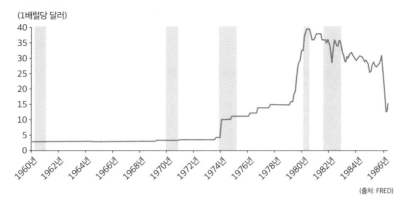

그래프 32 국제유가 추이(1960~1986년)

(1배럴당 달러)

(출처: FRED)

아왔습니다. 경기 침체 초기에는 파란색 선인 국제유가가 가파르게 상승하고 있음을 볼 수 있습니다. 호메이니 집권으로 인한 제2차 석유파동으로 국제유가는 다시 한번 큰 폭으로 상승세를 보이면서 배럴당 40달러 선을 넘게 되죠. 그래프의 시계열을 보면 1970년대 초 2~3달러에 불과하던 국제유가가 1970년대 말~1980년대 초에 40달러를 넘어섰습니다. 열 배 이상의 에너지 가격 상승이 일어난 것입니다. 강한 물가 상승에 당연히 전 세계 경제가 신음할 수밖에 없었습니다. 그래서 우리는 1970년대를 물가는 높은데 성장은 주저앉았던, 스태그플레이션(Stagflation)의 시대로 기억하고 있는 것이죠.

1970년대 인플레이션의 원인 2 – 소비자물가 지수 상승

그런데요, 단순히 1970년대 내내 이어졌던 강한 인플레이션을

1973년, 1979년 있었던 두 차례의 석유파동만으로 설명하기는 어렵습니다. 1970년대 미국 소비자물가 지수 추이를 잠시 체크해 보죠.

 **1970년대 미국 소비자물가 지수 추이**

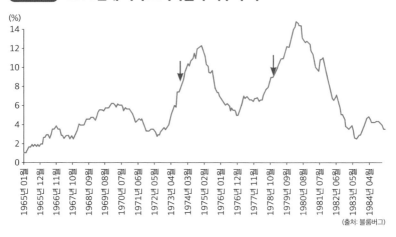

(출처: 블룸버그)

1965년부터 1985년까지의 미국 소비자물가 지수 추이를 그린 그래프입니다. 자주색 화살표는 1973년 10월의 제4차 중동 전쟁, 그리고 1979년 초에 있었던 호메이니 집권 당시를 나타냅니다. 두 차례 이벤트가 인플레이션을 더욱 강하게 만든 것은 분명한 사실이지만, 그 이전에 이미 물가는 상승세를 보였다는 점에 주목할 필요가 있습니다. 그리고 1973년 제1차 석유파동 이전이었던 1965년 이후에도 물가 상승세가 강해져서 1970년대 초까지 상승했다가 소폭 완화되었던 흐름을 볼 수 있죠. 그리고 이후 1972년을 지나면서 다시금 물가가 올랐고 제1차 석유파동과 함께 물가의 정점까지 달려가는 흐름을 읽을 수 있습니다.

그렇다면 석유파동 이전에도 이미 미국 내 인플레이션 압력이 높아졌다는 의미가 되는 것 아닐까요? 그래프를 더 길게 늘어뜨려 보죠. 1945년부터 2023년까지의 그래프를 보시겠습니다.

그래프 34 **1945년 이후 미국 소비자물가 지수 장기 추이**

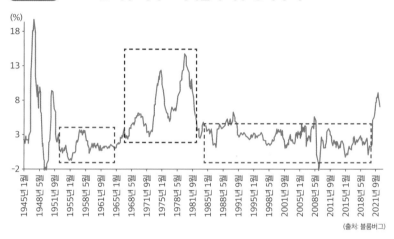

(출처: 블룸버그)

그래프에서 가장 먼저 보실 것은 가운데 검은색 점선 박스입니다. 앞서 보여드린 1970년대 소비자물가 지수 추이가 그대로 반영되어 있습니다. 그래프의 좌측부터 보면 1945년과 1950년에 한차례씩 큰 폭의 물가 상승세가 나타남을 알 수 있습니다. 1945년은 제2차 세계대전 종전 시기입니다. 종전 직후 복귀한 군인들의 수요 폭발과, 이런 수요 폭발을 따라가지 못하는 공급이 만들어 낸 급격한 인플레이션이었죠. 이후 인플레이션이 빠르게 완화되었다가 1950년대 초반 6·25 전쟁 직후 물가가 재차 올라가는 모습이 보입니다. 그렇지만 이후 왼쪽 자주색 점선 박스에서 보이는 것처럼 1950년대 초반부터

1960년대 중반까지는 이렇다 할 인플레이션이 없죠. 그러다가 1960년대 후반이 되면서 물가가 빠르게 올라가기 시작합니다. 한 번 눌리는 모습을 보이다가 다시 튀고, 눌리다가 다시 튀고, 그리고 눌리면서 물가가 대안정기에 접어들기 시작하죠. 그 대안정기를 1980년대 이후에 자주색 점선 박스로 표현했습니다. 그리고 대안정기는 무려 40년을 이어가게 되죠. 이후 그래프 가장 우측에서 물가가 크게 뛰어올라가는 것이 최근의 인플레이션을 보여줍니다.

1970년대 이전 10년 이상 안정되었던 물가가 왜 오르기 시작했을까요? 다양한 해석이 존재할 수 있겠지만, 저는 1960년대 후반 린든 존슨(Lyndon Johnson) 대통령의 '위대한 사회(The Great Society)'에서부터 인플레이션의 싹이 텄다고 봅니다. 그린스펀과 에이드리언 올드리지(Adrian Wooldridge)가 공저한 『미국 자본주의의 역사』에서 다음과 같은 설명을 찾아볼 수 있죠.

> 1970년대 비관론이 횡행하게 된 한 가지 이유는 이전 10년의 과도한 낙관론이었다. 승리에 도취한 자유주의자들은 제2차 세계대전 이후 경제 모델을 한계점까지 밀어붙였다. 정치인은 오래 유지하기에는 너무나 달콤한 약속을 내걸었다. 노동자들은 생산성을 높이지 못한 상태에서 임금 인상을 요구했다. 경영자는 내일의 전쟁이 아니라 어제의 전투에 초점을 맞췄다. 황금기에서 침체기로 나아가는 과정의 핵심 인물은 린든 존슨이었다. (중략)
> 그(린든 존슨)는 케네디가 암살된 지 6주 뒤 의회에 나가 '빈곤에 대

한 무조건적 전쟁'을 선포하면서 이렇게 말했다. "세계에서 가장 부유한 나라는 이 전쟁에서 이길 형편이 됩니다. 오히려 질 형편이 안됩니다." 그는 "우리는 부유하고 강력한 사회만이 아니라 위대한 사회(Great Society)를 향해 나아갈 수 있다"며 1965~1966년 단일 회기 동안 새로운 사회를 건설하기 위한 수많은 법안을 통과시켰다.

_앨런 그리스펀·에이드리언 올드리지, 김태훈 번역, 장경덕 감수,
『미국 자본주의의 역사』, 세종서적, 2020, p.356-357

거대한 복지 정책 '위대한 사회'

/

1960년대 중반 베트남 전쟁에서 패전한 미국 사회의 분위기는 매우 뒤숭숭했다고 합니다. 당시 집권했던 린든 존슨 대통령은 소련을 훨씬 넘어서는 살기 좋은 미국을 말하면서 거대한 복지 정책을 시행하게 되는데 그게 바로 '위대한 사회'였죠. 미국 정부 부채는 걷잡을 수 없이 늘어났지만, 재정 지출이 늘어난 만큼 사람들의 소비 수요 역시 강해집니다. 수요의 증가는 물가 상승을 자극하게 되죠. 린든 존슨 대통령 이후 집권한 리처드 닉슨(Richard Nixon) 대통령은 그런 경기 부양조의 재정 지출 기조를 보다 강하게 가져갑니다. 관련 설명 인용합니다.

닉슨은 체제의 균열이 이미 드러나기 시작했다는 사실을 모른 채 존슨보다 더 크게 복지 정책을 확대했다. 의회는 무료 학교 급식부터, 실업 급여 증액, 장애 혜택 개선까지 일련의 새로운 복지 제도를 만들었다. 또한 사회보장연금을 10퍼센트 늘렸으며, 연금을 물가상승률과 자동으로 연계하는 시스템을 만들었다. (중략) 물가 상승률을 반영한 연 복지 비용은 존슨 행정부보다 닉슨 행정부에서 20퍼센트 더 빨리 늘어났다. 1971년 복지 지출액은 마침내 국방 지출액을 넘어섰다. 모든 것이 과잉이었다. 그 현실적 대가가 다가오고 있었다.

_앨런 그리스펀·에이드리언 올드리지, 김태훈 번역, 장경덕 감수,
『미국 자본주의의 역사』, 세종서적, 2020, p.360–361

네, 이후 취임한 닉슨은 복지 정책을 더욱 강화하면서 재정 부양에 힘썼습니다. 닉슨은 여기서 그치지 않았습니다. 미국이 보유하고 있는 금 1온스당 35달러까지 찍을 수 있었던 당시의 금본위제를 폐지하면서 달러의 공급을 금본위제라는 족쇄에서 풀어버립니다. 이후 연준은 보유하고 있는 금 수량에 관계 없이 달러화를 찍어서 공급할 수 있게 되었죠. 복지 정책을 통한 지출도 늘어났지만 돈 풀기와 같은 통화 정책 역시 함께 진행한 겁니다.

이 시기에 물가가 오름세를 이어가자 닉슨 대통령은 물가 통제에 나서게 됩니다. 말 그대로 90일간 각종 재화의 가격과 임금, 에너지 가격 등을 동결하는 정책을 발표해 버립니다. 제품 원가가 인플레이

션으로 인해 급등하고 있는데, 제품 판매 가격을 동결해 버리게 되면 기업 입장에서는 판매를 할수록 손해를 보게 되죠. 인위적인 가격 통제 정책으로 인해 기업들의 생산 활동이 크게 위축됩니다. 이후 가격 통제를 풀자, 눌려 있던 물가가 크게 뛰어오르면서 인플레이션을 보다 심각하게 몰고 갔습니다.

아서 번스의 실패

이렇게 인플레이션이 기승을 부리고 있을 때 터져 나온 것이 바로 1973년의 제1차 석유파동이었습니다. 석유파동까지 가세하면서 인플레이션이 심각해집니다. 그러면 당연히 인플레이션의 파수꾼인 연준이 제 역할을 해줘야 하겠죠. 연준은 빠른 긴축을 통해 끓어오르고 있는 인플레이션 압력을 선제적으로 제압해야 했을 겁니다. 그렇지만 당시 연준은 그다지 적극적으로 나서지 않았죠.

이유는 첫째, 1950~1960년대 10년 이상 물가가 오르지 않는 현상을 보면서 당시의 인플레이션 상승을 다소 쉽게 판단한 면이 있었습니다. 이는 연준뿐 아니라 미국 행정부도 마찬가지였을 것입니다. 물가 대안정기가 오랜 기간 지속되면서 미국 행정부는 과감한 경기 부양책을 도입해 재정 지출을 늘렸고, 연준 역시 여기에 동조하면서 인플레이션에 대한 다소 느슨한 경계감을 보여줬습니다.

당시 연준 의장은 아서 번스(Arthur Burns)였는데요, 이분은 경제학자로서는 매우 저명한 분이지만 당시 연준 의장으로서의 정책에 있어서는 좋은 평가를 받지 못했습니다. 번스 의장은 물가가 빠르게 높아질 때에는 빠른 기준금리 인상을 통해 물가 억제에 나서는 모습을 보이다가도 물가가 살짝 안정세를 보이면 성장의 둔화 역시 신경을 써야 한다며 빠른 속도로 기준금리를 인하했죠. 물가 안정과 경기 부양, 두 마리 토끼를 모두 잡으려 했던 겁니다. 1970년대 당시 미국의 기준금리 흐름과 소비자물가 지수를 함께 그린 그래프를 보면서 더 설명해 보겠습니다.

그래프 35 **1970년대 미국의 기준금리 및 소비자물가 지수 추이**

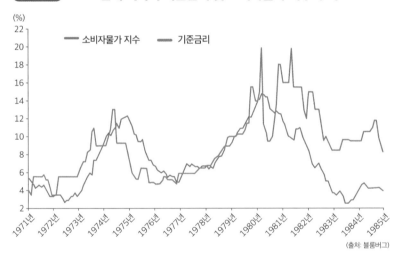

(출처: 블룸버그)

주황색 선은 미국의 기준금리입니다. 이걸 올리고 내리고 하면서 인플레이션을 제압하곤 하죠. 파란색 선은 미국 소비자물가 지수입니다. 1973년 소비자물가 지수가 치솟기 시작하자 연준은 금리 인상에 빠르게 돌입했습니다. 그렇지만 1974~1975년 소비자물가 지수 (파란색 선)가 정점을 찍고 내려오기 직전에 이미 기준금리(주황색 선)가 낮아지기 시작하는 모습을 확인할 수 있습니다. 석유파동으로 인해 물가가 크게 치솟기 시작하자 당시 아서 번스 의장은 '중동 사태로 인해 원유 공급이 되지 않아 물가가 오르는 것을 연준이 해결할 수는 없다'라며 인플레이션 제압에 소극적인 스탠스를 보였죠. 물가 상승세는 1970년대 중반 이후 빠르게 둔화되었지만 1977년 초에 기록했던 물가의 저점은 그 이전의 물가 저점보다 높은 수준에 머물렀죠. 그리고 이후 다시금 빠른 반등세를 기록하게 됩니다.

물가를 확실히 제압한 상황에서 경기 부양으로 선회했어야 하는데, 물가를 잡는 과정에서 나타날 수 있는 성장의 둔화를 걱정한 나머지 긴축을 너무 빠르게 푼 면이 있습니다. 이에 연준이 금리를 올리면서 긴축을 하는 시기에는 물가가 잠시 안정되다가 긴축을 풀고 금리 인하 등의 성장 부양에 초점을 맞추면 어김없이 물가가 뛰어올랐죠. 네, 당시 연준은 물가의 안정도 그리고 성장의 부양도 우왕좌왕하면서 놓쳐 버렸던 겁니다. 이런 실수를 반복하는 과정에서 인플레이션이라는 병을 계속해서 안고 가게 되죠. 그렇게 인플레이션이 고질병이 된 겁니다. 고질병은 치유도 어렵지만 언제든 재발할 수 있다는 점이 무섭습니다. 다음 쪽 〈그래프 36〉에서 다시 한번 1970년대 소비자물가 지수 추이를 보시죠.

1960년대 후반 높아졌던 미국 물가는 1970년대 초중반의 물가 통제 등으로 인해 둔화되는 모습을 보이다가 1973년에 접어들면서

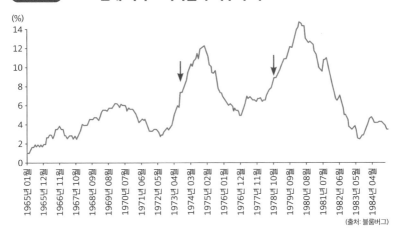

1970년대 미국 소비자물가 지수 추이

(%)

(출처: 블룸버그)

재발했습니다. 이후 1975년 이후 이어진 강한 긴축으로 둔화되는 모습을 보이던 물가는 1978년에 들어서면서 다시 폭발적으로 상승하게 됩니다. 앞서 말씀드린 위염 환자 케이스에 빗대서 보면 1960년대 후반에 입원했다가 1970년대 초반에 퇴원, 그리고 1973년에 재차 입원했다가 1975년 이후 퇴원, 그리고 1978년에 재차 입원하게된 거죠. 그리고 이렇게 입·퇴원을 반복하는 사이 10년 이상의 시간이 흐르게 됩니다. 그래서 우리는 1970년대를 인플레이션, 혹은 스태그플레이션의 시대라고 기억하는 거죠.

폴 볼커, 기준금리를 20%까지 끌어올리다

1979년 이후에 끈질기게 재발하던 인플레이션을 어떻게 제압했을까요? 1970년대 후반 연준 의장으로 폴 볼커(Paul Volcker)가 취임합니다. 볼커는 역대 미국 연준 의장 중 가장 긴축적인 통화 정책을 운용한 인물이죠.

미국 중앙은행에서 시중 유동성을 빨아들이는 긴축을 선호하는 인물들을 매파(Hawk), 유동성을 풀어주는 정책을 선호하는 인물들을 비둘기파(Dove)라고 부릅니다. 폴 볼커는 '매파 중의 매파'로 인식되는데 그는 취임 일성으로 인플레이션과의 전쟁을 선포합니다. 물가를 잡는 가장 좋은 방법은 실물경기를 박살 내는 겁니다. 표현이 조금 자극적이긴 한데요, 경기가 무너지게 되면 실물경제에서 수요가 사라지게 됩니다. 가격은 하늘에 떠 있는데 수요가 사라지게 되면 가격이 급격하게 추락하겠죠. 볼커는 이 점을 인지하고 있었습니다. 이에 볼커는 당시 미국 기준금리를 20퍼센트 수준까지 끌어올립니다. 미국 기준금리가 20퍼센트면 중소기업에 대한 대출 금리는 이보다도 훨씬 높았겠죠. 당시 미국 중소기업의 40퍼센트가 파산하는 등 미국 경제는 극심한 경기 침체를 겪게 됩니다. 미국 실업률도 급등했죠. 다음 쪽 〈그래프 37〉과 〈그래프 38〉을 함께 보겠습니다.

〈그래프 37〉은 미국 소비자물가 지수 추이를 보여줍니다. 1979~1980년에 정점을 기록한 이후 빠른 속도로 둔화되는 것을 볼 수 있죠. 반면에 〈그래프 38〉을 보면 비슷한 시기에 미국의 실업률은 하늘 끝까지 치솟는 것을 볼 수 있습니다. 네, 볼커는 경기를 희생시켜서 당시 고질병처럼 여겨지던 인플레이션을 무너뜨리는 데 성공했습니다. 그리고 이때 무너져 내린 인플레이션은 우리가 잘 아는 것처

그래프 37 1970~1980년대 미국 소비자물가 지수 추이

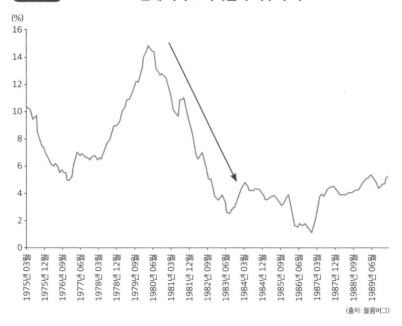

(%)

(출처: 블룸버그)

그래프 38 1970~1980년대 미국 실업률 추이

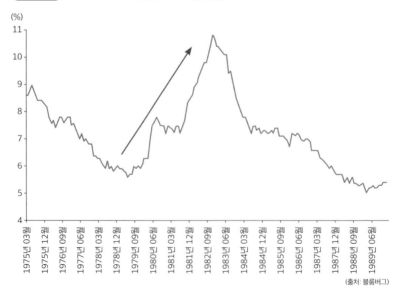

(%)

(출처: 블룸버그)

럼 40년 동안 힘을 쓰지 못했죠. 병원의 비유를 따라가 보면 두 차례 입·퇴원을 반복하다가 마지막에는 더욱 심해진 인플레이션이라는 병을 대수술로 해결해 버린 겁니다. 다만, 그 과정에서 '성장'이 무참히 희생되는 악재를 겪을 수밖에 없었던 거죠.

1970년대 인플레이션 vs. 2020년대 인플레이션

1970년대는 40년 만의 인플레이션을 맞은 우리에게 어떤 메시지를 던져줄까요? 1970년대의 인플레이션은 단순히 제1차, 제2차 석유파동에 기인한 것이 아니었습니다. 그렇기에 '지금은 석유파동 같은 것이 없으니 그런 일은 일어나지 않을 거야'라는 생각은 매우 위험하다고 볼 수 있죠. 1960년대 후반부터 방만한 재정 지출, 즉 경기 부양과 맞물려 인플레이션이 조금씩 움직이기 시작했습니다. 그리고 신속히 제압하지 못한 채 인플레이션이 수년간 이어지다 보니 인플레이션은 고질병이 되어버렸고, 그 고질병으로 수차례 문제가 재발했죠. 우리는 지금 인플레이션이 장기화되면서 하나의 고질병처럼 자리 잡는 것을 막아야 합니다. 고질병이 되면 당장의 인플레이션을 제어하는 것도 힘들 뿐 아니라 이후에도 언제든 인플레이션이 재발할 수 있을 테니까요.

인플레이션이 장기화될 때 고질병이 될 수 있다는 이야기를 풀어보았습니다. 그렇다면 이 글을 쓰고 있는 2023년 5월의 상황은 어떨까요? 현재 미국의 소비자물가 지수 그래프를 보시죠.

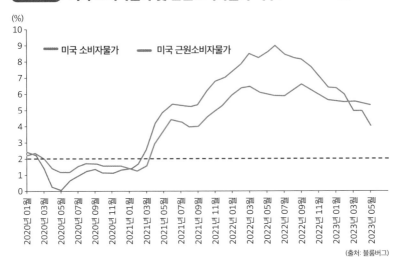

미국 소비자물가 및 근원소비자물가 지수(2020~2023년)

(출처: 블룸버그)

이 그래프를 볼 때는 먼저 2퍼센트 라인 위에 물가상승률이 위치하는지를 핵심적으로 봐야 합니다. 소비자물가 지수는 2021년 3월에 2퍼센트를 넘어섰고, 2022년 6월에 9.1퍼센트로 고점을 기록한 이후 빠르게 하락하며 2023년 4월에는 5퍼센트 수준으로 내려와 있죠. 빠른 안정에 안심할 수도 있겠지만 두 가지를 보셔야 합니다. 하나는 근원소비자물가 지수죠. 소비자물가 지수는 크게 상승한 이후 빠른 낙폭을 보이고 있습니다만 근원소비자물가 지수는 여전히 5.6퍼센트 수준을 기록하면서 견조한 흐름을 이어가고 있습니다. '그래도 낮아지고 있으니 안심해도 되지 않겠는가'라는 반론을 하실 듯한데요, 인플레이션이 목표치인 2퍼센트를 넘었던 기간이 어느 정도

되는지를 보면서 다시 생각해 보죠.

물가상승률은 2021년 3월 2퍼센트를 넘어선 이후 2023년 4월까지도 2퍼센트 수준으로 되돌아가지 못하고 있습니다. 기침 환자로 따진다면 인플레이션이라는 기침을 2년 1개월째 하고 있는 거죠. 강한 기침을 2년 넘게 하면 고질병의 가능성이 높아지는 것 아닐까요? 여기서 제대로 대응하지 못하고 계속 우왕좌왕하면 1970년대처럼 인플레이션의 장기화 위험이 커지지 않을까요?

1970년대가 주는 교훈은 지금 당장의 인플레이션뿐 아니라, 인플레이션이 고질병으로 변화했을 때에는 장기적인 충격에 신음할 수 있다는 점입니다. 그래서 파월 연준 의장은 2022년 4월 인터뷰에서 볼커를 언급하면서 이런 이야기를 합니다.

> 파월 의장은 이날 오전 진행된 다른 컨퍼런스에서 1980년대 초 공격적 금리 인상으로 인플레이션을 낮춘 폴 볼커 전 의장을 극찬하기도 했다. 폴 볼커 전 미국 연준 의장은 강력하고 일관된 금리 정책을 펼쳐 미국의 경제를 되살렸고, 이를 통해 '20세기 전 세계에서 가장 위대한 중앙은행장'(독일 출신 경제학자 헨리 카우프만)으로 평가받고 있다. (중략)
>
> 그는 "볼커 (전) 의장은 인플레이션 기대가 지속성이라는 점에서 매우 중요한 역할을 한다는 점을 이해했다"며 "이로 인해 볼커는 두 가지 측면에서 싸워야 했다. 하나는 인플레이션이라는 용을 죽이는 일이었고 다른 하나는 '인플레이션이 불변하는 삶의 진실'이라는 대중의 믿음을 깨는 일이었다"고 설명했다.
>
> 《조선비즈》, 2022. 4. 22

파월은 볼커가 인플레이션이라는 용과 싸웠을 뿐만 아니라 다른 하나의 용인 '인플레이션은 항상 이어질 것이다'라는 대중의 믿음, 즉 인플레이션 기대라는 적과도 싸웠다고 말하고 있죠. 인플레이션 자체도 중요하지만 인플레이션이 계속해서 이어질 것이라는 대중의 기대가 만들어지게 되면 사람들은 물가가 더 오르기 전에 미리 물건을 사재기하려 할 겁니다. 그러면 물가 상승세가 더욱 강해지고, 보다 길게 이어질 수 있죠. 앞서 보셨던 석유파동 당시 원유 수입이 어려울 것 같다는 소식이 들리자마자 사람들이 원유 사재기에 들어갔던 것이 대표적인 사례가 될 겁니다. 볼커는 당장의 인플레이션뿐 아니라 인플레이션 기대까지 모두 제압했다고 할 수 있죠. 파월 의장의 코멘트 하나를 더 인용해 봅니다.

> "더 높은 금리, 보다 느린 성장, 그리고 약해진 노동 시장은 인플레를 낮춰줄 겁니다. 다만 가계와 기업에게도 일정 수준의 고통을 안겨줄 겁니다. 불행히도 이는 인플레이션을 낮추기 위한 비용입니다. 그러나 물가 안정에 실패하게 되면 그보다 더한 고통을 가져다 줄 겁니다."
>
> 《연합인포맥스》, 2022. 8. 27

2022년 8월 말 파월 의장의 코멘트인데요, 당시 미국 기준금리 인상 속도가 매우 빨라지는 시기였고 자산시장의 하락을 비롯하여 실물경제 침체에 대한 두려움 역시 높아졌었죠. 이런 연준의 금리 인상 광폭 행보를 미국 의회에서는 작심 비판하고 나섰습니다. 이에 대해 파월 의장이 저런 답을 한 겁니다. 더 높은 금리와 그로 인한 성장의 둔화, 그리고 실업의 증가는 일정 수준의 고통을 준다고 이야기하고 있죠. 그러나 그 고통의 대가는 인플레이션을 낮춰주는 겁니다. 만약 지금 그 고통이 두려워서 인플레이션을 제어하지 못하게 되면 보다 큰 고통이 될 것이라고 말하고 있죠. 인플레이션이 고질병이 되어버리면 물가 상승으로 인한 지금의 고통이 훨씬 더 길게 이어질 수 있기 때문입니다.

인플레이션은 물가가 오른다는 말도 되지만 뒤집어 말하면 화폐 가치가 하락한다는 의미도 되죠. 인플레이션이 심하다는 것은 화폐 가치 하락에 대한 우려가 크다는 의미일 겁니다. 화폐가치가 하락할 것이라는 기대가 형성되어 있는데 금리 인하, 혹은 양적완화 등 화폐의 공급을 늘리는 경기부양책을 쓰면 어떤 일이 벌어지게 될까요? 화폐 가치의 하락 속도는 더 빨라질 겁니다. 거대한 인플레이션이 발생할 수 있다는 의미죠.

인플레이션이 오래 지속되면 그 기간 동안에는 금리 인하 등의 경기부양책을 제대로 쓸 수 없을 겁니다. 긴 역사를 통해 보셨던 것처럼 연준의 금리 인하, 양적완화 등의 부양책은 어려운 상황을 극복하는 데 큰 도움을 줍니다. 그런데 그런 무기를 쓸 수 없습니다. 이런 상황에서 경기 침체와 같은 어려움이 닥친다면, 혹은 코로나19와 같은 예상치 못했던 충격이 닥쳐온다면 어떻게 대응해야 할까요? 인플레이션이 강하기 때문에 부양책을 쓸 수 없는 만큼 그 충격을 완화시킬 수 있는 정책 대응이 매우 어려워지겠죠. 이런 맥락에서 한국은행 이창용 총재의 코멘트를 주의 깊게 읽어볼 필요가 있습니다. 기사 인용합니다.

> 이창용 한국은행 총재는 25일 "물가 상승, 성장 둔화가 모두 우려되지만, 지금까지는 전반적으로 물가가 더 걱정스럽다. 따라서 통화 정책 정상화 기조가 계속될 텐데, 다만 어떤 속도로 기준금리를 올릴지는 데이터가 나오는 것을 보고 금통위원들과 논의하겠다"고 밝혔다. (중략) 인플레이션(물가 상승) 압력에 대응한 기준금리 추가 인상 가능성을 시사한 것으로 해석된다. (중략) 그는 이처럼 일단 매파적(통화 긴축 선호) 성향을 드러냈지만 "고령화 등을 고려할 때 장기적으로는 비둘기파(통화 완화 선호)가 되고 싶다"고 밝혔다.
>
> 《연합뉴스》, 2022. 4. 25

이창용 총재는 일단 인플레이션 제압에 초점을 맞춰야 한다고 말하고 있죠. 당장은 높은 금리로 인해 고통스러울 수 있지만 인플레이션이 장기화되는 것이 훨씬 큰 문제를 만들어 낼 수 있기 때문입니다. 앞으로 10년, 혹은 20년을 보았을 때 우리나라 경제를 휘청이게 할 수 있는 악재가 나타날 수 있지 않을까요? 그때 비둘기파가 되어서 금리 인하 등의 경기 부양을 효과적으로 해줘야 하는데, 인플레이션이 고질병으로 자리잡아 오랜 기간 이어진다면 그런 부양책 역시 바라기 어렵게 될 겁니다. 단기로는 물가를 잡기 위한 매파가 되어야, 장기적으로는 언제든 효과적인 경기 부양을 할 수 있는 비둘기파가 될 수 있다는 점을 강조하는 코멘트라고 할 수 있죠.

정리합니다. 지금의 인플레이션이 어떤 충격으로 다가올 수 있는지에 대한 이야기를 해봤습니다. 40년 만의 인플레이션이라고 하는 만큼 40년 전인 1970년대 있었던 인플레이션 충격의 역사를 살펴보았죠. 우리는 당장의 인플레이션 대응으로 인해 높아진 고금리 상황에서 빠르게 벗어나기를 바라지만, 1970년대의 역사는 조금 더 긴 관점에서 '인플레이션 고질병'을 주의하라는 메시지를 던지고 있습니다. 인플레이션이 고질병으로 진화하게 될지, 아니면 과거의 아픔을 교훈 삼아 슬기롭게 지금의 어려움을 극복할 수 있을지 지켜봐야겠습니다.

18

실리콘밸리 은행(SVB)의 파산과
우리에게 닥쳐올 미래

위기는 언제, 어떻게 오는가

그때는 당연하게 믿었다. 지금의 호시절이 계속 될것이라고.

수출 계속 잘될 거야!

인터넷 시장 계속 커질 거야!

집값은 계속해서 오를 거야!

하지만 안일한 생각은 갑작스러운 사건에 쓰러지고 만다.

언제 전쟁이 날지 미리 안다면 초소가,

필요 없겠죠?

지금까지 한국의 외환위기, 기술주의 급락을 다룬 닷컴 버블 붕괴, 대공황 이후 가장 큰 충격으로 불리는 금융위기, 그리고 코로나19 사태 및 이후의 인플레이션 상황까지 상세히 다루어 보았습니다. 이 책의 마지막 글이자 에필로그가 될 이번 챕터에서는 지금까지 살펴본 과거의 위기들이 지금의 우리에게 던지는 시사점을 중심으로 이야기해 보겠습니다.

과거 금융위기와는 전혀 다른 레벨이기는 하지만 2023년 3월 초 미국에서 은행 파산 소식이 들려왔죠. 실리콘밸리 은행(Silicon Valley Bank), 즉 SVB가 파산한 겁니다. 그 경과를 하나하나 파헤쳐 보는 동안 상당한 기시감이 들더군요. 이 은행의 파산이 거대한 위기의 시발점이 될 것이라는 말은 아닙니다. 다만 그동안 다루어 온 다양한 위기의 발생 과정에서 나타난 일들이 비슷하게 발생했다는 이야기입니다. 왜 이런 기시감을 받았는지, SVB 사태를 정리해 보면서 말씀드리겠습니다.

SVB의 주고객은 IT벤처 기업

SVB는 실리콘밸리에 있는 IT벤처 기업들을 대상으로 영업을 하던 은행입니다. 주거래 고객이 IT벤처 기업들이었고, 이들은 코로나 19 사태 직후 시행된 강력한 경기 부양 정책에 가장 큰 수혜를 받은 기업들이었죠. IT벤처 기업들로 투자금이 물밀듯이 들어왔고, 이들은 넘치는 현금을 SVB에 예금하게 됩니다.

예금이 많이 들어왔다고 해서 SVB가 마냥 즐겁지는 않습니다. 은행은 예금을 받으면 대출을 해줘야 하는데, 모든 고객 즉 IT벤처 산업이 호황인 만큼 대출이 필요한 고객이 없기 때문이죠. 예금은 넘치는데 대출을 해줄 대상을 찾지 못했기에 SVB는 대출이 아닌 다른 무언가로 수익을 낼 수 있는 투자 상품을 찾게 됩니다. 원래 이런 시기에 대표적인 투자 상품은 장기국채입니다. 앞에서 은행의 수익은 단기로 돈을 빌려 장기로 투자할 때 만들어진다는 이야기를 했죠. SVB가 고객들에게 예금을 받았다면 당연히 예금 만기 시에 이자를 지급해줘야 합니다. 받은 예금을 보다 높은 금리로 투자하지 않는다면 은행의 손실이 눈덩이처럼 불어날 수 있죠. 단기국채에 투자하면 좋겠지만 문제는 단기국채의 경우 예금에 비해 금리가 그리 높지 않기 때문에 이자 마진이 잘 나오지 않습니다. 결국 SVB는 장기국채에 투자를 하게 됩니다. SVB는 1년짜리 예금을 받아서 10년짜리 장기국채를 사는 장단기 미스매칭을 하게 된 것이죠.

그런데 2022년 이후 인플레이션을 잡기 위한 미국 연준의 금리 인상이 시작되었고, 이로 인해 유동성이 줄어들게 되면서 IT벤처 기업들도 기존과 같은 호시절을 이어갈 수 없었습니다. 기업에 돈이 모자라게 되니 은행에서 돈을 찾게 된 겁니다.

여기서 포인트가 하나 나오는데요, IT벤처 기업들이 주 고객이다 보니 IT벤처 산업이 좋을 때에는 SVB의 고객 모두가 돈이 넘쳐서 예금만 하죠. 대출을 받을 일이 없는 겁니다. 반면 IT벤처 산업이 어려워지면 SVB의 고객 모두가 예금을 인출하게 됩니다. 예금을 하는 사람은 없는데 인출을 하는 사람만 넘쳐나면 대응이 어렵습니다. 장기국채에 돈을 밀어 넣었으니 SVB 내에는 현금이 부족한 상황이기 때문입니다.

장기국채의 금리 인상과 SVB의 파산

장기국채는 중도 해지가 되지 않습니다. 이를 현금화하려면 누군가에게 보유하고 있는 장기국채를 팔아야 합니다. 여기서 문제가 생기죠. 인플레이션에 대응하기 위한 연준의 급격한 기준 금리 인상으로 시중 국채의 금리도 크게 오른 겁니다. 시장금리가 오르게 되면 보유하고 있는 국채의 가격은 하락하게 됩니다.

간단하게 원리를 설명해 보죠. SVB가 국채를 사들일 때에는 국채금리가 바닥에 붙어 있을 때였습니다. 그런데 시장금리가 크게 올라서 지금 새롭게 발행하는 국채의 금리는 SVB가 보유한 과거의 국채금리보다 훨씬 높죠. 누구도 SVB의 국채를 사주려 하지 않을 겁니다. 시중에 훨씬 높은 금리를 주는 매력적인 국채가 쏟아지니 SVB가 보유한 국채의 인기는 추락했고, 수요가 줄어든 만큼 SVB의 국채 가격은 크게 하락했죠. 그렇지만 당장 예금 인출에 응해야 하기에 크게 손해를 보더라도 SVB는 장기국채를 매각할 수밖에 없었던 겁니다. 장기국채의 매각으로 인해 SVB는 큰 손실을 보게 되었고, 내가 예금한 은행이 채권 투자에서 큰 손실을 입었다는 소식에 예금자들은 너나없이 달려가서 예금 인출을 요구합니다. 그리고 SVB는 불과 수일 만에 파산하게 되었죠.

SVB의 파산 과정을 살펴보았습니다. 이 과정에 숨어 있는 은행 파산의 진짜 이유에 대해서 살펴보죠. 우선, 단기로 예금을 받아서 장기국채에 투자했다는 점을 들 수 있을 겁니다. 다만 앞에서 설명한 것처럼 대부분의 은행들은 단기로 예금을 받아서 장기로 대출을 해주곤 하죠. 다만 SVB의 경우 과도하게 만기가 긴 장기국채를 사들였다는 점이 문제였습니다. 물론 은행이 보다 높은 이자 수익을 얻기 위해 그렇게 투자한 면도 있겠지만, 그 이전에 이루어진 규제 완화 역시 이런 방만한 투자를 할 수 있는 빌미를 제공했죠. 기사 하나 인용하고 갑니다.

전문가들은 이처럼 자산 규모가 비교적 큰 은행이 무너진 이유로 도널드 트럼프 행정부 시절 이뤄진 은행 규제 완화를 꼽고 있다.
미국은 2008년 금융위기 이후 일정 자산 규모 이상 은행을 대상으로 건전

　금융위기 이후 강화되었던 은행들에 대한 규제는 2019년 트럼프 행정부 당시 일정 수준 완화되었습니다. 특히 2500억 달러 미만의 중소형 은행들에 대한 규제가 크게 완화되었다는 내용이 인용문의 두 번째 문단에 나옵니다. SVB의 자산 규모는 2500억 달러 미만이었기에, 감독 당국의 규제에서 벗어나 방만한 투자를 이어갈 수 있었던 것이죠. 기사 마지막 문단에 보면 SVB 사태의 원인에는 감독 주체라고 할 수 있는 연준의 감독에도 문제가 있었음을 인정하고 있습니다. SVB 같은 중소형 은행들에 대한 규제가 완화되었고, 그 덕분에 중소형 은행들이 무리한 투자를 할 수 있게 된 겁니다.

　그런데 아무리 규제가 풀렸더라도 겁도 없이 어떻게 그렇게 만기가 긴 자산에 투자를 할 생각을 했을까요? SVB 경영진이 매우 방만했던 거죠. 대규모로 예금이 밀려 들어오고 있으니 예금의 급격한 인출을 상상조차 하지 못한 겁니다. 그리고 금융위기 이후 금리도 낮은 수준을 이어가고 있으니 금리 상승으로 인해 국채 가격이 큰 폭으로 하락할 수 있다는 위험을 인식하지 못했겠죠.

결국 SVB의 파산 원인을 되돌아보면 주요 고객층인 IT벤처 산업의 호황이 계속해서 이어질 것이라는 과도한 낙관론, 은행 규제 완화와 같은 제도 변화로 인한 극단적 장단기 미스매칭, 그리고 수년간 볼 수 없었던 금리의 급격한 상승이라는 환경의 변화로 정리를 할 수 있을 겁니다. 낙관론, 규제 완화, 그리고 급격한 환경의 변화는 앞서 다루어왔던 외환위기, 금융위기 등의 원인과 매우 비슷하죠.

네 가지 경제위기의 공통점

/

우선 외환위기부터 잠시 되돌아볼까요? 외환위기 이전 한국은 '아시아의 네 마리 용' 중 하나라는 별칭을 얻을 정도로 차별적인 고성장 가도를 달리고 있었습니다. 전 세계적인 PC 붐에 힘입은 반도체 시장의 강한 성장과 엔화 초강세를 통해 얻어낸 상대적으로 유리한 수출 가격경쟁력 덕분에 호경기를 이어갔습니다. 그리고 이러한 호경기가 이어질 것이라는 낙관론과 함께 OECD 가입 및 종금사와 같은 금융기관에 대한 규제 완화가 이어지면서 금융기관들은 단기외채를 크게 늘렸고, 그런 금융기관들에게 기업들은 국내 금융보다 유리한 조건으로 돈을 빌려 투자를 확대했죠. 그렇지만 누구도 예상하지 못했던 일이 일어난 겁니다. 그렇게 강하던 PC시장이 흔들렸고, 10년간의 강세를 끝으로 엔화는 빠른 약세로 전환했죠. 부채가 크게 늘어난 상황에서 맞이한 급격한 환경의 변화, 이에 견디지 못하고 외환위기의 파고에 휩쓸려 버린 겁니다.

닷컴 버블도 이런 방심과 맞닿아 있습니다. 인터넷 기술 혁명에 힘입어 미국 경제는 '신경제'로 탈바꿈했다는 믿음이 설득력을 얻게 되었죠. 신경제로 인한 생산성 향상으로 미국 내 물가는 크게 오르지 않으면서도 차별적 성장을 이어갈 수 있었습니다. 물가가 오르지 않는다면 굳이 중앙은행이 기준금리를 인상하는 등의 긴축을 할 필요가 없겠죠. 그리고 혹여나 문제가 생기더라도 긴축을 이어가던 연준이 언제든 돈을 풀면서 실물경기의 침체를 막아주는 이른바 '연준 풋'에 대한 기대감도 있었습니다. 호시절이 이어질 것이고, 문제가 생기면 중앙은행이 돈 풀기로 막아줄 것이라는 낙관론이 미국 주식을 비롯한 자산 가격의 폭발적인 상승을 촉발했던 겁니다.

그렇지만 너무 많이 올라버린 자산 가격은 사람들의 과잉 소비로 이어졌고, 이는 오르지 않으리라 생각했던 물가의 상승을, 그리고 연준의 긴축을 자극하게 되었죠. 물가는 오르지 않을 것이라는 믿음, 중앙은행은 긴축보다는 자산시장의 하방을 받쳐줄 것이라는 믿음이 깨져버린 시장은 이후 2년 이상 하락하면서 닷컴 버블의 붕괴라는 어두운 터널로 접어들게 됩니다.

금융위기 역시 '낙관론'과 '환경의 급격한 변화'에서 크게 벗어나 있지 않습니다. 닷컴 버블 당시처럼 주식 같은 자산 가격은 하락할 수 있지만 모든 사람들의 보금자리라고 할 수 있는 주택 가격의 강세는 꾸준히 이어질 것이라는 강한 낙관론이 자리하고 있었습니다. 주택 가격 강세에 대한 믿음은 당시 금융 공학과 맞물려 파생상품을 통한 시중 유동성 확대로 이어집니다. 그리고 글래스 스티걸법의 폐지 같은 규제 완화로 대형 은행들도 공격적으로 위험한 자산들에 과도한 투자를 했죠. 당시 글로벌 경제 성장 역시 결코 약하지 않았습니다. 2001년 중국의 WTO 가입 이후 이어진 신흥국들의 강한 성장세는 글로벌 금융시장의 탄탄한 강세장에 대한 의구심을 사라지게 만들었던 겁니다.

그렇지만 이런 호시절 역시 영원할 수는 없었죠. 고공비행을 하던 주택시장이 흔들렸고, 주택시장의 강세에 기반하여 설계된 파생상품이 무너지기 시작했습니다. 그리고 이런 파생상품에 많은 투자를 했던 대형 금융기관들이 파산했죠. 믿었던 신흥국의 성장세 역시 미국 금융기관 파산으로 인한 충격과 급작스레 찾아온 인플레이션에서 벗어나기 위한 강한 긴축으로 위축되기 시작했습니다. 주택 가격 하락, 금융기관 파산, 그리고 신흥국의 성장 둔화 패키지는 전 세계를 금융위기의 늪으로 몰아넣었습니다.

마지막 코로나19 사태 및 인플레이션 상황 역시 비슷합니다. 글로벌 금융위기 이후 찾아온 저성장 저물가 상황에서 미국을 중심으로 한 주요국 중앙은행들은 꾸준히 완화적 통화 정책을 이어왔죠. 그러던 중 코로나19 사태가 벌어진 겁니다. 이를 극복하기 위해 무제한 돈 풀기가 시행되었고, 이는 지난 40년 동안 나타나지 않았던, 그리고 앞으로 나타나지 않으리라 예상했던 인플레이션이라는 괴물을 깨워버리게 되죠. 인플레이션은 이 세상에서 멸종되었다는 안이한 생각 속에서 이루어진 무제한 돈 풀기 정책이 40년 만에 잠들어 있던 괴물을 깨워버린 겁니다. 이를 잡기 위해 단행된 중앙은행의 강한 긴축 정책은 금융시장 및 실물경제를 힘겨운 상황으로 몰아갔죠. 물론 아직은 단정하기 어렵겠지만 지금의 인플레이션이 고질병으로까지 이어지게 되면 '40년 만의 인플레이션'이 1970년대식 거대한 인플레이션 위기로 이어질 수 있는 겁니다.

총 열여덟 개 챕터를 통해 외환위기, 닷컴 버블 붕괴, 금융위기, 그리고 코로나19 및 인플레이션 위기를 살펴보았습니다. 각각의 위기 속에서 찾아볼 수 있는 공통점은 '장기간의 안정적인 경제 환경 속에서 싹튼 안이함'과 '급격한 금융 환경의 변화'라고 생각합니다. 그리고 이런 공통점은 2023년 3월에 발생한 SVB의 파산 사태에도 고스란히 녹아 있습니다.

역사를 공부하는 이유는 시험을 잘 보기 위해서가 아닙니다. 인류가 가장 힘들었던 시기들을 들추면서 과도한 공포에 휩싸이기 위함도 아닙니다. 우리는 역사가 던져주는 메시지가 무엇인지를 찾고, 과거에 인류가 행한 실수를 똑같이 반복하지 않기 위해 역사를 공부합니다. 이전에 겪은 '위기의 역사'를 돌아보면서 위협이 어떤 형태로 나타나는지 깨닫고, 똑같은 형태는 아니겠지만 과도한 낙관론 혹은 급격한 환경의 변화와 같은 큰 틀에서 현재와 공통점이 있는지 경계할 필요가 있다고 생각합니다.

어느 군부대에나 초소가 있습니다. 위기가 언제, 어떤 시기에, 어떻게 닥칠지 안다면 굳이 초소를 설치하고 지속적으로 경계 근무를 이어갈 필요가 없을 겁니다. 항상 위기는 예상치 못한 시기에, 예상치 못했던 방식으로 찾아오곤 합니다. '거안사위(居安思危)'라는 사자성어가 있죠. 편안함에 머물러 있을 때 위태로움을 생각하라는 격언입니다. 우리가 지금 가져야 할 태도가 아닐까 생각합니다.

이 책을 통해 과거의 위기들을 되돌아보고, 미래에 닥쳐올 수 있는 리스크에 대한 신중한 경계심을 키울 수 있기를 바라며 이만 줄이겠습니다. 감사합니다.

MEMO

위기의 역사

초판 1쇄 발행 2023년 7월 26일
초판 7쇄 발행 2024년 9월 20일

지은이 오건영
그림작가 안병현

펴낸이 김선준
편집이사 서선행
책임편집 최한솔 **편집3팀** 오시정, 최구영
마케팅팀 권두리, 이진규, 신동빈
홍보팀 조아란, 장태수, 이은정, 유준상, 권희, 박지훈, 이건희, 박미정
디자인 김혜림 **교정교열** 이주희
경영관리 송현주, 권송이, 정수연

펴낸곳 페이지2북스 출판등록 2019년 4월 25일 제 2019-000129호
주소 서울시 영등포구 여의대로 108 파크원타워1. 28층
전화 070) 4203-7755 **팩스** 070) 4170-4865
이메일 page2books@naver.com
종이 ㈜월드페이퍼 **인쇄·제본** 한영문화사

ISBN 979-11-6985-036-0 (03320)